# ガリツィアのユダヤ人

## ポーランド人とウクライナ人のはざまで

野村真理

人文書院

# 新装版　序

後世の歴史家は、この戦争を何と呼び、どう評価するのだろうか。二〇二二年二月二四日、ロシア軍がウクライナに侵攻し、世界に衝撃がはしった。ロシア大統領プーチンは、この侵攻を「特別な軍事作戦」と呼び、作戦の目的は、ウクライナの「非軍事化と非ナチ化」によるロシアの防衛とウクライナのロシア系住民の保護だと説明するが、侵攻を支持する国際世論はほとんどない。あらゆる停戦の呼びかけもむなしく、二ヶ月たったいまも戦火は止まず、街と人命の破壊が続いている。ウクライナ西部の古都リヴィウは本書の主要な舞台の一つだが、本書の初版が刊行された当時、日本でリヴィウの名を知るのは、中・東欧の歴史や文化の研究者の一部に限られていたのではないかと思う。それが、戦争が始まって以後、ウクライナ東部から来た戦争避難民があふれる街として連日のようにメディアに登場し、一般市民にも「おなじみの」街になってしまった。

日本の約一・六倍の国土を持つウクライナは、かなり異なる歴史的経験と記憶を持つ地域の集まりである。オデーサ（オデッサ）が位置するウクライナ南部の黒海、アゾフ海周辺地域は、一八世紀末にロシア帝国領となるまで、長くオスマン帝国の支配下にあったし、首都キーウ（キエフ）より西の右岸ウクライナは、同じく一八世紀末のポーランド分割でロシア帝国領となるまで、数世紀にわたってポーランド・リトアニア国の版図にあった。さらに、このポーランド分割でオーストリア帝国領となったガリツィアの東半分、すなわち東ガリツィアがウクライナ領に組み入れられるのは、第二次世界大戦終結後のことである。

現在、西ウクライナと呼ばれる地域の一部である東ガリツィアは、第二次世界大戦までウクライナ人、ポーランド人、ユダヤ人の混住地域であり、東ガリツィアの中心都市リヴィウは、ポーランド語ではルヴフ、ユダヤ人の話し言葉であったイディッシュ語ではレンベルグ、オーストリア帝国の支配言語であるドイツ語ではレンベルクと呼ばれた。本書は、ユダヤ人に視点を据えつつ、この地域がポーランド・リトアニア国領からオーストリア帝国領へ、第一次世界大戦後はオーストリア帝国領から両大戦間期のポーランド共和国領へ、さらに第二次世界大戦後はポーランド共和国領から旧ソ連の構成国であったウクライナ共和国領へと移動するにともない、ウクライナ人、ポーランド人、ユダヤ人の民族間関係もまた劇的に変化していった様相を追ったものである。

現在の戦争で、ウクライナの歴史に対する一般読者の関心がこれまでにないほど高まっているという。著者としては、ティモシー・スナイダーのブラックアース（『ブラックアース――ホロコーストの歴史と警告』上・下、池田年穂訳、慶応大学出版会、二〇一六年）の一角をなすこの地域の歴史に対する関心もまた高まってほしいと願いたいが、経緯が経緯であるだけに心境は複雑だ。むしろ、この新装版への序が一刻も早く時事性を失うことを願うべきなのだろう。本書は改定版ではないため、初版出版後に刊行された最新の研究文献等に言及することはできなかったが、初版にあった誤記は書き改めた。

二〇二二年四月

金沢にて　野村真理

# 序

「あなたの論文を読んで、ユダヤ人が嫌われる理由がよくわかりました。」

東ガリツィアのユダヤ人問題に関して、ここ数年の私の仕事を評して言われた言葉である。誤解のないように断れば、これは褒め言葉だったのだが、私には、おそらく言われたご本人が意識されないまま、私が書けないでいることも突いているように感じられた。

本書の主要な舞台となる東ガリツィアは、一八世紀末のポーランド分割でオーストリア帝国領となったガリツィアのサン川以東をさし（第一部第二章の地図1参照）、第二次世界大戦まで、ウクライナ人、ポーランド人、ユダヤ人という、宗教と言語を異にする人びとの混住地域だった。ここ数年、東ガリツィアのユダヤ人問題に取り組むにあたって私が自分に課した課題は、嫌われる原因となる事柄が、しばしばその地で自分たちが生き抜くための唯一の選択肢であるような、そんなユダヤ人マイノリティがポーランド人、ウクライナ人と切り結んだ関係のあり方を描ききること、そのユダヤ人という存在がホロコーストで抹殺されたことの意味を考えることだった。ガリツィアのユダヤ人に関する歴史研究は、日本ではほとんど手がけられず、この地域の民族問題に関心を持つ日本人研究者が比較的アプローチしやすい英語やドイツ語による研究文献も、きわめて豊富とは言い難い。そのような研究状況にあって、先の評者の言葉を信じるなら、前半の課題に関して私の仕事は、ポーランド語やウクライナ語の史料や文献を使いこなしていない不十分さを承知の上でなお、先駆的な情報提供の役割を果たすことができたのではないかと思う。

しかし、後半の課題はどうか。

東ガリツィアは、第一次世界大戦後、独立を回復したポーランドの領土にもどったが、第二次世界大戦後はソ連邦のウクライナ共和国の一部となる。(第三部「おわりに」の地図3参照) このとき、東ガリツィアの住民の構成も大きく変わった。すなわち戦後のポーランドとウクライナの国境は、ほぼポーランド民族とウクライナ民族の分布の境界に沿って引き直されたため、東ガリツィアでは、人口的にはウクライナ人が多数者でありながら政治的、経済的支配者は少数者のポーランド人という、この地域で数世紀の長きにわたって続いた多数者と少数者の支配・被支配のねじれに終止符が打たれたのである。加えて、異民族の国家の国境内に取り残されたポーランド人とウクライナ人のそれぞれに対して住民交換が実施され、かつての民族混住状態の清算がはかられた。しかもそのさい、あるいは両国の民族浄化の推進者にとってはありがたいことに、もはや彼らは、ポーランド人の国にもウクライナ人の国にも行けないユダヤ人の処遇に頭を悩ます必要はなかった。アードルフ・ヒトラーというよそ者が始めた戦争が終わったとき、東ガリツィアにユダヤ人の姿はなく、それまでどの都市にもあったユダヤ人街も、住人のほとんどすべてがユダヤ人であったようなシュテットル（小さな町）も消えていた。記念碑建立のための小さな敷地以外、殺されたユダヤ人に何が必要だろう。

いや、長いあいだ記念碑すらなかった。

バービイ・ヤールに記念碑はない
切り立つ崖が粗末な墓の盛り土
――エヴゲニー・エフトゥシェンコ『バービイ・ヤール』(一九六一年)より

こう始まるエフトゥシェンコの詩は、第二次世界大戦後のソ連におけるホロコースト犠牲者の扱いを象徴的に表現している。バービイ・ヤールは、ウクライナの首都キエフ郊外にあった深い谷の名で、第二次世界大戦中、ドイツ軍がキエフを占領してまもない一九四一年九月二九日から三〇日までの二日間に、そこで三万四〇〇〇人近くのユダヤ人が殺害された。続く二年間のドイツ占領中、ユダヤ人のほかにもロシア人やウクライナ人の戦争捕虜や政治犯など、バービイ・ヤールでは合わせて一〇万人以上が殺されたといわれる。終戦から二〇年近くたち、ようやく一九七四年にバービイ・ヤールに建てられた記念碑には、ロシア語、ウクライナ語、イディッシュ語で次のように書かれている。

「ここで一九四一年から一九四三年のあいだに、ドイツ・ファシスト占領軍によって一〇万人以上のキエフ市民および戦争捕虜が銃殺された。」

碑文に「ユダヤ人」という語はない。戦後ソ連では、ソ連国民が一丸となって戦った独ソ戦の犠牲者において、ユダヤ人犠牲者のことを「特権的に」に語ることは許されなかった。加えて、スターリン時代末期の「反コスモポリタン闘争」あるいは「反シオニズム闘争」というスローガンのもとでの

図1　ソ連時代の1974年にバービイ・ヤールに建てられた記念碑。2002年,筆者撮影。

図2　1991年に，1974年の記念碑より虐殺現場に近いところに，メノラ（七枝の燭台）をかたどったユダヤ人のための慰霊碑が建てられた。メノラはユダヤ教の象徴である。2002年，筆者撮影。

ユダヤ文化人の排撃がユダヤ人の恐怖心を煽り、バービイ・ヤールでの虐殺から奇跡的に逃げることに成功したユダヤ人は、みずからの体験について口を閉ざした。ユダヤ人がユダヤ人の犠牲について語ることはタブーであった。ホロコーストの犠牲者がそれとして記念されるようになるのは、ソ連の改革と開放が始まってからである。

旧東ガリツィアの中心都市リヴィウでは、一九八八年になって、ナチ・ドイツ占領期のユダヤ人ゲットー跡に本格的な記念碑を建設するための運動が始まった。建設費の大半は、この街からイスラエルに移住したユダヤ人やアメリカのユダヤ人の寄付でまかなわれ、記念碑は一九九二年八月に完成した（第三部第三章の図26参照）。記念碑脇の石碑には「リヴィウのゲットーの一三万六八〇〇人のユダヤ人が一九四一年から一九四三年にかけてこの死の道を通り、ドイツ・ファシスト占領軍の手によって虐殺された」と記されている。同様に一九九〇年代に入ってから、旧東ガリツィアの各地で、ナチ・ドイツ占領時代に起こった出来事を記念する石碑が、強制収容所跡やユダヤ人の虐殺現場、あるいは破壊されたシナゴーグの跡に建てられるようになった。

しかし、シニカルな言い方をすれば、だからどうだというのだろうか。なるほど、リトアニアやラトヴィアがヨーロッパ連合（EU）に加盟するにあたって、いわゆる過去の克服、すなわちかつての自国の反ユダヤ主義を反省し、ホロコーストへの加担者が存在したことを認めて謝罪する態度と実践は必須であった。一九九一年に独立したウクライナもヨーロッパへの仲間入りを望むなら、過去の克服の努力は避けられない。しかし、過去の克服とは何だろうか。現在の独立ウクライナが歴史を遡り、事後的に「ウクライナ国民の歴史」を意味づけようとするとき、「貴族の天国・ユダヤ人の楽園・農民の地獄」（本書第一部第一章）といわれた時代や、東ガリツィアでポーランド人とユダヤ人が政治と経済の中枢を握り、かたやウクライナ人は貧農といった時代は屈辱の時代であり、起こるべくして起こったウクライナ民族運動によって否定されるべき時代である。そうした時代はもはや再来してはならず、それゆえユダヤ人についていえば、その時代のユダヤ人口がもはやウクライナに存在する可能性がなくなったかぎりで、かつてのユダヤ人の虐殺を悼み、記念碑建立のために小さな敷地を提供することが許されるのである。現在のウクライナにとって過去の克服は、過去の再現ではないかぎりで、死んだ者たちにお詫びと反省を繰り返してもたいして実害はない。

この事態をユダヤ人はどう考えるだろうか。現在のウクライナで、殺されたユダヤ人のための記念碑に無惨に落書きされたナチの鉤十字は、記念碑の存在さえ気に入らないウクライナ人がいることを示している。だからシオニズムなのだと、リヴィウで私を案内してくれたユダヤ人の女性は言った。彼女の心情を理解できないわけではない。しかし、ホロコーストの意味をイスラエルの分離壁に囲まれた生活へと収斂させてよいのかといえば、私はそうは考えない。が、再びしかし、東ガリツィアの歴史のあらゆる場面において当事者ではない日本人の私が、何の権利があってウクライナ人やポーランド人やユダヤ人の民族的心情に手を突っ込み、あれやこれやと腑分けし、肯定したり否認したりするのか。

研究助成金の申請書で必要とあれば、もっともらしく「研究目的」や「研究成果」の欄を埋めることはできる。ヨーロッパ型の近代国民国家の古典的なひとつの定義を「ある程度の民族的均質性を備えた国民が国家の担い手とされる体制」であることに求めるなら、かつてその定義を体現してきた西ヨーロッパのイギリス本国、フランス、ドイツといった国々は、現在、自国籍を持つ国民のなかに民族的出自を異にする多数の人びとを抱えている。そして法の下での全国民の平等とは裏腹に、民族的出自の違いによって厳然たる社会的差別、経済的格差が存在する。皮肉にも現在、先の近代国民国家の古典的定義が実現されているのは、第二次世界大戦まで多民族国家であった東中欧の諸国である。日本の近未来であるかもしれないこれら多民族国家化した西ヨーロッパ諸国の行く末を見据えようとするとき、かつての東ガリツィアにおいて民族の混住に終止符を打った民族的心情の力学とでもいうべきものを検証する作業は、無駄ではないだろう。しかし、この様に書きつつもなお私は、私が自分に課した後半の課題について、あるいは外国史の研究者に本質的につきまとう越権者の「ためらい」から逃れることができないでいる。

序文の最後に、東ガリツィアを扱う場合、煩わしいが呪文のように繰り返さざるを得ない断りを書いておきたい。多言語地域であった東ガリツィアで、地名はポーランド語、ウクライナ語、ドイツ語、イディッシュ語で微妙に、もしくは著しく異なる。たとえばタルヌフ(ポーランド語)とタルノフ(ドイツ語)ぐらいの違いであれば、同じ町の名前であろうと推測可能だが、現在の地図でリヴィウ(ウクライナ語)と記される街は、ポーランド語ではルヴフ、ドイツ語およびイディッシュ語ではレンベルクである。おまけに第二次世界大戦後、一九九一年にウクライナが独立するまで、地図上、この街の名はロシア語でリヴォフと記されており、知識がなければ、これら四つが同じ街の名前だとはわかりにくい。

本書では、本書が扱う時代に鑑みて、旧東ガリツィアの地名の読みはほぼポーランド語に従い、適宜（　）でドイツ語読みを補った。ただし、オーストリア帝国領時代を対象とする場合には、場面に応じてドイツ語の読みを優先してポーランド語読みを補い、第二次世界大戦後から現在のことを述べる場合は、現在の地図で使用されているウクライナ語読みを優先してポーランド語やドイツ語読みを補った。キエフのように日本で定着した呼び名がある場合は、それに従った。地名と同様の煩わしさは、ユダヤ教徒の自治的組織であるカハウ（ポーランド語）とゲマインデ（ドイツ語）といった組織名や人名等でも生じるが、これらも強引に一言語に統一することはせず、適宜、両語を併記した。なお、地名や組織名以外にも、私自身ないしは引用文における原著者による補足には（　）を用い、引用文における引用者の補足には［　］を用いて区別した。

本書を完成するまでに、多くの方からご指導やご助言、ご助力をいただいた。ここで、すべての方のお名前をあげることができない非礼をお詫びしたい。

ウクライナでの史料や文献の収集では、本書に登場するイヴァン・フランコの曾孫で、ウクライナ国立中央歴史文書館の研究員ナディア・フランコ女史をはじめとして、同中央歴史文書館のスモルスキ・イーゴリ氏、オクサーナ・ガイオヴァ女史、またリヴィウ宗教史博物館のタイシア・ポトゥルニツカ女史、リヴィウ大学図書館長ボグダン・ヤキモヴィチ氏、ウクライナ科学アカデミー図書館（ステファニク）の図書館長と図書館員の方々、リヴィウ在住のユダヤ人歴史家ヤコブ・ホーニクスマン氏にたいへんお世話になった。ドイツやオーストリアの図書館や文書館のように必ずしも文献検索の環境が整備されていないリヴィウにあって、短期間のうちに一定程度の史料・文献調査を行うことができたのは、これらの方々のご助力があってこそである。

立命館大学先端総合学術研究科教授の西成彦氏には、西氏の主催する勉強会でポーランド語を初歩から手ほどきしていただいた。西氏をはじめとして、神戸大学文学部教授の大津留厚氏ほか、私につき合い、勉強会でユダヤ人に関するポーランド語文献をいっしょに読んでくださった方々に厚く御礼を申し上げる。また、ウクライナ語の史料と文献の解読と訳出にあたっては、富山大学人文学部教授の中澤敦夫氏の全面的な協力を得た。

出版にさいしては、人文書院編集部の井上裕美さんのお世話になった。

本書のもとになった主な論文は左記のとおりである。これらの論文を本書にまとめるにあたり、重複している記述を整理し、また各論文執筆後に入手した史料や文献によって大幅な加筆や、部分的修正を行った。

「ガリツィア・ユダヤ人の窮乏――ヨーゼフ時代を中心に」『金沢大学経済学部論集』第二三巻第一号、二〇〇二年。

「ガリツィア・ユダヤ人の窮乏――ヨーゼフ時代を中心に（二）」『金沢大学経済学部論集』第二三巻第二号、二〇〇三年。

「恩讐の彼方――東ガリツィアのポーランド人・ユダヤ人・ウクライナ人」望田幸男、村岡健次監修

『民族』ミネルヴァ書房、二〇〇三年、所収。

「失われた世界へ——東ガリツィアの戦間期からホロコーストまで」大津留厚編『中央ヨーロッパの可能性』昭和堂、二〇〇六年、所収。

「自国史の検証——リトアニアにおけるホロコーストの記憶をめぐって」野村真理、弁納才一編『地域統合と人的移動——ヨーロッパと東アジアの歴史・現状・展望』御茶の水書房、二〇〇六年、所収。

「何も終わっていない——東ガリツィアにおけるホロコーストの記憶をめぐって」高橋秀寿、西成彦編『東欧の二〇世紀』人文書院、二〇〇六年、所収。

「検証　一九四一年リヴィウのポグロム」川越修、植村邦彦、野村真理編『思想史と社会史の弁証法』御茶の水書房、二〇〇七年、所収。


これらの論文は、平成一三年度から一五年度まで交付された科学研究費補助金（萌芽研究「ハプスブルク帝国領ガリツィアのイディッシュ語ユダヤ人問題に関する史料的研究」）および平成一八年度から二〇年度まで交付された科学研究費補助金（基盤研究C「第二次世界大戦期東ガリツィアにおけるユダヤ人・ウクライナ人関係の解明」）による研究成果の一部である。

目次

# 第一部　ポ・リン——ガリツィア・ユダヤ人社会の形成

# はじめに

かつてガリツィアと呼ばれた地域にはじめて足を踏み入れたのは、ウィーンで在外研究に従事していた一九九三年八月末のことである。ガリツィア・ユダヤ人の歴史をたどる研修旅行で、私以外は、ドイツとオーストリアの研究者やフリーのライターなど、総勢三〇人が参加した。一行はポーランドのクラクフで現地集合した後、プシェミシルを経由してポーランドとウクライナの国境を越え、西ウクライナの古都リヴィウ（ルヴフ、レンベルク）に入った。それからリヴィウを拠点に周辺の町を回り、コロミア経由でチェルニウツィ（チェルノヴィッツ）に抜けた。

当時、独立二周年を迎えたばかりのウクライナには、まだ通貨がなく、リヴィウの路上で両替人から米ドルと引き替えに渡されたのは、クーポンと書かれた紙切れだった。大通りから一歩、舗装がはがれた路地裏に入ると、薄汚れた建物と同様、市民生活のくたびれぶりが目についた。しばらく滞在したリヴィウの中級ホテルの女主人は、食事を用意しようにも食料品が手に入らないと、客の私たちに向かってたらたらと不平を言う。はじめのうちシャワーから弱々しく出ていたぬるま湯は、やがて水に変わり、夏とはいえ身体を洗い終わる頃には骨の髄まで冷え切って、清潔とは言い難いベッドの毛布にくるまっても震えがとまらない。旅行者には必須の公共トイレの惨状は、ここに書くのも憚られ、このときばかりは女であることの不運を呪った。

しかし私は、ガリツィアの欠乏や不潔にはたいして動揺しなかった。というのも私が本を読みかじって知っていたガリツィアとは、一八四八年に東ガリツィアのチョルトキフで生まれたユダヤ人のドイツ語作家カール・エーミール・フランツォースのガリツィアだったからだ。フランツォースの名を有名にしたガリツィア三部作の第一作『半アジアから』(一八七六年)で、「半アジア」という名でくくられた地域とは、オーストリア帝国領ガリツィア、ブコヴィナおよび両地域と境を接する南ロシアの一帯で、民族的にはポーランド人、ウクライナ人、すなわち当時のドイツ語でいうところのルテニア人、それにユダヤ人と少数のドイツ人が混住する地域である。そこでフランツォースが見たユダヤ人町の光景などは、どこも同じで、「ぬかるみの海」に「むっとかび臭い家々」、そこに「カフタンを着て、不潔さに凝り固まったようなユダヤ人」がたむろしていた[1]。

むしろ私が最初のガリツィア旅行で衝撃を受けたのは、あちこちの町に残る巨大なシナゴーグの廃墟だった。これも、先の私の時代錯誤のガリツィア・イメージと同様、本から得た知識はあったのだが、あらためて、安息日にはこれらシナゴーグを埋め尽くしたであろうガリツィアのユダヤ人口の規模に思いをはせずにはいられなかった。たとえば日本でも愛読者を持つユダヤ人のドイツ語作家ヨーゼフ・ロート(第二部第二章の図16参照)の故郷ブローディは、二〇世紀初めで人口一万八〇〇〇人の小さな町だったが、そのうち一万五〇〇〇人がユダヤ人だった[2]。ロートの「小さなユダヤ人町」の

図３　1742年に建立されたブローディのシナゴーグの廃墟。ナチ・ドイツ占領時代に破壊された。2006年，筆者撮影。

図４　ブローディ郊外のユダヤ人墓地。2006年，筆者撮影。

表1　東ヨーロッパのユダヤ人口

（単位　1,000人）

| | 年 | ユダヤ人口 | 総　人　口 |
|---|---|---|---|
| ソ　　連 | 1939 | 3,029 | 170,557 |
| （ウクライナ） | | (1,533) | (30,946) |
| （ロシア） | | (957) | (109,397) |
| （ベラルーシ） | | (375) | (5,569) |
| ポーランド | 1931 | 3,114 | 31,916 |
| リトアニア | 1923 | 155 | 2,029 |
| ラトヴィア | 1935 | 93 | 1,951 |
| エストニア | 1934 | 4.56 | 1,126 |
| ルーマニア | 1930 | 757 | 18,057 |
| オーストリア | 1934 | 190 | 6,760 |
| チェコスロヴァキア | 1930 | 357 | 14,730 |
| ハンガリー | 1930 | 445 | 8,688 |
| ド　イ　ツ | 1933 | 500 | 65,218 |

Joseph Rothschild, *East Central Europe between the Two World Wars*, Seattle/London 1974.

Dov Levin, *The Litvaks*, Jerusalem 2000.

Andrew Ezergailis, *The Holocaust in Latvia 1941-1944*, Riga 1996.

Usiel O. Schmelz, Die demographische Entwicklung der Juden in Deutschland von der Mitte des 19. Jahrhunderts bis 1933, in: *Zeitschrift für Bevölkerungswissenschaft*, Jg. 8, Nr. 1, 1982.

*Encyclopaedia Judaica*, 2nd ed. New York etc. 2007.

Всесоюзная перепись населения 1939 года: Основные итоги/Под ред. Ю. А. Полякова. Москва, 1992.

（注）　ポーランドのユダヤ人口はユダヤ教徒の人口である。リトアニアのユダヤ人口には無国籍のユダヤ人が含まれる。

痕跡は、町の中央広場にほど近い大シナゴーグの廃墟と町はずれの広大なユダヤ人墓地に認めることができる。そして、かつてのガリツィアには、ブローディのようなユダヤ人町がいくつも存在していたのである。

ここで、ホロコースト以前のヨーロッパのユダヤ人口の分布を確認しておきたい。表1は、ドイツ以東に位置する国のユダヤ人口を示しているが、フランスやイギリスなど、ドイツより西に位置する国にバルカン半島の国々のユダヤ人をすべて合わせても、その数約一〇〇万人で、一九三一年当時のポーランド一国のユダヤ人口にさえ遠くおよばない。表1を見れば、ヨーロッパのユダヤ人口の重心が大きく東に偏っていることがわかる。ガリツィアは、ユダヤ人口が稠密に存在した東ヨーロッパの一角を形成していた。

なぜ、ヨーロッパのユダヤ人口の分布にこの様な偏りが生じたのか。

現在パレスティナと呼ばれる地域から、ユダヤ人のガルート（ヘブライ語で追放）あるいはディアスポラ（ギリシア語で離散）が本格化するのは、この地域がローマ帝国の支配下に入って後、とくにローマの圧政に対するユダヤ人の大規模な反乱が鎮圧されたAD七〇年以後である。パレスティナを出たユダヤ人は、北アフリカからイスパニアへと渡り、あるいは別の流れは、現在のトルコ、ギリシア、イタリア半島からさらにアルプスを越え、ガリア地方の、とりわけライン川流域に住みついた。一一世紀になると、その定住地は神聖ローマ帝国の支配がおよんだ中部ヨーロッパへと広がる。さらにこのユダヤ人が、中部ヨーロッパから東隣のポーランド王国に向けてまとまった移動を開始するのは、一〇九六年に始まる十字軍時代のことである。

何がユダヤ人を立ち上がらせ、何が彼らをポーランドへと引き寄せたのか。

第一部では、まず第一章において、中世のポーランド王国におけるユダヤ人社会形成の経緯と、一八世紀末の分割以前のポーランドにおいて、ユダヤ人が果たしたドイツ以西のユダヤ人とは異なる経済的、社会的役割を明らかにする。ついで第二章以下では、オーストリア帝国領ガリツィアに地域をしぼり、ポーランドの国家的衰退と零落をともにしたユダヤ人社会が、一八世紀末のオーストリア併合後に始まるガリツィアの近代化のなかで、さらに窮乏化の様相を強めていった諸要因を検証する。

# 第一章　貴族の天国・ユダヤ人の楽園・農民の地獄

## 一　ポ・リン

### ポーランド・ユダヤ人社会の形成

ヨーロッパ東部へのユダヤ人の移住には、東西二つの流れがあったとされる。

東からの流れとは、ハザル人の国家に出発点を求めるものである。この国家は七世紀から一〇世紀のあいだ、東はアラル海から西は黒海の北部まで、ヴォルガ川、ドン川、ドニエプル川の下流域を支配下におき、国家が盛期を迎えた八世紀の終わりか九世紀の初め頃、カガン（ハザル人の首長の称号）をはじめとする支配者層がユダヤ教に改宗した。しかし、支配者によるユダヤ教の受容がハザル国の住民の全体ないしは多数者のユダヤ教化を促進した形跡はなく、東からの流れは、存在したとしても、少数で散発的なものであっただろう。

定説では、東欧ユダヤ人の母体は、西のドイツ語圏のユダヤ人であったと考えられている。そのさい最初に彼らの移動を促すことになったのが、一〇九六年に始まる十字軍遠征であった。

教皇ウルバヌス二世が一〇九五年のクレルモン教会会議で発した呼びかけは、後の世で第一回十字軍召集演説として知られる。教皇演説から数年あるいは十数年を経て記された複数の年代記が伝えるところによれば、教皇は、トルコ人の侵入によって苦難に陥った東方のキリスト教徒救援の必要を説き、キリスト教徒同士の内戦を停止して、トルコ人に対する正義の戦いを行うべきことを訴えたという。呼びかけには、ユダヤ人に対する攻撃は含まれていなかった。しかし、これもまた十字軍時代のユダヤ人迫害を記した年代記によれば、名指しされたトルコ人ムスリムというはるか彼方の敵は、民衆の眼をユダヤ人というごく身近な神の敵にも向かわせることになる。東方にいる神の敵を攻撃する前に、われわれにはなすべきことがあるというのである。とりわけ隠者ピエールの影響によって起こったと考えられる一〇九六年のドイツのいわゆる民衆十字軍は、聖地に向かうよりはむしろ、チェコのプラハや、シュパイアー、ヴォルムス、マインツ等のライン川流域の都市でユダヤ人を殺戮することに熱中した(1)。

十字軍時代は、神聖ローマ帝国以西のヨーロッパでキリスト教信仰が民衆の末端にまで浸透した時期にあたり、やがて儀式殺人や聖体冒瀆など、キリスト教に屈伏しないユダヤ人に対する迫害を正当化する浮説も成立する(2)。定説では、こうして十字軍時代を境にユダヤ人に対する迫害や都市からの追放が頻発するなかで、ユダヤ人の西から東への逃走が始まった。このことは文献史料でも確認され、最も早くは第一回十字軍時代の一〇九七年あるいは一〇九八年に、チェコのプラハで迫害されたユダヤ人がシロンスク（シュレージエン）に到着したことが知られている。断片的に残されたさまざまな記述によれば、ユダヤ人は、まずはドイツやチェコに隣接するシロンスク地方に避難先を求めた後、そこから徐々にプウォック（一二三七年）、カリシュ（一二八七年）クラクフ（一三〇四年）など、ポーランド内部に居住地域を広げていった。

十字軍時代に始まる逃走において、ユダヤ人をポーランドへと引き寄せたもの、それは、ポーランドの王たちの手厚い保護政策である。ユダヤ人のあいだでは、ポーランドという地名は、ヘブライ語で「ここにとどまれ」を意味する「ポ・リン」に由来すると言い伝えられた。『東方ユダヤ人の歴史』の著者ハイコ・ハウマンによる紹介を引用しよう。

イスラエルの民は見た。苦難がたえず新たに繰り返され、悪しき定めがいや増し、迫害が増大するさまを。隷属が広がり、悪の支配が次から次へと悲運をもたらし、追放に追放を重ねるさまを。その憎悪に耐えることは、もはや困難であった。——そこで彼らは旅に出て、目を凝らしつつ、安寧を見出すために彼らが進むべき正しい道を問うた。するとそのとき、天から一葉の紙片が舞い落ちた。「ポーランドへ向かえ」と。

かくして彼らはポーランドへ行き、王に黄金の山をまるごと贈ると、王は礼をつくして彼らを受け入れた。神も彼らのことを心に掛け、彼らが王と諸侯の恩恵にあずかれるよう配慮された。

［引用中略］

［ポーランドという］この国の名もまた、聖なる源、すなわちイスラエルの民の言葉に由来すると信じる者がいる。というのもイスラエルの民がこの地にやって来たとき、彼らが「ポ・リン」と言ったからである。これは「ここにとどまれ」という意味で、彼らは、神が散り散りになってしまったイスラエ

ルの民を再びお集めになるまで、われらはここに宿ることにしよう、と考えたのだ。
私たちの父祖は、このように語り聞かせてくれたものである。(3)

この伝説は、西ヨーロッパで迫害に苦しむユダヤ人にとって、ポーランドは希望の地であり、またポーランドの王にとって、ユダヤ人は黄金の山をもたらす人びとであったことを示している。商業や職人業がいまだ未発達なポーランドで、王たちはユダヤ人移住者の経済的価値に着目した。ヴィエルコポルスカ公国のボレスワフ敬虔公は、一二六四年の「カリシュの特権(4)」によってユダヤ人を「王の隷属民」と規定し、ユダヤ人が支払う税や、王の必要に応じてユダヤ人が調達する金と引きかえに、ユダヤ人を法的に王権の直接的な保護の下におく。ユダヤ人には、経済活動の自由や生命および財産の安全、宗教の自由が保障され、ユダヤ人で構成する共同体(5)の行政と裁判をユダヤ教の宗教法に従って自治的に執り行う権利も認められた。

カリシュの特権は、その後のポーランド王たちがユダヤ人に認めた権利の基礎となる。一三三四年のカジミェシュ三世大王は、ヴィエルコポルスカのユダヤ人に対して特権の原則的有効性を認証し、一三六四年と一三六七年の規定によって、その適用範囲をヴィエルコポルスカから大王の全支配領域へと拡大した。大王は、王の隷属民たるユダヤ人を当時のポーランドの都市で通用していたマグデブルク法等の都市法の適用対象から除外し、王が任命する地方官（ヴォイェヴォダ）あるいは王自身の裁判権の下におき、ユダヤ人に対して土地や家屋を取得する権利も含め、大幅な経済活動の自由を与えた。十字軍時代の迫害の後、西ヨーロッパでは、黒死病の流行が再び大規模なユダヤ人迫害を引き起こした一四世紀半ばにあって、カジミェシュ三世大王による厚遇はポーランドへのユダヤ人の移住を促進し、ルヴフ（一三五六年）、サンドミェシュ（一三六七年）、クラクフ近郊のカジミェシュ（一三八六年）をはじめ、ポーランドの多数の都市にユダヤ人居住地区ができる。カジミェシュ三世大王が認めた特権は、後にその適用範囲においてさまざまな制約を加えられながらも、基本的には一八世紀末のポーランド分割にいたるまで継承された。

## アレンダとユダヤ人

ポーランドに渡ったユダヤ人の多くは、近郊あるいは遠隔地交易に携わる商人や金融業者、ユダヤ人とキリスト教徒の双方の需要を満たす職人として活躍する。商業や金融業で資金を蓄えた者は、租税や通行税、酒税などの徴税請負、塩鉱の経営権や貴族の領地の経営権の賃借業へと進出した[6]。王や教会、貴族が持つ徴税特権や不動産、さまざまな独占的経営権を賃借し、賃借料を前払いするかわりにその特権や経営によって得られる収益を自分のものにする仕組みは、スラヴ語起源の語でジェルジャヴァ、あるいは中世ラテン語起源のポーランド語でアレンダと呼ばれる。ともに賃貸借を意味する語である。

しかし、ポーランド全土にユダヤ人居住地が広がり、ポーランド経済のなかにユダヤ人の持ち場が形成されたとはいえ、一五世紀末まで、ポーランドのユダヤ人口はまだきわめて少ない。推定によれば、一五〇〇年当時のユダヤ人口は、ポーランドに一万八〇〇〇人、リトアニアに六〇〇〇人で、両国あわせて全人口の一パーセントに満たなかった。ところが一六世紀を通じてユダヤ人移住者の数は著しく増加し、一七世紀半ばのポーランド・リトアニア国のユダヤ人口は推定約五〇万人、全人口の五パーセントに達する。[7] そのさい、当時の大国ポーランド・リトアニア国において、ユダヤ人口は全土で均等に増加したわけではなかった。分割前夜の一七六四年に行われたユダヤ人口調査によれば、ポーランドのユダヤ人口は五八万七六五八人で、そのうち四三万九人がポーランド王国に、一五万七六四九人がリトアニアに住んでいた。[8] 当時の調査に厳密な正確さを期待することはできず、実際のユダヤ人口は、ポーランド王国に五四万九〇〇〇人、リトアニアに二〇万一〇〇〇人、合わせて七五万人との推定もあるが、[9] 注目すべきはユダヤ人口の偏りである。すなわち一七六四年の調査によれば、ポーランド王国の四三万九人のユダヤ人のうち、ベウツ、ルーシ、ヘウム、ヴォウィン、ポドレ、ブロツワフ、キエフの各県で構成される地域（後世の地域名の転用ながら、ここではこれらの地域を総称してウクライナと呼ぶ）に住む者が二五万八二〇五人で、ポーランド王国のユダヤ人口の六〇パーセントを占めた。[10]

このユダヤ人口の増加と偏りの原因、すなわち一六世紀を通じてユダヤ人をポーランドに呼び込み、さらに彼らのウクライナへの集中を促進したもの、それがバルト海貿易の繁栄と、マグナート（大貴族）やシュラフタ（貴族）によるウクライナ開発である。

西ヨーロッパを市場とするポーランド産の穀物や森林資源の輸出は、すでに一五世紀末から活況を呈していたが、一六世紀にいたり、人口の増加した西ヨーロッパで穀物価格が上昇すると、ポーランド産の安価な穀物の輸出にさらなる拍車がかかった。[11] ウクライナ地方の大部分は、一五六九年のルブリン合同[12]までリトアニア大公国に属していたが、それがポーランド王国領に編入されると、穀物輸出の好況に勢いづくポーランドの貴族たちは、西ヨーロッパ向けの市場作物を増産するため、競ってウクライナに進出する。彼らは、開墾やルーシン人（ルテニア人）[13]の農民の土地を奪うことによって領主直営地を拡大し、直営地での労働力を確保するため、領地内の農民の移動を制限して苛酷な賦役を課した。バルト海貿易の中心港グダンスク（ダンツィヒ）からの穀物輸出量は、一六世紀を通じて一〇倍に急増する。ポーランドが西ヨーロッパから輸入したのは、毛織物をはじめとする手工業製品、植民地物産、ワインなどであったが、貿易のバランスはポーランド側の輸出超過であった。[14]ポーランド・リトアニア国は、その版図が広大であったばかりでなく、この貿易によって経済的にも大いに繁栄した。そして、領主直営地の拡大と市場作物増産のための賦役の強化が、領主の貴族には天国を、農奴化されたルーシン人農民には地獄といわれた状況を作り出すなかで、貴族の領地経営に深くかかわり、彼らと繁栄をともにしたのがユダヤ人である。

ポーランドの貴族領主が進出した当時、住人といえばルーシン人の農民ばかりで、経済的にほとんど未開発であったウクライナは、ユダヤ人にも豊富な経済的チャンスを提供した。ポーランドではキリスト教徒の商人や職人が成長するにしたがい、この時期、古い歴史を持つ都市や、とりわけ王領都市では、彼らの圧力で、彼らと競争関係にあったユダヤ人の経済活動は著しく制限される方向に向かう。さまざまな抜け道があったとはいえ、一六世紀半ばには、二〇を超える都市がユダヤ人の居住を禁止する「ユダヤ人不寛容特権」を獲得した。これに対して、貴族が新しくウクライナで建設した私領都市や市《いち》の開催権を持つ市場町は、ユダヤ人の商人や職人を積極的に誘致し、彼らの経済活動にほとんど無制限の自由を与える。都市にユダヤ人が集まれば、ユダヤ教の食餌規程にかなった[15]食品を扱う業者やユダヤ人用の衣服の仕立屋など、ユダヤ人の需要を満たすための商業や職人業も栄える。ユダヤ人はさらにユダヤ人を呼び込んだ。こうしてウクライナには、ポーランドの外からも内からも、多くのユダヤ人が移住することになったのである。

さらに貴族領主にとってユダヤ人は、領主の直営地や特権の有能な賃借人でもあった。一定の広さ以上の領地を持つシュラフタや、とりわけポーランドのあちこちに広大な領地を持つマグナートは、みずからは直接、領主直営地の経営にあたらず、直営地を分割し、それぞれ、その経営権を賃貸する方法をとった。領地をめぐるアレンダで、賃借人は、賃借した領地に対して賃借料を前払いするかわりに、その土地からあがる収益を自分のものにする。マグナート、シェニアフスキ＝チャルトリスキ一族の領地経営を対象としたM・J・ロスマンによる詳細な研究によれば、アレンダにおいて、領地や特権の賃貸借期間は通例一年から三年であった。賃借人の選択に関しては、ユダヤ人の場合、賃借人同士の過当競争を防止するため、原則的にはユダヤ人の共同体が認可した者のみが賃借人となる資格を持つとされたが、共同体の権威は、領主と賃借人の双方から無視されることが多かった。領主は少しでも有利な契約を結ぼうとし、賃借人もまた、高い賃借料を申し出ることで競争者を出し抜こうとしたからである。賃借料は四半期ごとに分割して支払われたが、そのさい領主のもとに現金が送られたわけではない。一年分の賃借料の四分の一にあたる金額は、領主が三カ月間にその賃借人から引き出せる現金の限度額を示していた。すなわち領主はある品物を購入すると、その品物に対する支払い命令書を賃借人のもとに送り、実際の支払いは、賃借人によって賃借料から差し引かれる形で行われた。三カ月ごとに領主のもとに届くのは、領主が賃借人から引き出した金額を示す計算書のみである。このシステムによって領主は、手元に大金を保管するリスクと、みずから帳簿をつけて金の出入りを記録する手間と時間を省くことができた。さらに、農産物の生産は天候不順や農産物価格の変動に影響され、賃借料に見合った収益をもたらさない場合もあったが、損失は、賃借料の値引き交渉も行われたとはいえ、原則的には賃借人が負う。これによって領主は、帳簿の管理など、直営地を経営する煩わしさから解放されるのみならず、農産物生産にともなうリスクを最小限にとどめて確実な収入を確保することができ、アレンダは、領主にとって利点の多い制度であった[16]。

領主はまた、領地の農民に対して領主が所有する製粉所の使用を強制する権利や、本章の第二節で詳述するように、領地で酒の製造権と販売権を独占し、領主の酒以外の酒の消費を禁止する権利（プロピナツィアの権利）を持っていたが、これら領主の持つ特権のすべてが賃貸の対象となり、領主の養魚池や、領主が建設した橋の使用にかかる料金の徴収も賃貸の対象であった。そして、ウクライナにおいてユダヤ人は、そのあらゆる場面で有能な賃借人として貴族領主の領地経営にかかわり、一六世紀のポーランドにおいて、貴族の天国と農民の地獄のはざまにユダヤ人の楽園ともいわれた状況が出現することになったのである。

## フメリニツキの反乱

ポーランドにおけるアレンダで、たとえば比較的早い時期に始まった国王の塩鉱の経営権の賃借や徴税の請負等は、かなりの元手を必要とした。そのため、それを行うことができるユダヤ人は裕福な商人や金融業者に限られた。これに対して、この時期のウクライナで貴族が持つ領地や特権の賃借人となったのは、むしろ少額の元手をやりくりするユダヤ人たちであった。

アレンダにおける賃借人は、イディッシュ語ではアレンダールまたはレンダールと呼ばれ、ユダヤ人の世界で彼らは、ポーランドやウクライナのイディッシュ語民話に登場する最もおなじみの人物の一人である。[17] 非ユダヤ人の世界でも、ポーランドでおよそ貴族と呼ばれる人びとであれば、アレンダールや、あるいはファクトールと呼ばれるユダヤ人の一人や二人を抱えているのが普通であり、「ユダヤ人を持たないポーランド貴族なんて半人前」とか「土地一区画とユダヤ人一人持ってりゃ一人前の貴族」などと言われたという。[18]「うちのユダヤ人」と呼ばれたファクトールとは、貴族の家に出入りする便利屋で、西ヨーロッパへ輸出される穀物の大規模な取引は専門の業者が扱ったが、「うちのユダヤ人」の方は、領地の余剰生産物を近隣の市場で売りさばき、それと引きかえに領主がほしがっていた品物や、領地経営にとって必要な器具類を仕入れてきた。領主の屋敷の修理の世話、領主の土地の売買の仲介、さらに恋文の取持ちや売春の世話をするのも彼である。ファクトールは、アレンダールの副業であることも多い。[19] このようなユダヤ人は、貴族にとってはなくてはならない存在

**図5**　リヴィウ（ルヴフ）の旧イエズス会のコレジオ（神学校）の壁に取りつけられたボグダン・フメリニツキ（1595/96頃-1657）の胸像。一説によれば，フメリニツキはここで教育を受けた。第1部第1章の注(37)を見よ。2001年，筆者撮影。

であり、自分たちに利益をもたらす忠実な下僕であった。

同時代の西ヨーロッパと比較して、一六世紀のポーランドのユダヤ人社会は、全体的には豊かで安定していたといわれる。もちろん、ユダヤ人のすべてが豊かだったわけではない。アレンダールにも、大アレンダールとその子にあたるアレンダールが存在した。すなわち、大アレンダールは領主から領地や特権を一括して賃借し、それを分割して子アレンダールに賃貸する。中間利益を稼ぐ者が入れば入るほど、末端に位置する賃借人の儲けは少なく、一家の生活を成り立たせるのがやっとであった。しかし、彼らのかつがつの生活もまた、ルーシン人農民からの激しい収奪の上に成り立っていた。

アレンダ契約では、領主はできるかぎり賃借料を引き上げようとし、アレンダールはできるだけ安く値切ろうとする。契約をめぐってアレンダールの側に競争者が現れると賃借料はせり上がり、その分、アレンダールの経営は苦しくなる。さらに天候不順による不作や、農産物価格の変動によって賃借料にみあう収益をあげられなかった場合、原則的にはアレンダールが損失をかぶらなければならず、賃借料が払えなくなったアレンダールには、賦役に従わない農民と同様、鞭刑や投獄という厳罰が待っていた。だからアレンダールは、まずはアレンダ契約にありつき、賃借した領地や特権から必死になって利益を稼ぎだそうとした。そのしわ寄せがどこにゆくかは明らかであろう。農民にとってのユダヤ人は、種蒔きもしなければ、耕しもせず、農民を食い物にして稼いでいる者たちであり[20]、貴族の領地経営の片棒を担ぐユダヤ人は、農奴制にあえぐ農民の恨みを買わずにはいなかった[21]。

一六四八年のボグダン・フメリニツキの反乱は、ポーランドにおいてユダヤ人の楽園時代に終止符を打つ。一六四八年春、フメリニツキに率いられたウクライナ・コサックがポーランドの支配に対して反乱を起こすと、ルーシン人農民の多くがこの反乱に合流した。反乱軍は、いたるところでポーランド人と、その手先としてのユダヤ人を虐殺する。ユダヤ人の犠牲者は一〇万人から一二万五〇〇〇人ともいわれ(22)、ウクライナのユダヤ人社会は壊滅的な打撃を被った。

## 二　ポーランドの経済的衰退とユダヤ人

### プロピナツィアとユダヤ人

ポーランドの貴族領主の繁栄は、国内の商工業の発展や、ポーランド全体の経済的向上とは結びつかなかった。肝心の穀物輸出も、一六一八年にピークを迎えた後、一七世紀半ばには急速に衰え始める。グダンスクからの穀物輸出量は、一七世紀前半には年平均一四万トン、一六一八年のピーク時には二四万トンに達したが、一七世紀後半には年平均八万トンにまで減少した(23)。減少の原因は、一六世紀末から一七世紀にかけてヨーロッパ全体で農産物価格が下落したこと、また一六四八年に始まるウクライナ・コサックの反乱を皮切りに、ポーランドではロシアやスウェーデンを相手とする戦乱が相次ぎ、穀物の生産量そのものが減少したことにあると考えられている。さらに一八世紀になると西ヨーロッパの穀物事情は大幅に改善され、西ヨーロッパの穀物供給地としてのポーランドの役割は終わった。穀物輸出の衰退は、生産者であるシュラフタやマグナートを直撃せずにはいなかった。零細なシュラフタの領地経営は破綻をきたし、彼らはマグナートに領地を売却せざるをえない状況に追い込まれた。

ポーランド・リトアニア国は、しばしば「シュラフタの共和国」と呼ばれる。ポーランド・リトアニア国の人口は一六世紀末で約七五〇万人（ポーランド四〇〇万人、リトアニア三五〇万人）であったが、人口の一割弱を占める貴族身分が選挙によって国王を選出し、身分制議会を通じて国政の主導権を握っていたからである(24)。そのさい、地方レベルの議会はシュラフタの直接民主制、中央レベルでは間接民主制がとられたが、制度上の平等とは裏腹に、シュラフタ内部で経済的階層分化が進行するにしたがい、落ちぶれたシュラフタの境遇は惨めなものとなる。領地を失ったシュラフタのなかには、マグナートの使用人となって貴族ではない使用人と同様の扱いをうけ、あるいは農民と同じく賦役に従事する者まで出た。彼らは小作貴族、賦役貴族、サンダル履きの貴族などと馬鹿にされ、彼らがかろうじて貴族の体面を保つことを許されるのは、身分制議会の開催中、自分が配下に下ったマグナートのために都合のよい一票を投じるときのみであった(25)。

他方マグナートは、破産したシュラフタの土地を吸収して領地経営を大規模化し、穀物価格の低下による収入の減少を総生産量の増加によって補おうとした。しかし、賦役という強制労働に従事する農民に生産意欲があるはずもない。賦役は、農民自身の牛馬や農具を用いて領主の直営地で行われる農耕賦役のほかにも、同じく農民自身の牛馬によって行われる生産物や家畜などの運搬賦役、狩猟賦役、漁労賦役、紡績賦役、領主の建造物の修理や建築、領主の館内での家内労働など多岐にわたる。賦役の日数は、農民保有地の面積や、播種や刈り入れなどの繁忙期で異なるが、一ワン保有農の場合、一七世紀で週四日から五日であったという。一日当たりの労働時間は、冬季で八時間、夏季には一二時間という苛酷なもので、賦役に従わない農民には、鎖で領主の牢につなぎ、棍棒や鞭で二〇回から三〇回も打つという罰が加えられた。棍棒には、鉛を吹きつけた樫の木が使用された[26]。さらに特定の市場作物の連作による地味の枯渇、相次ぐ戦乱による農地の荒廃で、一七世紀後半のポーランドは、穀物の収穫率そのものも、もはや繁栄期の水準を維持することができず、領地経営の生産性はますます低下した。農民たちもまた、自身の保有地の荒廃と、生産コストの削減をはかる領主によって強化された賦役のため、保有地で換金作物を栽培する時間的、労力的余裕を失い、時機を逸した播種や刈入れで乏しい収穫量をますます減らした。しかも、その農民をさらなる破滅へと追い込んだのが、ほかならぬ、みずからの経営を農民の賦役に負う領主自身が農民に売りつける毒薬、すなわち酒であった。

穀物輸出の不振で現金収入を減少させた貴族領主が着目した収入源、それが、彼らが独占する酒の製造・販売権、すなわちプロピナツィアの権利である。重労働に従事する農民にとって、酒はほとんど唯一の慰めであったが、彼らが買うことができるのは、領主が製造し、領主が販売する酒のみであった。そこで領主は、停滞する輸出用の穀物を酒の原料にまわし、領内で製造された酒を、ときには強制的に農民に売りつけることで農民の乏しい所得を残らず吸い上げ、それによってみずからの現金収入を確保しようとした。この転換がとりわけ顕著に見られたのがウクライナである。というのも、西ヨーロッパへの穀物輸出はバルト海を介して行われたが、ウクライナはバルト海に注ぐ河川から遠いため、穀物を輸出港まで運搬するコストがかさみ、穀物価格が下落すれば、穀物輸出の利益はますます薄くなったからである。ポーランドの領主の所得のなかで酒の製造・販売から得られる収入が占める割合は、一七世紀半ばまで一割に満たなかったのに対し、一八世紀になるとその割合は大幅に上

図6　コルチマあるいはシーノクと呼ばれた酒場。多くは旅館を兼ねる。2002年，キエフの野外民俗建築博物館にて筆者撮影。

昇し、三割から、多い場合には七割にも達した(27)。すなわち一七世紀まで主要な収入源ではなかったプロピナツィアの権利による収入が、一八世紀には領地経営の重要な収入となったのである。そして、この悪名高い領主の酒の製造と酒場の経営において、最も重要な役割を果たしたのがユダヤ人のアレンダールだった。

零細シュラフタの没落は、アレンダの市場にも一定の変化をもたらす。領地経営に破綻したシュラフタの一部は、彼らが手放した土地を吸収したマグナートの領地の賃借人へと転落した。あるいは一八世紀になると、領主のなかには賃借人を廃してみずから領地経営に乗り出す者も現れたが、没落シュラフタは、そのさい領主が雇う領地の管理人にも進出した。そのためユダヤ人と没落シュラフタは、領主の土地の賃借人や管理人の地位の獲得をめぐり、次第に競争関係に立つようになる。このような状況のなかで、ユダヤ人にとって、没落シュラフタが容易には手を出せない領地以外のアレンダの対象、すなわち領内での製粉所の経営や毛織物の縮充、革なめしなどに対して領主が持つ独占権の賃借、とりわけプロピナツィアの権利の賃借は、相対的に重要度を増した。というのも、これらの権利の賃借に関して没落シュラフタは、ユダヤ人の競争相手にはなりえなかったからである。没落シュラフタにとって、領地経営はシュラフタの伝統的な仕事の延長線上にあったのに対し、彼らは、毛織物や皮の扱い方を知らず、酒を製造する技術も、酒場を経営する商才も持たなかった。[28]

プロピナツィアの権利の賃借料は比較的高額であった。アレンダールは元を回収しなければならないから、農民に対し、ときには混ぜものをした粗悪な酒を売りつけ、農民が現金で酒代を払えないときは、つけで酒を売った。そのためアレンダールのユダヤ人は、農民に酒を飲ませ、酒のせいで借金に借金を重ねさせ、酒そのものの害毒と借金とで農民を破滅させる張本人とされる。プロピナツィアとユダヤ人の深いかかわりは第一部第二章で再述することとし、ここでは、ポーランドの貴族とユダヤ人と農民との関係を端的に表現したハインリヒ・ハイネの一文を引用しておこう。ハイネは一八二二年にポーランドを旅行し、旅行記『ポーランドについて』を著している。

わずかな例を除くと、ポーランドのすべての飲食店もユダヤ人の手中にある。そして彼らの数多くの火酒醸造所は、国にきわめて有害である。そのせいで農夫たちが乱酔へと走るからである。とまれ、火酒の痛飲がいかに農夫の昇天［死亡］に貢献しているかは、すでに先で示したところである。貴族はみな、村あるいは町に、それぞれユダヤ人を一人抱えている。ファクトールと呼ばれ、主人のすべての委託業務、売買、照会などを行っている。これはひとつの独創的な仕組みで、ポーランド貴族たちの安逸志向を十全に示すものである。[29]

## ポーランド・ユダヤ人社会の破産

貴族領主と農民のはざまに立つユダヤ人に期待された役割は、商人や職人となって都市を形成し、都市と農村をつないで商品を流通させること、あるいはアレンダールとして貴族の領地経営の一翼を担うことだった。それゆえ貴族と農民が経済的に疲弊し、農村地域の交易の拠点であった都市が衰退すれば、ポーランドのユダヤ人社会もまた窮乏化を免れなかった。

一六世紀のポーランドで、ポーランドもユダヤ人も経済的上昇期にあったとき、ポーランドの王たちはユダヤ人社会の経済力を見逃さなかった。「王の隷属民」たるユダヤ人に対する人頭税は、ズィグムント一世老王のもとで課税が試みられた後、一五四九年にユダヤ人一人当たり一ズウォティの人頭税が導入される。しかし王国政府は、課税すべきユダヤ人口を調査する機関も、個々のユダヤ人から確実に税を徴収する機関も持たなかったため、人頭税収入はいっこうに増加しなかった。そこで政府は、人頭税の徴収をユダヤ人自身に請け負わせることにし、一五七九年に一括請負課税方式の導入に踏み切る。そして一五八〇年、一説では一五八一年にルブリンで最初のユダヤ全国会議（ヴァアド・アルバ・アラツォート、以下、ヴァアドと記す）[30]が開催され、そこに集まったユダヤ人自身により、ヴァアドが国家から一括して請け負った人頭税額を各地方のユダヤ人共同体（カハウ、ゲマインデ）に割り振って負担させる方式が決定された。

以後のヴァアドは、ポーランドのユダヤ人社会を自治的に運営する小政府のごとき機能を備えた組織へと発展するが、国家との関係でいえば、その最も重要な任務はユダヤ人人頭税の支払いであった。ところが、ユダヤ人社会が窮乏化を強めるにしたがい、ヴァアドは多額の負債を抱え込み、人頭税を滞納するようになる。一七一七年から一七六四年まで、ポーランドの国会で定められたユダヤ人に対する人頭税は年額二二万ズウォティであったが、一七四一年のヴァアドは、国家に支払うべき人頭税や、そのほかにも必要な支出に加え、純然たる負債だけで一一万五三五〇ズウォティを抱えながら、[31]支出に対応する目処も負債を返済する目処も立たない状態であった。そのためついに一七六四年、国家にとってユダヤ人人頭税の請負機関としての意味を失ったヴァアドは、国家の手により解体される。

しかし、国家にヴァアドにかわる徴税機関があったわけではない。同じく一七六四年に一人につき二ズウォティに引き上げられたユダヤ人人頭税の徴収は、ヴァアド解体以後、結局、ユダヤ人社会の末端組織であるカハウに請け負わせるほかなかった。ところが、そのカハウが抱える負債額は、ヴァアドのそれをさらに凌ぐものであった。一例をあげれば、一七二七年の都市ルヴフのカハウでは、市参事会に対して支払うべきさまざまな納付金の未払い分だけでも四三万八四一〇ズウォティに達し、一七七二年には、その額は実に一〇〇万ズウォティに達する。しかも借金は、市参事会に対するものだけではない。一七七七年にルヴフのカハウは、聖職者から借りた借金の利子だけでカハウの収入の約七五パーセントにあたる四万一七〇〇ズウォティを支払っている。四万一七〇〇ズウォティから推測されるカハウの収入額を考えれば、一〇〇万ズウォティという借金は天文学的数字といえた。[32]

ヴァアドやカハウに好んで金を貸したのは、イエズス会やドミニコ会をはじめとする修道会、教会、あるいはマグナートや都市の参事会などである。というのも、カハウが借金をする場合、カハウの構成員全員、あるいはカハウの地方的連合体、さらにはヴァアドが、その持てる財産のすべてを担保として保証人になったからである。それゆえ貸し手にとってカハウは、確実な借り手と思われた。貸し

図7　現在のリヴィウ（ルヴフ）のスタロエブレイスカ通り（旧ユダヤ通り）。通りの名が示すように，14世紀末から徐々に，この通りが旧市壁に行きあたる街の東南部の一角にユダヤ人街が形成された。2001年，筆者撮影。

手たちは、いわば貸金という形でカハウに投資し、必要なときに借金の取り立てという形で金を引き出す銀行のごとくカハウを利用したが、ふたを開けてみれば、利子で元金が増えるどころか、この銀行は倒産寸前だったのである。

ポーランドのユダヤ人社会は、なぜこのように多額の負債を抱えることになったのか。そこには、ポーランド全体の窮乏化に加えて、キリスト教社会の被差別民であったユダヤ人のみにかかわる特殊事情が働いていたことを見逃してはならない。たとえばイェヒェスキエル・カロの『レンベルク［ルヴフ］のユダヤ人の歴史』（一八九四年）[33]を繙けば、そこに綿々と綴られるのは、キリスト教社会での活動を寛容されているだけのユダヤ人社会が、寛容を手に入れるため、いかに多くの金を支払わなければならなかったかということである。

ポーランドの歴代の王権は、みずからの財産であるユダヤ人を保護しようとしたが、一六世紀にいたると、ユダヤ人の経済力に脅威を感じたキリスト教徒の商工業者やカトリック教会の圧力により、ユダヤ人の経済活動を制限する一連の法令を出すことを余儀なくされる。それでも貴族の私領都市では、都市の所有者の意向次第でユダヤ人の経済活動の自由が確保されたのに対し、王領都市や、ルヴフのようにマグデブルク法の適用が認められた都市では、都市の参事会とカハウの交渉により、両者のあいだで、ユダヤ人の商人や職人が扱ってもよい品物の種類とその取引額を細かく限定する契約が結ばれた。契約は、もちろん無料ではない。カハウは、契約によって一定期間の経済活動の許可を買い取るのであり、期間が過ぎれば、契約更新のために金を支払うことを要求された。しかもそのさい、契約内容を少しでもユダヤ人にとって有利なものにするためには、市参事会の有力者に莫大な賄賂をつかませることが必要であった。このほかにも、ユダヤ人に対する便宜供与や、彼らの身の安全の保障が問題となるたびに、国家の役人や都市の当局者による賄賂の要求はとどまるところを知らなかった。

実際、ユダヤ人の身の安全は、彼らがこうして要求される金を支払うことができるかどうかにかかっていた。

一六四八年一〇月、ルヴフはボグダン・フメリニツキの反乱軍によって包囲される。しかし反乱軍は、苦戦の末にルヴフを陥落させるより、戦わずして金を脅し取った方が得策と考えたのであろう。フメリニツキは都市ルヴフに対して、この反乱の原因であり、またコサックの敵に資金を提供している者たちとして、女子供も含め、ルヴフのすべてのユダヤ人を引き渡すよう要求した。しかし市は、ユダヤ人は市ではなく国王に直属する人びとであること、また市民と苦難をともにしてきた人びとであることを理由に、フメリニツキの要求を拒否する。そして交渉の結果、市はフメリニツキに二〇万グルデンという莫大な金を支払うことにより、ユダヤ人の引き渡しと市の破壊を免れた。二〇万グルデンは、ルヴフの教会、修道院、キリスト教徒の市民やユダヤ人から集められるだけの現金をかき集め、それでもなお不足する分は、貴金属を供出することによって調達されなければならなかった。

カロも認めるように、この出来事それ自体はルヴフの歴史上の美談であったが、二〇万グルデンは、結局、ユダヤ人に負わされることになる。というのも市は、二〇万グルデンはユダヤ人の身代金として支払われたものであるとし、二〇万グルデンのうちユダヤ人がすでに負担した金額を無視して、カハウに対して市に二〇万グルデンを支払うよう要求したからである。ユダヤ人は市の関係者を買収することにより、支払い額を減じてもらいはしたものの、ルヴフでの生活を望むかぎり、八万四〇〇〇グルデンという、なお十分に巨大な金額を利子付きで分割払いすることを拒否することはできなかった。(34)

また一七〇〇年に始まる北方戦争では、ルヴフは一七〇四年にスウェーデン軍に占領され、徹底的に略奪された上、ユダヤ人に対して二万ターラー、市に対して三〇万ターラーの支払いが要求された。交渉の結果、最終的にルヴフがスウェーデン軍に支払った金額は一三万二〇〇〇ターラーだったが、そのうち教会と修道院が負担したのは三万三六八〇ターラー、キリスト教徒の市民が負担したのは五万四三二〇ターラー、ユダヤ人の負担は四万ターラーである。しかしユダヤ人は、ユダヤ人のみに要求された二万ターラーも支払わねばならず、結局、人数の上では少数者のユダヤ人に六万ターラーが負わされることになった。(35) この時期ポーランドでは、さまざまな外国通貨が流通して貨幣は混乱の極みにあり、貨幣価値の比較は容易ではないが、ユダヤ人に割り当てられた額が不当に大きいことだけは確認できよう。[36] スウェーデン軍が去った後、ルヴフでは疫病が蔓延し、都市そのものも落ちぶれはてたが、とりわけユダヤ人の苦しみは筆舌に尽くしがたいものであったという。

フメリニツキの反乱以降、ポーランドを次々に襲った戦乱のあいだ、ユダヤ人は、通常の人頭税のほかに、戦費調達を目的とする多額の税を課せられる。戦乱は、領主や農民と同様、ユダヤ人の経済活動も破壊したため、ポーランドのユダヤ人社会は、もはや借金せずしてこのような負担に耐えることはできなかった。さらに税に加えて、戦乱のたびにポーランド各地のカハウで、大なり小なり、一六四八年や一七〇四年のルヴフと同じ状況が生じたのである。[37] 他方、窮乏化するユダヤ人社会の内部では、道徳的腐敗と貧富の差の著しい拡大が促進された。困窮したカハウは、構成員の収入に応じて徴収されるカハウ税のほかに、コロプカあるいはクルプカと呼ばれる消費税を導入し、[38] 食料品その他に課税したため、貧しいユダヤ人のなかには食に事欠く者もでる。ところがカハウの指導権を握るユダヤ人たちは、カハウが請け負った人頭税をカハウの構成員に割り振るにあたって独占的な権力をふるい、そのさい税額に自分たちがかすめ取る額を上乗せすることを忘れなかった。さらに彼らは、カハウが教会やマグナートから借りた金を中・下層のユダヤ人に貸し付け、その利子で私腹を肥やしたのである。

# 第二章　オーストリア領ガリツィアの誕生

## 一　ガリツィア誕生

### オーストリアのガリツィア領有

一七四〇年、神聖ローマ帝国皇帝カール六世の死後、長女マリア＝テレジアはプラグマーティッシェ・ザンクツィオン[1]にもとづき、ハプスブルク家の全家領を一括相続する。しかしマリア＝テレジアを待ち受けていたのは、相続承認の代償としてシュレージエン（シロンスク）を要求するフリードリヒ二世のプロイセンであった。オーストリアがプロイセンの要求を拒否したことによって始まったオーストリア継承戦争（一七四〇―四八年）で、マリア＝テレジアは、みずからの相続に対してかろうじて国際的承認を取りつけたが、プロイセンはシュレージエンを確保する。オーストリアは七年戦争（一七五六―六三年）でシュレージエン奪回をはかるが、最終段階でロシアと同盟を結んだプロイセンに敗北し、オーストリアのシュレージエン喪失は決定的となった。

しかし、オーストリアにはなおシュレージエンに対する未練が残った。ポーランド国王アウグスト

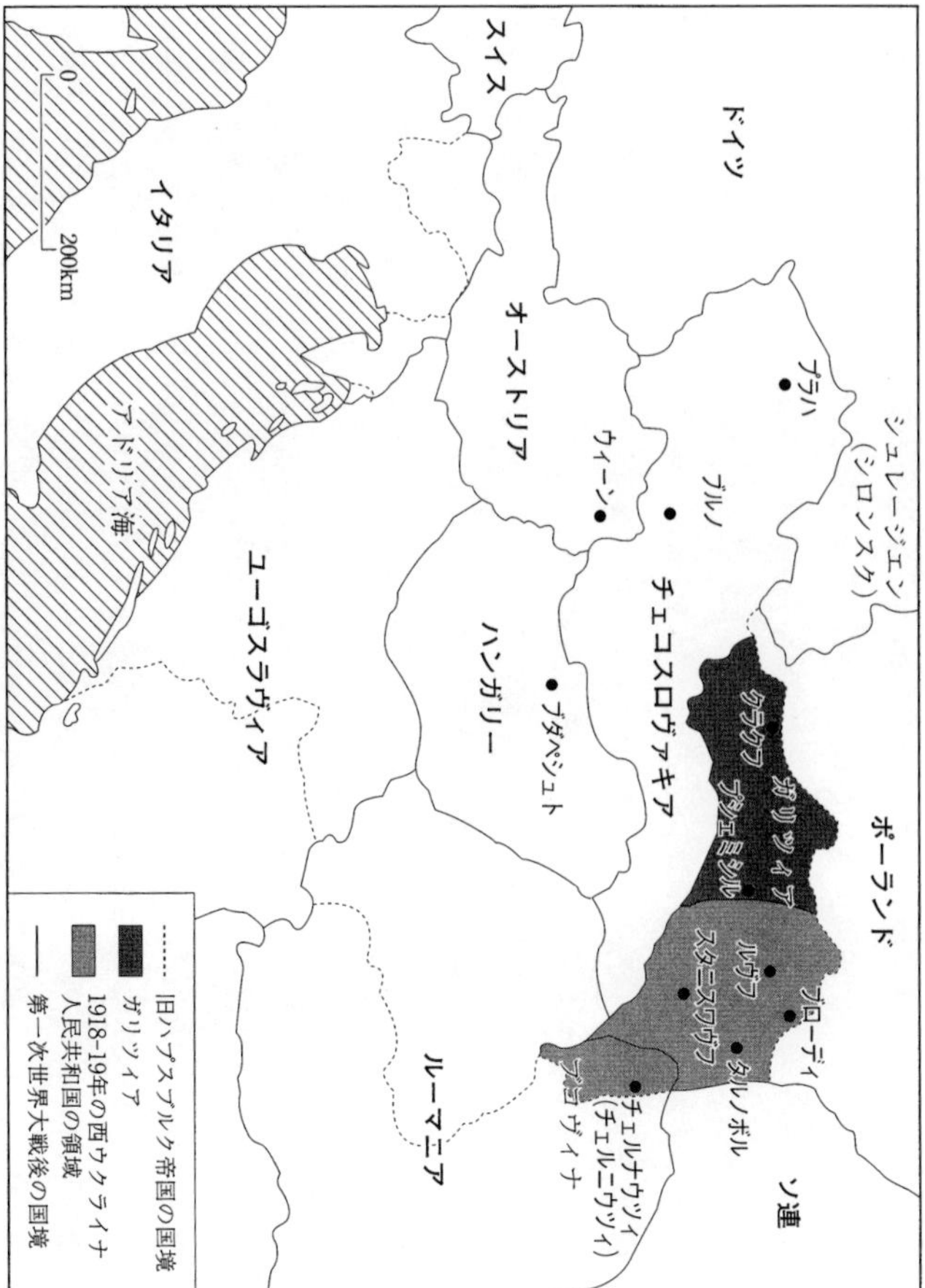


地図1　ハプスブルク帝国と第一次世界大戦後の国境

三世の死（一七六三年）後、ポーランドへの内政干渉を強めていたロシアは、ポーランドの強力な抵抗にてこずりつつ、他方で一七六八年にはオスマン帝国との戦争に突入する。これでポーランド国内でのロシアの動きが鈍ると見たオーストリアは、一七六九年にポーランド国境を越え、軍事侵攻を開始した。目的は、プロイセンとロシアの同盟関係を解消させ、プロイセンにポーランドの領土の一部を与えるのと引きかえに、シュレージエンを取り戻すことであった。しかし、オーストリアの計画は失敗に終わる。そして、ロシアに対するポーランドの抵抗が力つきた一七七二年、オーストリアは、ペテルブルクでロシア、プロイセンとともにポーランド分割に加わり、ガリツィアを手に入れることで満足せざるをえなかった。

一七七二年八月に三国間でポーランド分割条約が結ばれたが、ポーランドの正確な地図がないために境界線はあいまいで、ポーランドに侵攻したまま残留するオーストリア軍の占領地の帰属問題は、なお流動的であった。ようやくクラクフに隣接するユダヤ人街カジミエシュなど、占領地の一部がポーランドに返還され、ガリツィアの境界が確定されるのは一七七六年である。最終的に第一次ポーランド分割でオーストリアが獲得したガリツィアとは、クラクフ県の一部（都市クラクフを含まない）、サンドミエシュ県の一部とルーシ県を含み、面積約八万平方キロメートル、東の境界線はズブルーチ川であった。(2)

当時のガリツィアの人口は、併合後、徴兵および徴税を目的に二年続けて実施された人口調査から推定することができる。人口調査の結果は、一七七三年および一七七四年の公文書で明らかにされているが、そのうち、より正確度が高いと思われる一七七四年の調査結果によれば、ガリツィアの総人口は二六六万五〇四八人、そのうちキリスト教徒は二四八万四三〇一人、ユダヤ人（ユダヤ教徒）は一七万一八五一人である。(3) ポーランド人とルーシン人（ルテニア人）とユダヤ人の混住地域であったガリツィアで、ポーランド人のほとんどはローマ・カトリック、ルーシン人の多くはギリシア・カトリックの信者であったから、キリスト教徒の宗派別人口がわかればポーランド人とルーシン人の人口をそれぞれ推定することができるが、人口調査では宗派別人口は明らかにされていない。両者の比率に関してガリツィアの初代総督に就任したヨハン・アントーン・ペルゲンは、一七七三年の報告で、住民の三分の二はルーシン人と推測したが、サン川以東の東ガリツィアについていえば、推測はほぼ正確だったといえるだろう。(4)

一七七六年のガリツィアは、先述したようにオーストリア軍占領地の一部がポーランドに返還されたため、一七七四年時点より領土が縮小した。同時代史料に記された一七七六年のガリツィアの人口は、史料によって若干異なる数字を併記すれば、二五八万七九六人あるいは二六二万八四八三人、そのうちキリスト教徒は二四三万六五五九六人あるいは二四八万八八五人、ユダヤ人は一四万四二〇〇人あるいは一四万七五九八人であった。(5)

## ガリツィアのユダヤ人

人口調査で明らかにされたユダヤ人口は、ガリツィアの総人口を大幅に書き換えるほどではないが、実数よりかなり少ないと考えられている。ユダヤ人の場合、繰り返し実施された人口調査の主目的は、後述するように、ユダヤ人人頭税をはじめとして、ユダヤ人のみに差別的に課せられる各種の税金の

図8　18世紀ポーランドのユダヤ人。
出典：Adolph Kohut, *Geschichte der deutschen Juden*, Berlin (1898), S. 522.

徴収を確実にすることであった。そのため、ユダヤ人は人口調査に警戒感を抱き、意図的に調査から逃れようとした。したがって人口調査に表れたユダヤ人口は、一七七六年はもとより、調査の方法が改善された一七八五年の二一万二〇〇〇人(6)という調査結果でさえ実際より少なく、ユダヤ人口は、ガリツィア併合時ですでに二〇万人以上とも推定されるのである(7)。

ポーランドのユダヤ人口がウクライナに偏って存在することは、第一部の第一章第一節で述べたが、一七七三年の公文書で明らかにされた人口調査結果によれば、ガリツィアのユダヤ人口の七七・四パーセントがルーシ県、すなわち東ガリツィアに集中していた。ユダヤ人口が占める割合は、西ガリツィアのクラクフ県では二・五パーセント、クラクフ県とルーシ県の中間に位置するサンドミェシュ県では四・五パーセントであるのに対し、ルーシ県では一三・二パーセントで、その中心都市ルヴフ（レンベルク）が位置するルヴフ行政区（Distrikt）のユダヤ人口は六万六二五四人、行政区の人口の一七・一パーセントを占めていた(8)。

失われたシュレージエンは、豊富な石炭や鉄鉱石を有する先進的工業地帯で、肥沃な農業地帯でもあったのに対し、オーストリアが新たに獲得したガリツィアは、それに匹敵する領地だったのか。ガリツィア併合後、オーストリア政府が最初に試みたのは、ガリツィアのできるだけ詳細な地図を作成することと、ガリツィアの人的、物的資源の現状を把握することである。[9] 人口調査はまさしくその試みのひとつであったが、一七七三年に最初のガリツィア視察旅行に出かけたヨーゼフ二世がそこで見た人びととは、苛酷な賦役で消耗し、「人間の姿をした生ける肉体でしかない」[10] あわれな農民と、何で生計を立てているのかわからない、おびただしい数の貧しいユダヤ人だった。[11] そして、オーストリアによるガリツィア統治の中心となるべき都市ルヴフは「言語に絶する滅びよう」を呈していた。同時代人は、併合当時の街のあり様を次のように語っている。

オーストリアに併合された当時、人びとが目にしたのは、ほとんどが貧しく、崩れかけているか、あるいはすでに崩れてしまったような小屋や家だった。[引用中略]
街を清潔にする設備のことなど、まったく何も考えられていない。市内では、舗装の手入れが行われていないために、舗石よりも穴の方が多いくらいだ。穴のいくつかは、三フィートか四フィートもの深さがある。通りにはあらゆる種類の汚物が勝手にばらまかれ、注ぎかけられている。雨模様の日には、厚いぬかるみで、身体の半分以上が沈み込んでしまいそうだ。[引用中略]
あらゆる通りのなかでも、最も貧しいのがユダヤ人通りだ。この通りは、ほとんどどんな天候のときも汚く、通行人は二、三歩歩くごとに、それぞれ違った種類の不快な、腐ってすえたような臭気につきまとわれる。家の造りは粗末で、不潔で、何軒かは壁が残っているだけ。何カ所かは、完全な空き地になっている。ユダヤ人というのは、相も変わらず、まったくもって奇妙な連中だ。この汚くて、ぼろをまとって、臭くて、あらゆる種類の害虫にくわれたり、かじられたりしている小民族は、こぎれいで清潔なキリスト教徒全員を不浄だと見なしているのだ。[12]

ユダヤ人に関していえば、ヨーゼフ二世をはじめ、当時の政府の役人たちが等しく着目したのは、その人数のおびただしさと彼らの貧しさもさることながら、ガリツィアでユダヤ人が果たしていた社会的、経済的役割の特殊性である。研究書『皇帝ヨーゼフ二世の寛容政策』の著者ヨセフ・カルニエルが同時代史料から推定したところによれば、一七七三年当時で、ユダヤ人の三三パーセントが何らかの種類の商売によって生計を立て、ガリツィアの商業はほとんどこれらユダヤ人商人の手に握られていた。さらにユダヤ人の二〇パーセントが仕立て職人、パン職人、食肉製造、革なめし工、製靴工、ガラス研磨工など、さまざまな種類の職人業に従事し、二五パーセントがアレンダによって生計を立てていた。[13] これら商人や職人やアレンダールと呼ぶことのできるユダヤ人のほかに、一七八六年に二分冊からなるガリツィア見聞録を刊行したフランツ・クラッターは、ファクトールと呼ばれる数多くのユダヤ人がいるとする。ファクトールとは、第一章で述べたように、一般的には貴族の屋敷に出入りする便利屋のユダヤ人のことだが、クラッターのいうファクトールは、イディッシュ語でルフトメンチュ（空気人間）と呼ばれる、どうやって食いつないでいるのかよくわからない連中に近いだろう。「彼らはわずかな金と引きかえに、どんな汚い仕事でも、偵察も陰謀、詐欺、卑劣な行為も、何でも引き受ける。聖職者も修道士も役人も商人も宿屋の主人も職人も女郎買いも女郎も、自分のファクトールを抱えている。[14]」

ポーランド時代にユダヤ人がウクライナに移住した経緯を考えれば、ユダヤ人の生業が商業、職人業、アレンダに集中するのは自然な成り行きである。しかし、新たな支配者ヨーゼフ二世がガリツィアの社会改革に乗り出したとき、あわれな農民をポーランド人貴族の領主支配から解放することと同時に、貴族と農民のあいだに立つ中間搾取者としてのユダヤ人アレンダールを排除することもまた、最大の問題と認識されることになる。

## 二　マリア＝テレジアのユダヤ人政策

### 酒場のユダヤ人

プロピナツィアの権利は、領主が賦役によって農民の労働力を搾取するだけでは足りず、農民に酒を売りつけることで、農民が自分の保有地から得た乏しい現金収入の一部まで領主の懐に回収する悪名高い権利である。そのプロピナツィアの権利とユダヤ人の深いかかわりは、たとえばヨーゼフ・ロートの『タラバス』や『偽りの分銅』など、ガリツィアの農村を舞台とする小説で、そこに登場する酒場の主人が決まってユダヤ人であることからも知ることができる。[15]

オーストリア併合当時のガリツィアの町ザレシチキで、ユダヤ人のカハウ（ゲマインデ）に所属する家族の生業を見ると、戸主九六人のうち約三分の二にあたる六二人が領主に依存して生計を立てていたが、その内訳は、領主のファクトールが二人、都市での酒場経営者が二七人、村落部での酒場経営者が二六人、その他、領主の何らかの特権の賃借人が七人であった。[16] アレンダールは、本来は賃借人一般を意味するが、ザレシチキで見られるように、ユダヤ人のアレンダールにはプロピナツィアの

図9　18世紀ポーランドのユダヤ人。
出典： Adolph Kohut, *Geschichte der deutschen Juden*, Berlin (1898), S. 523.

権利にかかわる者が多いせいか、同時代文献ではしばしば「ユーデンアレンダ（Judenarenda）」は酒場と同義的に使用された[17]。一八〇〇年に警察官僚としてルヴフに赴任したヨーゼフ・ローラーは、一八〇四年の著作で、悪意をこめて、ガリツィアの酒場の九割はユダヤ人の手中にあるとまで書いている[18]。このような酒場は、同時に宿屋であり、またとくに村の酒場は、通例、農民が必要とする生活雑貨を売るよろずやも兼ねた。さらに酒場の経営者は、困った農民に金を貸す金貸しでもあり、貸した金で農民に酒を飲ませた。

厳しい生活で酒におぼれる農民は多く、彼らは酒のために酒場のユダヤ人から金を借り、借金と酒そのものの害毒で身を滅ぼした。農民こそ、領主と領主のプロピナツィアの権利に寄生するユダヤ人の最大の犠牲者であった。しかし、そのために農民の搾取者と非難されたユダヤ人は、必ずしも領主の権利の恩恵で潤っていたわけではない。オーストリアでは、一七七三年に国家の手でイエズス会が解散され、ガリツィアでもオーストリアは、当地で解散させられたイエズス会の土地や財産のほか、イエズス会がユダヤ人に対して所有していた債権の相続者となった。ところが、債権者であるオーストリアの前に現れたユダヤ人のカハウは、イエズス会のほかにも、教会や修道院やマグナートに対する負債で、ほとんど破産寸前の状態だった。ガリツィアのユダヤ人社会全体が抱える借金は、一七七七年から一七七八年当時で一〇〇万六八一九グルデンで、全ガリツィアから上がる税収の九〇万グルデンを上回っていた[19]。帝国宰相ヴェンツェル・アントーン・カウニッツが一七七二年にマリア゠テレジアに報告したように、ガリツィアのユダヤ人は、みずからは何も生産せず、農民を犠牲にして生活しているが、にもかかわらず、彼らは「総じて非常に貧しく、いわば聖職者と貴族が搾り取るスポンジ」でしかなかったのである[20]。

## マリア゠テレジアのユダヤ人税

貴族と農民とユダヤ人が結ぶ悲惨な関係をどのように是正すればよいのか。これこそ、後のヨーゼフ改革の最大の問題点となる。しかし、さしあたりヨーゼフの母マリア゠テレジアの関心は、ユダヤ人から搾り取る権利を聖職者や貴族にかすめ取られることなく、国家自身が確保することにあった。そしてこの点に関して、ユダヤ人を人間と見なさず、国家の財産とのみ考えるマリア゠テレジアのユダヤ人政策は、容赦のないものであった[21]。マリア゠テレジアが一七七六年七月一六日のユダヤ人条令によってユダヤ人に課した税金は、保護・寛容税、営業・財産税、結婚税の三税である[22]。ユダヤ人は、全国民を対象とする税金に加え、これらユダヤ人のみを対象とする特別税を課されたため、非ユダヤ人に比べ、その税負担はきわめて重いものとなる。

まず保護・寛容税は、ポーランド時代のユダヤ人人頭税を引き継ぐ税金である。一七七六年のユダヤ人条令まで、ガリツィアではポーランド時代の人頭税が継続されたが、ポーランド時代、一人につき二ズウォティであった人頭税は、一七七四年二月二五日の勅令で、一七七四年五月一日より一人につき二倍の四ズウォティ＝一グルデンに引き上げられた。人頭税の徴収はカハウに委託され、カハウの構成員の納税に関して、カハウ全体が連帯責任を負った。この人頭税が、一七七六年のユダヤ人条令によって保護・寛容税にあらためられ、課税単位も個人ではなく家族となり、一家族につき四グルデンと定められたのである。ただし徴税方法や、納税に関してカハウが連帯責任を負う点は以前の人頭税と同様であった。保護・寛容税は、一七九七年に後述のロウソク税が導入されるまで継続される。

営業・財産税もまた家族単位で、一家族につき四グルデンが課税され、一七八四年に、同じく後述の清浄肉消費税が導入されるまで継続された。ただし営業・財産税の徴収に関しては、ガリツィアの総ユダヤ人家族数をもとにガリツィアのユダヤ人全体に対して総納税額が定められ、それを「ユダヤ人総務局（Generaldirektion der Judenschaft）」が個々のカハウに割り振って負担させる方式がとられた。ユダヤ人総務局は、一七七六年のユダヤ人条令により、ガリツィアのユダヤ人にかかわる行政全般を管轄する国家機関として設置されたが、最大の任務は、この税金の割り振りであったといってよい。[23] カハウの指導者たちは、カハウに割り振られた納税額をさらに個々の家族へと割り振ったが、そのさいユダヤ人総務局からカハウへ、カハウの指導部から個別家族へと降りてゆく各段階であらゆる不正が行われたのは、ポーランド時代と同様である。ユダヤ人総務局やカハウの有力者たちは、税の割り振りに手心を加えるのと引きかえに賄賂を要求し、あるいは勝手に上乗せした税金を自分の懐に入れて私腹を肥やした。他方で貧しいユダヤ人は、ユダヤ人社会内部の搾取によってますます貧困化した。しかし、いずれにせよすでに破産状態にあったカハウは、マリア＝テレジアによって導入された保護・寛容税や営業・財産税の重圧に耐えられず、税の未払い分は年々増加する。[24] その未払い分を回収する目処も立たないまま、ついに一七八四年、営業・財産税はヨーゼフ二世によって廃止され、新たに清浄肉消費税が導入されることになるのである。

結婚税は、花婿の財産に応じて課税され、これを支払わなければ結婚の許可を得ることはできない。結婚税は、一七八九年にヨーゼフ二世によって廃止されるまで続いた[25]。結婚税の目的は、貧しいユダヤ人の結婚を制限することにより、国庫の役に立たないユダヤ人口の増加を抑えることであった。そこには、貧しいユダヤ人を排除しつつ財力のあるユダヤ人から取れるだけのものを取るという、マリア＝テレジアの古典的ともいえるユダヤ人政策が端的にあらわれている。

実際、保護・寛容税も払えぬようなユダヤ人には、結婚制限どころか、追放という措置が待っていた。クラッターは、そのガリツィア見聞録のなかで、悲嘆にくれるユダヤ人が集団で馬車に積みこまれ、ポーランドに向けて国外追放されるさまを憤りをこめて描写している。しかし、国内に多くの貧困ユダヤ人を抱えるポーランドにとっても、このような経済的価値のないユダヤ人が招かれざる客人だったことはいうまでもない。そのためクラッターが聞いたところによれば、追放されたユダヤ人たちがポーランド国境を越えたところで、その半数がポーランド側の人間によって銃殺あるいは撲殺されるという悲劇も起こった[26]。一七八一年九月から一七八二年末までに、ガリツィアから追放されたユダヤ人は一一九二人、一七八四年には六五九人である[27]。

# 第三章　ヨーゼフ改革とガリツィアのユダヤ人

## 一　農民王ヨーゼフ

### ユダヤ人排除政策の理念と実状

啓蒙専制君主ヨーゼフ二世は、その人道主義的な農民政策とユダヤ人政策により、農民にとっては「農民王ヨーゼフ」、ユダヤ人にとっては「寛容令のヨーゼフ」として、それぞれの歴史に名を残す。しかし、ヨーゼフの政策の本来の目的は、マリア＝テレジアおよびマリア＝テレジアとヨーゼフの共同統治時代を通じて進められた国家の中央集権化の完成にあった。

一七四〇年に始まるオーストリア継承戦争で、新興国家プロイセンと戦いを交えた老大国オーストリアは、自国がプロイセンに対抗できるだけの国力を持たないことを痛感する。指示系統の混乱した行政は機能不全をきたし、税収は乏しく、等族の支援を頼まなければ軍事力の確保もままならなかった。戦争がほとんどシュレージエンの喪失のみで決着したことは、オーストリアにとって、むしろ幸運というべきであった。そこでマリア＝テレジアは、国防力を増強するため、領邦の等族に依存しない常備軍の創設と、中央集権化された行政機構の整備をめざし、有能な側近の助力を得て、国家の諸制度の改革に乗り出す。そして、行財政面での改革が一定の成果を見た後、一七七〇年代にマリア＝テレジアによって着手されたのが農業改革と教会改革であり、後にヨーゼフの農奴制廃止令と寛容令に結実した。

前者の農業改革の目的は、第一に、賦役の軽減によって農民自身の生産力を向上させ、農民の担税能力を強化し、その結果として国庫収入の大幅な増加をはかることであった。一七七一年以降、賦役を制限する法令が相次いで発せられた後、一七八〇年のマリア＝テレジアの死去で単独統治者となったヨーゼフは、翌一七八一年にベーメンから順次農奴制廃止令を発する。ついで一七八九年には、帝国全土に適用される租税・土地台帳令によって賦役の廃止を決定した。農奴制の廃止によって、領主裁判権など、貴族領主による人格的支配から解放された農民は、オーストリア中央政府の法の直接的支配下におかれ、また賦役の廃止によって、等族体制の経済的基盤も解体されるはずであった(1)。

他方、教会改革の目的は、カトリック教会から絶大な権力をはぎ取り、教会を中央集権国家に従属させることである。一七七三年にマリア＝テレジアによってイエズス会が解散させられ、その土地や財産が没収されたが、ヨーゼフの下で、さらなる教会領の没収と修道院の解散が断行された。さらにヨーゼフは、農奴制廃止令と同じ一七八一年に寛容令を公布し(2)、カトリック以外の信仰の自由を認める。これによって、プロテスタントやユダヤ教徒にもカトリックの信者と同等に商人や職人や官吏になる道が開かれ、国富の増大に寄与する人的資源の拡大が期待された。

共同統治時代に行われた改革も含めて、ここでヨーゼフ改革と総称する一連の改革は、ガリツィアのユダヤ人にいかなる影響をおよぼしたのであろうか。まずは、農業改革とユダヤ人のかかわりから見てゆきたい。そのさい最大の問題は、当時のユダヤ人が、その目を覆うばかりの貧困にもかかわらず農民の搾取者であり、しかし他方では、農民にとって不可欠の存在でもあったことである。

ガリツィア併合当時のオーストリアの官僚と君主ヨーゼフの共通認識は、ユダヤ人は、貴族領主の領地の管理人や賃借人として農民の労働力を搾取し、またガリツィアの商業の独占者として、生産者であり消費者である農民を搾取し、さらに最も罪深いことに、貴族領主の酒の製造人や販売人として農民の精神と身体を滅ぼし、その結果、ガリツィアの農業の生産性の低下をまねいているというものであった。そのためガリツィアでは、農民保護のための賦役制限令に加えて、とくにユダヤ人の活動を規制する強力な措置が必要とされた。そのさいまず考えられたことは、先述したように、重い結婚税による事実上の結婚制限と、経済的価値のないユダヤ人の追放によってユダヤ人口そのものを削減すること、ユダヤ人によるアレンダの禁止、とりわけプロピナツィアの権利の賃貸借の禁止と、農業に従事しないユダヤ人の農村からの追放であった。

しかし、共通認識ではみなが一致していたものの、ヨーゼフの中央政府に比べ、ガリツィア現地の実状を知る官僚たちの見解はあくまでも慎重である。ユダヤ人アレンダールに関して、ヨーゼフの側近で、一七八三年にガリツィア視察旅行に赴いたヨハン・ヴェンツェル・フォン・マルゲリクによる意見調査の結果を見ると、ガリツィアの一八の行政区の長のうち、ユダヤ人を賃借業から即刻かつ完全に排除するよう求めたのは八人であった。これに対して五人は排除に反対する。というのもユダヤ人アレンダールを排除した場合、アルメニア人にでも頼らなければ、ユダヤ人の仕事を引き継ぐことのできるキリスト教徒はいなかった。このような状況でユダヤ人を排除すれば、領主にとって、とくにプロピナツィアの権利からあがる収入の激減をまねき、そうでなくともすでに経済的に弱体化している多くの領主が深刻な打撃を被るからである。さらに反対派によれば、領主たちもみずからユダヤ人の排除を開始しており、したがって中央政府が急がずとも、ユダヤ人排除のプロセスは自然に進行してゆくというのである。即刻排除派の八人のうち、有能と見なされた者は三人であったのに対し、反対派の五人のうち、四人はきわめて有能な者たちであった。また残りの五人の長も、ユダヤ人の排除には賛成するものの、実現までには十分な時間をかける必要があるとする。彼らは、ユダヤ人アレンダールを漸次的に排除する方法として、たとえば領主に対して、ユダヤ人に賃貸された領地に課す税金を引き上げる一方、そうでない領地に対しては減税措置を講じるなどのやり方も考えられるとする。(3)

ところが現地の官僚の慎重論に対して、中央政府がとった施策は、ほかのヨーゼフ改革の多くと同様、現地の実状を無視した性急なものであった。一七八四年二月九日の勅令は、貴族領主に対し、一七八六年末までにユダヤ人をビールや蜂蜜酒の醸造所ならびに都市や村の酒場の賃貸借から排除するように命じ、さらに一七八五年一月二四日の勅令は、一七八七年末までに、ユダヤ人を、徴税請負や、ユダヤ人自身が耕作者ではない土地や製粉所の賃貸借など、あらゆる賃貸借から排除するよう命じる。(4)そして、一七八九年九月三〇日にガリツィアのユダヤ人に対して発せられたヨーゼフの寛容令は、ユダヤ人アレンダールを排除するそれまでの政策の仕上げとして、一七九〇年以降、村落に住むことのできるユダヤ人は農業または職人業に従事する者のみと定めた。

ガリツィアでの農民保護政策において、とりわけ農民の飲酒癖との闘いは、一七七二年の併合直後からオーストリア政府の最重要課題であった。早くも一七七二年一二月には、農民に三ズウォティを越える火酒の掛け売りを禁じる勅令が出され、同じ禁令は一七七五年、一七七七年にも繰り返された。[5]しかしオーストリア政府は、禁令の執行を監視する機関を持たず、また禁令の抜け道はいくらでもあった。農民は、いとも簡単に穀物の青田売りや、糸や卵その他の先売りによって、形式上、借金で酒を飲んではいないことにした。[6]いや抜け道どころか、領主は禁令を無視し、農民に浴びるがごとく酒を飲ませることをやめなかった。そのため政府は、先述したように、一七八四年の勅令によってユダヤ人にプロピナツィアの権利を賃貸することを禁止し、農村から酒の製造人と販売人そのものを断つという、より厳しい措置に出たのだが、この禁令もまた、先行の禁令と同様、効果を期待することはできなかった。というのも、領主の所得において酒から得られる収入が占める割合は大きく、ガリツィアでは、一七七四年の納税申告によれば、多くのところでプロピナツィアの権利による収入が、領主の総収入の三分の一から二分の一にまで達していたからである。[7]領主とユダヤ人アレンダールの双方が、自分たちの生活の源を容易に手放すはずはなかった。[8]

さらに一七八五年の勅令で命じられたユダヤ人の賃借業からの排除も、領主が被る打撃や、ユダヤ人自身の生活の破壊はもとより、その時点では農民の生活をも破壊する政策でしかなかった。しばしば商人も兼ねるユダヤ人アレンダールは、村で現金を動かすことのできるほとんど唯一の人びとだった。農民の余剰生産物を買い取り、また農民に必要な商品を村にもたらし、困窮した農民に金を貸すことのできるユダヤ人なくして、農村の生活は成り立たなかった。

## 農業奨励策の破綻

しかし、これらの勅令が完全に実施された場合、ほとんど絶望的な状況に追いやられるのはユダヤ人である。同時代人クラッターは、一七八五年の勅令によって一万五〇〇〇のユダヤ人家族が、すなわちガリツィアのユダヤ人家族の三分の一以上が生計の途をたたれると予測する。[9] マルゲリクによる意見調査で、賃借業からのユダヤ人の即刻排除に慎重な行政区の長たちは、生業を失ったユダヤ人をどこに追放せよというのか、あるいは彼らをどこで雇えというのか、と懸念を示したが、実際ガリツィアのユダヤ人に、これまでの仕事にかわる仕事があるわけではなかった。クラッターは言う。

ガリツィアは、「商業も鉱業も工場もない土地で、農民は貧しく、もしかすると、じきに貴族もまた窮乏化するにちがいないような土地なのだ。交易はすべて少数の商人の手に握られており、人口が見合っていないために、ほとんどのところでは、ものを生産しても売れ行きを期待することができず、したがって、人びとを勤勉や企業の設立へと向かわせる動機もまた期待することができないような土地[10]」なのだ。

このガリツィアで、農民王ヨーゼフが、賃借業や商業にかわってユダヤ人に奨励したのは農業である。一万五〇〇〇のユダヤ人家族の運命を憂慮するクラッターもまた、救済策として、ユダヤ人を農業に誘導するよう提唱する。しかしクラッターによれば、ゼロから出発するユダヤ人が農業で生活してゆけるようになるためには、まずは彼らの農業が軌道に乗るように条件を整えてやることが必要だった。

もし国家がユダヤ人に対して国有地の一角を与え、家を建ててやり、彼らを彼ら自身の村にまとめ、そこに農具一式と家畜を備えてやり、数年間はあらゆる税金を免除してやるなら、最初のうち、農業を完璧なものとするために必要なあらゆることについてしかるべき教育を施すため、それぞれのカハウ［ゲマインデ］に農業に通じた人間を二、三人配置してやり、同時に彼らの生産物がよく売れるように配慮してやるなら、そしてまた、彼らが日曜日に妨げられることなく働くことを許してやるなら、まちがいなくガリツィアのユダヤ人の多くが、喜んで、この新しいが、自分たちにとって得るところの多い［農業という］生計の途についたであろう。(11)

ヨーゼフは、一七八四年末から行われたユダヤ人税の改定で、農業に従事するユダヤ人に対しては、結婚税と第四章で述べる清浄肉消費税を免除した。ガリツィアで貧困に苦しむユダヤ人や、相次ぐ禁令でこれまでの賃借業に見切りをつけたユダヤ人のなかには、ヨーゼフの農業奨励策に応じ、農民になることを志したユダヤ人もいたのだが、はたしてオーストリア政府には、クラッターが掲げた条件を整えてやる用意があったのか。

ユダヤ人の賃借業を禁じる一七八五年一月の勅令に連動して、一七八五年七月一六日に政府は、ガリツィアの総督府に対し、ただちにユダヤ人の農村への入植事業を開始するよう命じる。しかし当時のガリツィアでは、一七八二年の初めから国家によって鳴り物入りで募集されたドイツからの農民入植者に対してさえ、受け入れ態勢が整わず、入植者の多くが住む家もない状況だった。(12) 総督府は、彼らのために家を建てることで手一杯で、ユダヤ人の世話どころではなかったが、それでもなんとかヨーゼフの勅令に従い、一七八六年に、ノヴィ・ソンチ近郊の村ドンプルフカに二〇家族からなるユダヤ人入植地が誕生する。入植地は「新エルサレム」と呼ばれた。だが新エルサレムのユダヤ人たちは、確かに畑と最初の種籾を与えられたものの、家も馬小屋も牛小屋も用意されておらず、彼らはまず、それらを建設するための金の工面から始めなければならなかった。[13]

ユダヤ人の農業への誘導を推進したい政府に対し、ヨーゼフ改革に振り回されるガリツィアの総督府は、あらゆる手段を用いて抵抗したようだ。[14] 一七八六年ないし一七八七年にレジャイスクのユダヤ人カハウは、七〇家族の名でレジャイスク近郊の土地への入植を希望し、政府が入植費用を貸し付けてくれるなら、カハウはその全財産をもって返済を保証すると申し出た。ところが彼らに指定されたのは、彼らの希望に反して遠方の荒れた土地であり、その上、彼らには、自分たちが住む家や農作業に必要な建物を建てるための建材も与えられなかった。ユダヤ人側が再度レジャイスク近郊の土地の割り当てを求めたのに対し、中央政府はユダヤ人の希望に好意的に対処しようとする。しかし、ガリツィアの当局はこれに応じず、結局、レジャイスク近郊のよい土地を手に入れたのはドイツ人入植者であった。そこにユダヤ人に分配する土地は、ほとんど残っていなかった。[15]

あるいは第一部の第二章第二節に登場したガリツィア南東部の町ザレシチキでも、一七八七年に五〇人のユダヤ人が、彼らの町の近くの村で農地が得られるよう申請する。そして、彼らはいち早く自分たちの不動産を処分して待機したのだが、当局からは一年にわたって何の回答もなく、やむなく彼らは皇帝に直訴した。

私たちは小商売から足を洗い、自由の身になり、農業に従事することを決意いたしました。しかし私たちは、ときおり慰めの言葉を頂戴するだけで、農地を得られないまま、まる一年がたってしまいました。すでに私たちは、どうすればよいのかわからなくなりかけています。私たちは、私たちが持っていた乏しい蓄えを食い尽くし、もはや、どうやって食べてゆけばよいのかわからないのです。というのも私たちは、私たちの全財産を処分してしまったからなのです。

皇帝はユダヤ人の直訴を聞き入れたが、またしてもガリツィアの総督府が彼らに指定したのは、彼らの町からはるかに遠い不毛な土地でしかなかった。(16)

ボレホフ近郊の「新バビロン」と呼ばれた入植地のユダヤ人も辛酸をなめる。「新バビロン」は、塩鉱の近くの、あまりにも不毛なためにドイツ人入植者に配分できない土地を一〇家族のユダヤ人に与えたもので、彼らは、一家族につき一二モルゲンの畑のほか、木材、石材、石炭および彼らが住む家や、農作業に必要な建物を建設するための補助労働者を手に入れた。これらにかかった費用は、入植後二年目から、以後四年をかけて返すことになっていた。だが、その二年目をむかえた入植者は、通常の税金に加えて入植時の借金の四分の一の返済という重い負担に耐えられなかった。その後の政府の減税措置にもかかわらず、一七九七年に借金の未払い分は二六六一ズウォティに達する。そこで彼らは、借金の一部を棒引きし、残りは、より長い年月をかけて分割払いすることができるように陳情する。これに対して、当該の行政区の長の意見は、彼らを彼らが十数年間額に汗して耕してきた土地から情け容赦なく追放せよ、というものであった。(17)

中央政府は、ノヴィ・ソンチ近郊の「新エルサレム」を皮切りに、ガリツィアで一四一〇のユダヤ人家族を農民にする計画を立て、それにかかる費用はガリツィアのユダヤ人カハウ全体に分担負担させる心づもりであったが、この計画は失敗する[18]。ユダヤ人よりもはるかに有利な条件で誘致されたドイツ人農民でさえ、オーストリア側の受け入れ態勢の不備や土地の不毛さのために、入植地での生活は悲惨をきわめ、多くの入植者が入植地を放棄した。ユダヤ人入植者に与えられたのは、それらドイツ人入植者が見捨てたような土地だったのである。ユダヤ人を農民にするためのこのような試みは、一七九〇年のヨーゼフの死をもって終了した。

以上に見られるように、ユダヤ人の賃借業からの排除や農村からの追放は、当面は、非現実的な政策であった。一七八二年から一八〇九年のあいだに、ユダヤ人の農村からの追放を命じる法令が繰返し七六も発令されていることは、法令が実際的効果をあげなかったことを端的に物語る[19]。しかし貴族領主制に依存した賃借業が、貴族領主制の解体を進めるオーストリアの近代化政策のなかで、もはや前近代の残存物でしかないことも明らかである。伝統的な生業を失ったユダヤ人に対し、ヨーゼフやクラッターが提供しえたもの、それは結局、ガリツィアにおいては農業以外にはなかったが、しかし、近代のガリツィアでは、小農民の多くにとって、生業としての農業そのものが破綻していくのである。

## 二　寛容令のヨーゼフ

### 国家のなかの小国家の解体

ガリツィアがオーストリア領となるまで、ライタ川以西のオーストリアで、最大にして最もよく組織されたユダヤ人社会が存在したのはベーメンである。[20] ユダヤ教徒に対するヨーゼフの最初の寛容令は、一七八一年一〇月一九日、このベーメンで発令された。以後、帝国の各領邦のユダヤ人に対する寛容令は、ベーメンの寛容令をモデルとしつつ、地域の事情にあわせて内容を変えながら順次発令される。[21] ガリツィアで寛容令（Die Judenordnung für Galizien）が発令されたのは最も遅く、一七八九年九月三〇日になってからであった。寛容令は同年一一月一日から発効したが、ヨーゼフは、その後まもなく一七九〇年二月二〇日に死去した。死の直前にヨーゼフは、彼の急進的な改革の多くを撤回する。しかし、農奴制廃止令と寛容令は撤回されることはなかった。

これまでのユダヤ人条令が、キリスト教社会におけるユダヤ人差別を自明視していたのに対し、啓蒙主義者ヨーゼフの寛容令は、その理念を法の下での諸民族ならびに諸宗教の信者の自由と平等に求めた点で、まさしく画期的であった。この理念は、一七八二年一月二日に発令されたウィーンおよびニーダーエスターライヒのユダヤ人に対する寛容令の序文で明記され、メーレンやガリツィアの寛容令の序文でも繰り返される。[22] とはいえ、序文で謳われた理念と寛容令の本文との内容的乖離は大きい。プロテスタントに対する寛容令と同様、ユダヤ教徒に対する寛容令もまた、そこに色濃く反映されているのは、平等よりも、強力な中央集権国家への脱皮をはかろうとするオーストリア政府の行財政的な都合であった。このことは、寛容令がユダヤ人に対する差別税をほとんど廃止しなかったことにもあらわれている。

ヨーゼフは一七八一年五月一三日付けの自身の手になる覚書で、彼の寛容令の基本構想を明らかにした。それによれば、寛容令の目的は、何よりもユダヤ人を「国家にとって有用な」人びととして国家に統合することであった。[23]そしてヨーゼフは、これまでそれが実現されなかったのは、ユダヤ人の就業の可能性が制限され、またユダヤ人に「啓蒙のための手段」が閉ざされていたためであるとする。寛容令は、この悪しき状況の改善をめざすものであった。そこでまず第一にヨーゼフが掲げたのは、二年ないし三年の猶予期間を設けた後、ユダヤ人に対して、契約書や遺言状、商業帳簿や証文など、何らかの公的拘束力を持ちうるあらゆる文書でヘブライ語やイディッシュ語の使用を禁止し、各領邦の公用語[24]の使用を義務づけること、学校教育の導入など、ユダヤ人がキリスト教徒と共通の言語や非宗教的な学識一般を身につけることができる措置を講じ、また高等教育への門戸を開放することである。そして第二に、ユダヤ人の就業可能性を拡大するために掲げられたのは、農業の奨励、これまでユダヤ人に閉ざされてきた職人業の開放、工場やマニュファクチュアへの進出の奨励である。これらは、ユダヤ人を「これまで彼らに特徴的であった暴利商売や詐欺商売から引き離すため」の方策でもあった。これに対して、職業制限の緩和を除けば、ユダヤ人に対する差別の撤廃として言及されているのは、わずかに、これまでユダヤ人が外出のさいに身につけることを強制された衣服や徽章の廃止にすぎない。

ベーメンで最初に発令された寛容令は、冒頭で簡単に、この勅令がベーメンのユダヤ人の教育教化と啓蒙を目的として発せられることが述べられ、以下の条文は、内容的にほぼ五月一三日の覚書にそったものとなっている。そこでは、ベーメンのユダヤ人に対する結婚制限や居住制限、差別税の撤廃についてはいっさいふれられていない。国家にとっては、有用なユダヤ人が適正な規模で存在することが肝要なのであり、ユダヤ人口の無用な増加や移動を防止する手段として、非人間的な結婚制限や、居住あるいは移動の制限も維持されなければならないのである。序文で「諸宗教の信者の平等」が謳われたウィーンおよびニーダーエスターライヒの寛容令もまた、経済活動を中心とする諸制限の緩和以上の法的平等問題に踏み込んでいない点では同様である。高額の寛容税と引きかえに裕福なユダヤ人に限ってウィーンでの居住を認める居住制限や、結婚税もそのまま残された。ガリツィアの寛容令では、一七七六年のマリア＝テレジアのユダヤ人条令によって導入された結婚税が廃止されたが、政府は、廃止された結婚税にかわる新税を導入することを怠らなかったし、[25] 保護・寛容税その他、ガリツィアのユダヤ人の窮乏化を促進した差別税も廃止されはしなかった。

このように寛容令は、ユダヤ人解放令として見ればきわめて限定的なものでしかない。しかし、それでもオーストリアのユダヤ人の歴史において、寛容令が画期的なものであったこと、またヨーゼフの啓蒙思想に共感する同時代のユダヤ人によって、寛容令がそのようなものとして歓迎されたことは認めなければなるまい。寛容令は、ユダヤ人の同権を歴史の日程に上らせ、これまでと比較すれば、ユダヤ人の社会的状況を改善して、少数ではあれ、能力あるユダヤ人に社会的上昇への道を開いた。寛容令は、ユダヤ人に教育と職業の機会を与え、ユダヤ人を有能で資力ある国民として国家に統合することをねらったが、実際ヨーゼフの寛容令は、ユダヤ人のなかから大学で医学や法学を学ぶ知的エリートたちを誕生させた。そして一八四八年ウィーン三月革命では、数名のユダヤ人学生が、革命の先導者として歴史にその名を残すことになったのである。こうした寛容令の効果は、長期的にはガリツィアのユダヤ人社会にもあてはまる。しかし、ガリツィアにおけるヨーゼフのユダヤ人啓蒙化政策は、はじめはまさしく文化闘争ともいえる様相をおびることになった。

第一部の第二章第一節で述べたように、ガリツィアのユダヤ人口は、併合当時ですでに二〇万人以上とも推定され、しかもその大部分が極貧層に属していた。ヨーゼフにユダヤ人の社会的状況の改善を急がせた理由のひとつは、これら貧困ユダヤ人の流民化に対する懸念であったが[26]、ガリツィア・ユダヤ人の国家への統合政策は、どのように進められ、ユダヤ人はどのように反応したのであろうか。

ガリツィアのユダヤ人は、ポーランド時代は王権の直接的な保護の下におかれ、ユダヤ人のカハウには、ユダヤ教の宗教法に従ってカハウの行政を自治的に執り行う権利や、ユダヤ人同士の争いを自分たちで処理する裁判権も認められてきた。これについてガリツィアの初代総督ペルゲンは、一七七三年八月三日にヨーゼフに提出した所見で、ユダヤ人の自治こそ諸悪の根源だと述べる。

この世界でポーランドは、ユダヤ人が政治的影響力を握った唯一の国である。カハウの長たちは協力して政治的な仕事にあたり、利益を手に入れる機会はないかと相談しあい、互いに秘密書簡をやりとりしている。このようにしてユダヤ人は、貴族や聖職者の財産を手に入れ、多くのキリスト教徒を自分たちに従属させることに成功した。ユダヤ人の利益に手をつけたり、あるいは彼らの数を減らすために方策を講じようとしても、彼らは、まさしくキリスト教徒を従属させているがゆえに、ことごとくそうした措置から守られることになるのだ。(27)

同時期に最初のガリツィア視察旅行の最中であったヨーゼフの目にも、ユダヤ人のカハウは、「ラビとカハウの長が絶対的な支配者としてその構成員を統治している小さな自治共和国(28)」と映じる。国家の中央集権化を進めるヨーゼフにとって、このような国家のなかの小国家はあってはならない存在であろう。農奴制の廃止によって貴族領主による人格的支配から解放された農民と同様、ユダヤ人もまた、カハウではなく、個人として国家の法の直接的な支配下におかれなければならなかった。一七七六年のマリア＝テレジアのユダヤ人条令では、カハウの自治は国家による委託という形をとり、国家のたえざる干渉の下におかれながらもなお完全には解体されなかったが、ガリツィアで暫定的な寛容令の性格を持った一七八五年五月二七日のヨーゼフの勅令（Judensystem in Galizien）と一七八九年の寛容令は、カハウから、裁判権はもとより、ユダヤ人にかかわる行政上のあらゆる権限を剝奪した。カハウに残された任務は、ユダヤ人のための社会福祉やユダヤ教の保持にかかわる事柄など、限定されたものとなる。また一七八四年の言語令によって、官公庁で使用される言語はドイツ語と定められたが、寛容令は、六年の期限を限って、以後、カハウの長やカハウの構成員の戸籍簿を管理するラビはドイツ語の修得者であることを義務づけた。(29)

## ドイツ語への同化政策

一七八一年五月一三日付けの覚書で述べられたとおり、ヨーゼフの一連の寛容令は、一定の猶予期間を設けた後、ユダヤ人が公的な文書でヘブライ語やイディッシュ語を使用することを禁じた。ベーメンやガリツィアで、この禁止措置と並行してヨーゼフが進めようとしたのが、ユダヤ人のドイツ語への同化政策である。覚書でヨーゼフは、ユダヤ人に対してヘブライ語やイディッシュ語の使用を即刻禁止すれば、通訳者が必要になる場合もあろうと述べているが、これに関連して、また当時のガリツィアのユダヤ人の精神世界を知る上でも興味深いのが彼らの言語状況である。

ガリツィアのユダヤ人は、日常生活においてはイディッシュ語を使用し、またユダヤ教の聖典を学ぶため、男児には早くからヘブライ語が教えられた。つまりポーランドのユダヤ人社会は、すでに数百年の歴史を持ちながら、言語的にはまったく孤立していたのである。マイエル・バワバンによれば、確かにユダヤ人の商人やファクトールは、仕事上の必要からポーランド語を話すことはできたが、書くことはほとんどできなかったという。そのためカハウは、ポーランドの役所に文書を提出するさい、金を払ってキリスト教徒の書記（多くは改宗したユダヤ人）にその作成を依頼しなければならなかった。ユダヤ人のヴァアドやカハウとポーランドの政府や役所のあいだを取り持つ折衝役はスィンディクと呼ばれたが、クラクフのカハウでは、一七七〇年から一七九〇年までスィンディクを務めたピンカス・シヨヴィチが、かなりの程度でポーランド語の「読み、書き、話す」をこなした、おそらく最初のスィンディクであったようだ。(30)

ユダヤ人がポーランド人と同じ学校や大学で学ぶことはありえず、ユダヤ人の精神活動が深くユダヤ教の世界に閉ざされていたことを考えれば、ガリツィアのユダヤ人が、ドイツ語による世俗教育の導入をキリスト教への改宗政策とみなし、警戒したのも当然であった。しかもそれは、一七八七年のガリツィアでユダヤ人のためのドイツ語教育校の最高責任者に任命されたヘルツ・ホンベルクによって、かなり強引に進められたのである。ジャン=ジャック・ルソーに共感して教育学を学び、ベルリンでモーゼス・メンデルスゾーンと親交を結んだユダヤ人啓蒙主義者ホンベルクは、メンデルスゾーンと同様、ユダヤ人はドイツ語を学び、ドイツ語によってヨーロッパ文化を学ぶべきだと考える。ホンベルクのもとで、ベーメンやドイツからドイツ語を教えることのできるユダヤ人教師が集められ、寛容令の前年の一七八八年には、ガリツィアに四八のドイツ語教育校が開設された。その数は、一七九二年には一〇〇を超える。そして寛容令は、ユダヤ人の男性は、学校でドイツ語の会話と筆記の能力を修得したことを証明できなければ、私教師についてタルムードを学ぶことはできず、また結婚することも許されないとした(31)。その上、これらの学校の建設や維持にかかる費用は、ユダヤ人のカハウが負担しなければならなかった(32)。

さすがにドイツ語の修得をタルムード学習の条件とする条項は一七九〇年に撤回されたが、結婚の条件としては撤回されなかった。しかしガリツィアのユダヤ人は、ドイツ語による世俗教育をボイコットし、勝手に結婚した(33)。ホンベルクは政府の権威を笠に着て、ドイツ語教育の導入に抵抗するラビたちを恫喝したが、何の効果もなかった。ユダヤ人は、イディッシュ語でユダヤ教の学習所をシュールと呼ぶのに対し、世俗教育を行う学校の方は指小形でシュコーレと呼んで馬鹿にし、ホンベルクには、家を貸すことさえ拒否した(34)。さらにホンベルクについては、一七九七年からガリツィアのユダヤ人に対して導入されたロウソク税の一部を懐に入れていたことが発覚し、ついに一八〇二年にはガリツィアにいることができなくなるというおまけまでついた。

ベーメンやメーレンでは、帝国の支配言語であるドイツ語の修得に利益を見出したユダヤ人のあいだで、ドイツ語教育校の導入は一定の成功をおさめる。これに対してガリツィアでは、ユダヤ人のためのドイツ語教育校は、一八〇六年にはすべて閉鎖された。閉鎖後、ユダヤ人の子供はキリスト教徒と同じ学校へ通うものとされたが、ユダヤ人がこれに従わなかったことは言うまでもない。ガリツィアでは、同時期に行われたユダヤ人にドイツ人と同じ服装をさせる試みもまた挫折する。かろうじてやり遂げられたのは、ユダヤ人の名前のドイツ語化のみである。

従来ユダヤ人は姓を持たず、たとえばヤコブ・ベン・ヨセフ（ヨセフの息子ヤコブ）のように、父の名をともなう名のみを使用していた。しかし、これでは、ひとつの名に別人の名が同時にあらわれ、行政上、混乱が生じる。そのためオーストリアのユダヤ人家族はすべて、一七八八年一月一日までにドイツ語式の姓名を持つことを義務づけられた。ユダヤ人の姓名は、最終的に居住地の行政当局の承認を得て確定されたが、そのさいよい名前をもらえるかどうかは、役人につかませる賄賂次第であったらしい。すなわち、きわめて信憑性の高いうわさによれば、当局は名前をいくつかのカテゴリーにわけ、たとえばローゼンタール（薔薇の谷）のような花の名や、ゴールトシュタイン（金の石）のように貴金属や宝石の名に由来する名前は値が高く、アイゼン（鉄）やシュタール（鋼鉄）のようにありふれた金属に由来する名前は安く売られたという。ヒルシュ（鹿）のように動物に由来する名前は無料であったが、悪意ある役人によって、たとえばフント（犬）やシュティール（雄牛）、あるいはナハトラーガー（寝床）など、滑稽あるいは侮辱的な名前があてがわれることもあった[35]。

こうしてヨーゼフによるガリツィアのユダヤ人の啓蒙化政策は、その出発点においてはほとんどことごとく失敗した。しかし、ドイツ語教育校が閉鎖された時期にガリツィアでは、まさしく深いユダヤ教の学識を備えた人びとのあいだから、ハスカラと呼ばれるユダヤ人自身による啓蒙運動が立ち上がろうとしていた。ハスカラそのものは、ユダヤ教の伝統を否認するものではない。しかし別稿で論じたように、ハスカラの影響を受けたユダヤ人は、やがてドイツ同化ユダヤ人となることによって、ガリツィアのユダヤ的ユダヤ人の世界から離れていった[36]。

# 第四章　ヨーゼフ没後のガリツィアのユダヤ人

## 清浄肉消費税とロウソク税

ヨーゼフの帝位を継承した皇帝たちは、ユダヤ人寛容令を撤回こそしなかったが、寛容令の前文で謳われたユダヤ人の法的平等を促進する気がなかったことはもちろん、寛容令がユダヤ人に認めた自由を厳格に保障する気もなかった。それどころか、部分的にはユダヤ人に対するヨーゼフ以前の差別規定が復活されさえする。ユダヤ人のみを対象とする差別税の廃止は、問題にもされなかった。ヨーゼフでさえ、国庫をうるおすユダヤ人税を手放そうとしなかったのである。ガリツィアでヨーゼフ時代に導入された清浄肉消費税と、ヨーゼフ没後に導入されたロウソク税は、結局一八四八年革命まで継続される。しかも、これらは寛容令の精神に反して、ユダヤ教徒の信仰心につけこんだ重税であった。

まず最初に、清浄肉消費税から見てゆこう。

ユダヤ教では、ユダヤ教の食餌規定（カシュルート）に照らしてカシェル（清浄）な食物と、そうではない食物が区別される。[1] 肉の場合も、牛、羊、鶏など、食べてもよいカシェルな動物と、豚など食べることを禁じられた動物が区別され、また前者の場合でも、資格を持つショヘット（屠殺人）により、シュヒタと呼ばれる屠殺法によって屠殺されたものでなければ、その肉を食べることはできない。カシェルな食肉に消費税をかける清浄肉消費税は、ユダヤ教のこの戒律と、ポーランド時代からユダヤ人のカハウ内部で徴収されていたコロプカあるいはクルプカと呼ばれる消費税に着目し、いわばその横取りを狙ったものだった。コロプカ（文字通りには募金箱を意味する）は、一七世紀後半からポーランドのユダヤ人カハウの財政が逼迫するにともない、カハウがその収入を補うために導入した消費税である。あらゆる食品に課税されたが、とりわけ贅沢品としての肉に課税されたため、食肉税とも呼ばれた。それが、一七八四年九月の勅令で、マリア＝テレジアのユダヤ人条令が定めた営業・財産税にかわる新税として清浄肉消費税が導入されると、[2] コロプカは政府により廃止され、それまでカハウの収入源であったものが政府の懐に納められることになったのである。新税は同年一一月一日から実施に移され、一徴税年度は一一月一日から翌年の一〇月三一日までである。税額は、牛、羊、ヤギの肉が一ポーランド・ポンド[3]につき一・七五クロイツァー、鶏や鴨は一羽につき二クロイツァー、雛鳥や鳩は一羽につき一クロイツァー、鵞鳥は一羽につき五クロイツァー、七面鳥は一羽につき一〇クロイツァーであった。

課税の重点は、もともと貧民の口にはほとんど入らない牛肉や羊肉におかれたとはいえ、それ以外のあらゆる食肉にも課税されたため、肉は貧しい家庭の食卓からますます遠ざかった。しかも清浄肉消費税の徴収にあたっては、以前、コロプカの徴税権がカハウから税の徴収を請け負うユダヤ人に賃貸されていたのと同じく、国家が徴税権をユダヤ人に賃貸する方式がとられた。ユダヤ人に対する税の徴収をユダヤ人自身が請け負い、金持ちのユダヤ人が貧しいユダヤ人を搾取するという、ポーランド時代のユダヤ人社会の道徳的腐敗を招いた徴税請負方式がそのまま踏襲されたのである。徴税権は国家の手で競売にかけられ、最も高い値をつけた者がそれを手に入れる。はじめ徴税権は、ガリツィア全体を対象として競売にかけられたが、一八〇九年の一一月に始まる新徴税年度から、競売はガリツィアの一八の行政区をそれぞれ一単位として行われるようになった。行政区で徴税権を手に入れた徴税請負人は、今度は自分が請け負った行政区内のユダヤ人カハウで四カ月ごとに清浄肉の販売権を競売にかけ、自分が徴税権を競り落とすために要した費用を回収する。そして末端に位置する消費者は、清浄肉の販売権を持つ者から肉を購入するさい、こうした仕組みで税金が上乗せされた肉の代金を支払うのである。清浄肉消費税の徴収全般を監督する政府の機関はルヴフ（レンベルク）におかれたが、一九世紀初めにそこにいたのが、第一部の第二章でたびたび引用した『ガリツィアの現状に関する書簡』の匿名の著者、フランツ・クラッターその人であった[4]。

徴税請負人や清浄肉の販売人があくどく中間利ざやを稼いだ一方、そのつけはすべて末端の消費者に負わされる。この点で問題の多い徴税請負方式は、ロウソク税でも採用された。

ロウソクは、ユダヤ教徒の安息日には欠かすことのできないものである。安息日は、金曜日の夕方、日没をもって始まるが、そのとき家庭の主婦は、食卓におかれた二本のロウソクに火を灯し、カバラット・シャバット（安息日のお迎え）という安息日を迎えるための一連の儀式を行う。安息日はユダヤ教徒にとって聖なる日であり、この日に最低二本のロウソクを灯すことは、ユダヤ教徒の重要な

図10　安息日のロウソク。
出典：Adolph Kohut, *Geschichte der deutschen Juden*, Berlin (1898), S. 108.

義務であった。安息日以外にも、ユダヤ教の祝日には家庭でロウソクが灯されたが、ロウソク税は、このロウソクに目をつけたもので、一七九七年一一月一日から実施に移された。これにともない、マリア＝テレジアのユダヤ人条令以来続いた保護・寛容税は廃止された(5)。

ロウソク税の発案者は、ルヴフのユダヤ人ザロモン・コフラーである。コフラーは、仲間のユダヤ人トビアス・シュタインベルクとともに、オーストリア政府に対し、東ガリツィアでのロウソク税の徴収を一九万四四〇九グルデンで請け負う用意があると申し出たのである。しかし、敬虔なカトリックの信者であった皇帝フランツは、このような税金は神聖な宗教行為の冒瀆にあたるのではないかと懸念し、当時ガリツィアでユダヤ人のためのドイツ語教育校の監督者の任にあったホンベルクに意見を求めた。これに対してガリツィアの嫌われ者ホンベルクは、皇帝はユダヤ教徒にロウソクへの点火を禁じるわけではなく、たんにロウソクに課税するだけであり、したがってユダヤ教徒の宗教行為の侵害にはあたらない、と応えたという。ホンベルクの口添えもあってロウソク税の導入が決定されたが、そのさい、ホンベルクとコフラーらのあいだで裏取引があったのかもしれない。いずれにせよ、後にホンベルクが徴税請負人の協力でロウソク税の二パーセントを懐に入れていたことが暴露され、ホンベルクはガリツィアにいることができなくなった(6)。

ロウソク税は、安息日と祝日に家庭で灯されるロウソクの場合、一本につき二クロイツァーである。安息日と祝日については、貧富の差や家族の人数、あるいは家長の男女を問わず、また実際にロウソクを灯したかどうかにさえかかわりなく、ユダヤ人家族は、最低ロウソク二本分の税金を支払うことを義務づけられた。そのため、この二本のロウソクは「強制ロウソク」と呼ばれる。複数の家族が同じ家に住んでいる場合でも、合同でロウソクを灯すことは禁止され、それぞれの家族がロウソク税を支払わなければならない。この強制ロウソクの決まりによって、ガリツィアのユダヤ人家族はすべて、安息日のためだけでも一年間（五二週）で最低二〇八クロイツァー、すなわち約三・四七グルデンの税金を徴収され、[7]加えて、祝日ごとに、最低でもロウソク二本分の税金を支払うことになる。[8]これで、一年間にユダヤ人家族が支払うロウソク税の最低額は、一家族につき年額四グルデンであった保護・寛容税とほぼ等しくなる計算であった。これ以外にもロウソク税は、死者の命日やハヌカ祭、[9]結婚式など、ユダヤ教のさまざま儀式に関連して使用されるロウソクからも徴収され、それぞれについて税額が定められた。またロウソクの質によって税額に差がつけられた。

図11　ハヌカ祭のロウソク。
出典：Adolph Kohut, *Geschichte der deutschen Juden*, Berlin (1898), S. 296.

　ロウソク税の徴税権は、清浄肉消費税と同様、はじめはガリツィア全体を対象として競売にかけられたが、一八一〇年以降は、ガリツィアの一八の行政区ごとに競売によって徴税請負人が決定された。徴税請負人は、自分が請け負った行政区内のカハウに対して、直接配下の徴税人を送り込むか、あるいはカハウでの徴税をさらに別のユダヤ人に請け負わせる。ロウソク税の支払方法には、安息日や祝日に使うロウソクに対して事前にその都度税金を納める方法と、一定期間分のロウソク税を前納する方法があった。いずれの方法をとるにせよ、ユダヤ人の家では、事前に徴税人にロウソク税を支払い、点灯許可証をもらっていなければ、ロウソクに火を灯すことはできない。これに違反したり、あるいは支払った税より多くのロウソクを使ったことが見つかると、その者は罰金刑を課せられ、違反が三度におよんだ場合には、禁固刑や懲罰労働といった体刑も課せられた。

ガリツィアは、ヨーゼフによる世俗教育導入の試みを挫折させてしまった土地である。ガリツィアのユダヤ人の信仰心は厚く、彼らは、聖なる安息日のためにあらゆる犠牲をはらってロウソクを確保しようとした。そこに目をつけた政府は、未払い分がたまる一方であった保護・寛容税を廃してロウソク税を導入したのだが、やがてこのロウソク税も、保護・寛容税と同じ運命をたどることになる。その最大の原因は、一八一六年の納税通貨の切り替えにともなうロウソク税の実質的な大幅値上げであった。

オーストリアでは七年戦争末期の一七六二年に、バンコツェテル（正式には「ウィーン市銀行券Wiener-Stadt-Banco-Zettel」）と呼ばれた最初の銀行紙幣が発行された。しかし、ナポレオン戦争で財政難に陥った政府がバンコツェテルを乱発したため、紙幣の価値は急速に下落し、一八一一年にはもはや紙屑も同然であった。そのため政府は一八一一年二月二〇日の勅令で回収紙幣（Einlösungs-schein）を発行し、バンコツェテルを額面の二〇パーセントの価値で回収紙幣と交換する措置に踏み切る。回収紙幣以後、協定参加国のあいだで国際的に通用した協定貨幣（Conventionsmünze）に対して、オーストリア国内のみで通用した通貨はウィーン通貨（Wiener Währung）と呼ばれた。それまでバンコツェテルで支払われていたロウソク税は、一八一一年二月二〇日の勅令にしたがい、同年一一月一日に始まる新徴税年度から回収紙幣で支払われることになった。ようやく一八一五年になってウィーン会議も終了し、フランス革命に端を発する国際的政情不安が一段落すると、オーストリアは一八一六年に国立銀行を設立し、ウィーン通貨と協定貨幣の交換を開始する。そのさい一八一六年六月一日の勅令で定められたウィーン通貨と協定貨幣の交換率は、ウィーン通貨二五〇グルデンが協定貨幣一〇〇グルデンであった⑽。

一八一六年の勅令以降、ロウソク税もまた協定貨幣で支払うこととされたが、納税通貨の切り替えにもかかわらず、税額の細かな調整はいっさい行われなかった。すなわち強制ロウソクの場合、ロウソク税は一八一一年の新徴税年度からウィーン通貨で一本につき五クロイツァーとされていたが、一八一六年から、それがそのまま協定貨幣で五クロイツァーと読み替えられたのである。そのため、二本の強制ロウソクにかかる税金一〇クロイツァー（協定貨幣）は、ウィーン通貨では二五クロイツァーに相当し、ロウソク税は実質的に二・五倍の増税となった。

同様のことは、清浄肉消費税でも起こった。それでなくとも清浄肉消費税は、一八一〇年に牛、羊、ヤギについては一ポーランド・ポンドにつき二・五クロイツァー、鶏や鴨については一羽につき六クロイツァー、雛鳥や鳩については一羽につき二クロイツァー、鵞鳥については一羽につき一四クロイツァー、七面鳥については一羽につき二〇クロイツァーであったのが、一八一六年には、それぞれ三クロイツァー、七クロイツァー、二・五クロイツァー、一七クロイツァー、二四クロイツァーへと増税されたのである。

## ガリツィア・ユダヤ人の窮乏

バンコツェテルで持っていた財産はほとんど無に帰し、その上、またこの増税で、ガリツィアのユダヤ人社会は甚大な打撃を被る。政府は一八一一年の回収紙幣の導入以降、清浄肉消費税についてもロウソク税についても、ガリツィアのユダヤ人家族数を算出基準として、それぞれガリツィアで徴収されるべき税の総額を定めるようになったが[11]、徴税権を競売にかけても、困窮するガリツィアのユダヤ人社会を相手に、政府が定める納税額を達成できるだけの競り値はつかなかった。行政区によっては徴税請負人が決まらないところが生じたため、政府は一八一七年から、そのような行政区のカハウについては、カハウに対して政府が定めた納税額を納める責任を負わせた。さらに政府は、ガリツィア全体で政府が定めた納税額が達成されなかった場合、その不足分をガリツィアの全カハウに割り振り、すでにロウソク税を納めた者からさらに補足税 (Ergänzungssteuer) を取り立てるなど[12]、あらゆる手段を用いて税金を搾り取ろうとした。ガリツィアは一八の行政区にわかれていたため、清浄肉消費税とロウソク税の徴税権をめぐり、ガリツィア全体で三六の競売が行われたが、一八一八年には、そのうち競売が成立したのは一五という有様であった。残りの二一については、徴税請負人がまったく決まらないか、あるいは政府の言い値よりも低い額でなければ徴税を請け負う者がいなかった[13]。

苛酷な税は、とりわけ貧しいユダヤ人にとって重い負担となる。そのため、貧困家族に対して税の減免措置がなかったわけではない。一七九七年に導入されたロウソク税は、一八〇〇年に、強制ロウソクについては一本につき二クロイツァーから三クロイツァーへと増税されたが、それにともない導入されたのが救貧カード（Armenzettel）という独特の制度である。すなわち一年を通じて安息日や祝日に四本のロウソクを灯す家族は、それにかかるロウソク税を全額前払いすると、徴税人からロウソク一本につき三枚、合計一二枚の救貧カードを渡され、同様に五本の場合には一五枚、一〇本の場合には三〇枚の救貧カードを渡された。これら裕福な家族から救貧カードを恵んでもらった家族は、カード一二枚で強制ロウソク一本分の税金が免除された。[14] 救貧カードの制度のほかに、一八〇六年からは、一定数の貧困家族に対して強制ロウソク税を免除あるいは減額する措置も導入される。対象とされた家族は、一八一六年の規定では合わせて一万五〇〇〇家族である。[15] バワバンによれば、一八二五年のガリツィアのユダヤ人家族数は四万四四八八であったから、これから推定すれば、ガリツィアのユダヤ人家族の約三分の一が税の減免を必要とする貧困家族であったことになる。

しかしロウソク税の減免措置を講じる一方でオーストリア政府は、一八二四年一一月一日から、ガリツィアのユダヤ人に対しても所得税（Erwerbssteuer）の導入に踏み切る。この所得税は、何らかの職業収入を得ているユダヤ人に対して課せられる税金で、すでにハンガリーを除くオーストリアのほかの領邦では実施されていたが、ガリツィアではほかの領邦にはない強制ロウソク税があったため、それまで実施が見送られてきた。しかし一八二四年から、ロウソク税の方は廃止されないまま、ガリツィアのユダヤ人も所得税を徴収されることになったのである。

肉は、買う金がなければ食べないまでの話だが、ロウソク税はそうはいかない。一八四八年革命まで、ガリツィアのユダヤ人から政府に提出されたロウソク税の廃止を求める請願書や、あるいはガリツィアのユダヤ人社会を描写した文学作品には、ロウソク税の徴税請負人に対する怨嗟の声があふれている。安息日にロウソクを灯す金さえない家族から無情に税を取り立てる徴税請負人は、ユダヤ人社会で忌み嫌われる存在であった。しかも、どの家族に対してロウソク税を減免するかについて、決定権を握っていたのは徴税請負人であった。

タルノポルのユダヤ人は言う。

ガリツィアでは、金曜日の午後になると、貧しいユダヤ人が絶望的な顔つきで走り回っているのを見かけるのはごく普通のことだ。そういうユダヤ人は、不安げに、何か稼ぎはないかとキョロキョロしたり、あるいは通りがかった人に必死で施しを請うたりしている。彼は、自分のために必要なものを手に入れようとしているのではない。安息日を迎えるにあたって、自分や家族のために必要最低限のものを手に入れようとしているわけではない。彼が走り回っているのは、ひとえに徴税請負人の苛酷な要求を満足させるためなのである。実際には灯を灯すこともできないのに、その安息日のロウソクにかかる税金を支払うためなのだ。税金を免除してくれと徴税請負人に温情を請うより、神様に向かって安息日のロウソクを失礼する許しを請う方が、まだしも望みがあるというものだ(16)。

こうして税を搾り取られたガリツィアのユダヤ人社会は、深く貧困の淵に沈み込んでいった。表2は、ロウソク税と清浄肉消費税の税収を年次ごとに示したものだが、ユダヤ人の生活水準の低下は、

表2　ロウソク税と清浄肉消費税

| 年 | ロウソク税 | | 清浄肉消費税 | | 計 | |
|---|---|---|---|---|---|---|
| 1817 | 360,796 fl. | kr. | 770,349 fl. | 30 kr. | 1,131,145 fl. | 30 kr. |
| 1818 | 330,521 | 24 | 734,151 | 30 | 1,064,672 | 54 |
| 1819 | 331,231 | 45 | 691,065 | 30 | 1,022,297 | 15 |
| 1820 | 332,318 | 54 | 662,070 | 21 | 994,389 | 15 |
| 1821 | 326,467 | 6 | 659,525 | 18 | 985,992 | 24 |
| 1822 | 323,388 | 30 | 613,709 | 24 | 937,097 | 54 |
| 1823 | 294,029 | 30 | 540,560 | 30 | 834,590 | |
| 1824 | 301,554 | 30 | 530,522 | | 832,076 | 30 |
| 1825 | 299,473 | | 505,732 | 30 | 805,205 | 30 |
| 1826 | 280,086 | 45 | 520,332 | | 800,418 | 45 |
| 1827 | 272,057 | 15 | 509,951 | | 782,008 | 15 |
| 1828 | 258,192 | 40 | 474,525 | 6 | 732,717 | 46 |
| 1829 | 257,465 | | 452,688 | 58 | 710,153 | 58 |
| 1830 | 258,331 | 45 | 437,553 | 4 | 695,884 | 49 |
| 1831 | 247,198 | 31 | 410,749 | 22 | 657,947 | 53 |
| 1832 | 238,827 | 28 | 395,237 | 53 | 634,065 | 21 |
| 1833 | 245,039 | 17 | 399,610 | 23 | 644,649 | 40 |

Menasche Josef Friedler, *Die Galizischen Juden von wirtschaftlichem, kulturellem und staatsbürgerlichem Standpunkte, 1815-1848*, Diss. Wien 1923, Beilage 4 より作成した。明らかな計算の誤りは訂正した。
fl. はグルデンを表し kr. はクロイツァーを表す。

清浄肉消費税の落ち込みにもあらわれている。一八四八年革命期のウィーンで発行された新聞『ユダヤ人の信仰の自由・文化・歴史・文学のためのオーストリア中央機関紙』で「ガリツィアからの声」は訴えた。ブローディでは、キリスト教徒はウィーン通貨六クロイツァーで一ポンドの肉が買えるのに、ユダヤ人が買う肉は、清浄肉消費税のおかげで一ポンド二〇クロイツァー以上もする。ユダヤ人はキリスト教徒が支払うのと同じ税金を取られた上に、ユダヤ人税の重圧で貧苦にあえぎ、こんな高価な肉はもちろん、粗末な食事さえ満足にとることができない。人びとは、ユダヤ人が兵役や肉体労働を厭うと非難するが、やせさらばえたユダヤ人が重労働に耐えられるかどうか、考えてもみてほしい[17]。

一八一六年から清浄肉消費税とロウソク税が廃止される一八四八年まで、ガリツィアのユダヤ人社会は、一度として政府の要求する納税額を支払うことはできなかった。

# おわりに

一八四八年三月一三日、ウィーン三月革命が勃発した。群集の勢いに仰天した宮廷は、急遽、立憲体制の体裁を整えるべく四月二五日に憲法を公布するが、革命に結集した人びとはこの欽定憲法に満足しなかった。あらためて憲法制定帝国議会が召集され、七月二二日にウィーンで憲法審議を開始する。

そのさい、オーストリアのユダヤ教徒の法的平等問題は、最重要審議項目のひとつであった。税ひとつとっても、なぜユダヤ人だけがキリスト教徒の数倍にもおよぶ税金を課せられなければならないのか。財務大臣フィリップ・クラウスは、一八四八年九月一一日の帝国議会で、同年一一月一日に始まる新徴税年度から、あらゆるユダヤ人税が廃止されるよう提議した。クラウスは、その理由を次のように説明する。ユダヤ人にのみ差別的に課せられるユダヤ人税の不当性は、国家の側でも十分に認識されてきた。にもかかわらずこれまでユダヤ人税が廃止されなかったのは、ひとえに国家にとって、これにかわる収入源を見出すことが困難だったからである。国家の財政が逼迫しているいま、ユダヤ人税がもたらす莫大な金は以前にも増して重要だ。しかし、ユダヤ人税は廃止されなければならない。なぜならそれは、目下審議中の憲法の基本理念に真っ向から矛盾するからである。「**あらゆる国民の法の下での平等、憲法にもとづく自由と秩序という原則**、この原則とそのような税の存続とは、まったく相反する事柄である。そしてこの相反性は、不平等な税を課せられている者たちから徴収される税金が巨額であるだけに、いっそう際だっている。」[1]

一七九二年にルヴフ（レンベルク）で生まれ、ガリツィアで国家官僚としての経歴をスタートさせたクラウスは、ガリツィアのユダヤ人の窮状をよく知る人でもあった。一〇月五日の夕方に開催された議会でユダヤ人税の廃止が審議されたさい、さらにクラウスは次のように述べる。

ユダヤ人税は九〇万グルデンにのぼるが、そのうち七〇万グルデンを負担しているのは、最貧地域であるガリツィアだ。その信じがたいほどの貧困は、私も知るところである。この税金は都市の繁栄を阻害している。そもそもユダヤ人税が導入されたのは、簡単に金を集めたいからだった。ユダヤ人税は、一国の幸福に破滅をもたらす。私は断固としてユダヤ人税に反対する。土地は、祓い清められなければならない。私は、国家制度がそのようなものから祓い清められるよう、力をこめて主張し続けたい。（鳴り止まぬ拍手）[2]

この一〇月五日の議会で、ユダヤ人税廃止の提議に対する反対動議は、二四三対二〇の多数をもって否決された。ウィーン一〇月革命が始まる前夜のことである。

一八四八年三月に始まるユダヤ人解放への道のりは、平坦というわけにはいかなかった。ウィーン革命は挫折に終わる。一〇月革命勃発後、クレムジールに移動して審議を続けていた憲法制定帝国議会は、一八四九年三月七日に軍隊によって解散させられ、同時に欽定憲法が公布された。それでもこの憲法は、信仰の自由と法の下での平等を認めたが、ついに発効することなく、一八五一年一二月三一日の勅令で廃止される。これでユダヤ教徒の法的平等問題は、一八四八年革命以前の振り出しに戻ることになる。しかし一八四九年三月の欽定憲法の廃止が、その憲法より以前に革命期の憲法制定帝国議会で決定された法律の廃止まで意味しうるか否か、法律上の混乱は避けられず、いったん撤廃されたユダヤ人差別を、もはや、すべて元通りに復活することはできなかった。以後、ユダヤ人に対する差別法は段階的に撤廃され、一八六七年一二月の憲法によって、オーストリアのユダヤ人の法の下での平等が実現した。

しかし、一八四八年三月革命は、ユダヤ人解放の始まりであったと同時に、ガリツィアのポーランド人やルーシン人（ルテニア人）にとっては「諸民族の春」の始まりでもあった。ヨーゼフの農民解放政策は、実質的な効果は少なかったが、ルーシン人農民の意識には確実な変化をもたらした。彼らは、自分たちの社会的状況の不当性を認識し、その不当性の自覚が、一八四八年革命における農民解放の実現と、ガリツィアのルーシン人の民族運動の始まりへとつながってゆく。一八四八年革命においてルーシン人ははじめて、ガリツィアを東西に分割すること、そして東ガリツィアをルーシン人の土地と認めること、東ガリツィアの教育と行政にルーシン人の言語（ウクライナ語）を導入することを要求した。皇帝に対し、ルーシン人の最高評議会によって起草されたガリツィア分割のための請願は、農民の支持を得て二〇万人以上の署名を集める。字の書けない農民は、十字架の記号を記すことによって署名にかえた。[3] こうしてルーシン人の民族運動は、確かな一歩を踏み出す。ルーシン人農民とユダヤ人の経済的利害の対立は、ルーシン人によって、ルーシン人とユダヤ人の民族的対立と意識され、第二部で述べるように、ルーシン人自身による農業協同組合や消費組合の組織化は、ユダヤ人商人に対するボイコットと手を携えて進められた。

またポーランド人とユダヤ人の関係についていえば、一八世紀末に国家が三分割されて以来、独立回復はポーランド人の悲願であったが、そのさいポーランド人は、ユダヤ人をポーランド人の民族運動の同志と見なしてはいなかった。ポーランド人とルーシン人とユダヤ人は、数世紀の長きにわたってガリツィアを自分たちの住処としてきた。しかしポーランド人とルーシン人が、それぞれガリツィアでの民族自決権を主張し始めたとき、ユダヤ人は、ポーランド人にとってもルーシン人にとっても、自分たちの住処にいる寄食者でしかなくなるのである。

# 第二部　両大戦間期東ガリツィアのポーランド人・ユダヤ人・ウクライナ人

## はじめに

ルヴフの街の建設は一三世紀にさかのぼる。

キエフ・ルーシの封建的分裂が進行するなかで台頭したヴォルイニ公ローマンは、一一九九年にガーリチ公国を併合して、ガーリチ・ヴォルイニ公国を誕生させた。ルヴフを建設したのは、その子ダニイル・ロマノヴィチで、一二五〇年頃のことである。一二六四年にダニイルが死ぬと、息子のレフは公国の首都をこの街に移し、城を建設した。同時代の中世ロシア語の年代記にあらわれるリヴォフという街の名は、レフに因んでいる。その後、ガーリチ・ヴォルイニ公国はタタール人の侵入に苦しみ、国内的にも諸勢力が分裂割拠したまま、一四世紀半ばにポーランドとリトアニアに分割支配された。かつてのレフの街は、ポーランド王カジミェシュの支配下にはいる。以後、ハンガリーの支配下におかれたわずかな期間（一三七〇―八七年）を除き、この街の主人はポーランド人であり続けた。しかし、第二次世界大戦を境に、街からポーランド人の姿は消える。

表3は、ルヴフの民族別人口構成を示したものである。ただし、ハプスブルク帝国領時代の一九〇

〇年と両大戦間期の一九三一年は宗教別人口構成を表し、この場合、ローマ・カトリック教徒とポーランド人、ギリシア・カトリック教徒とウクライナ人（ルーシン人、ルテニア人）、ユダヤ教徒とユダヤ人がほぼ重なると考えてよい。ギリシア・カトリック教会とは、もとは東方教会に属していたが、ローマ・カトリック教会との関係を深め、ローマ教皇の権威を認めて東方教会からわかれた。東方典礼カトリック教会、あるいは東方帰一教会、合同教会（ユニアート教会）と呼ばれることもある。ウクライナがソ連邦を構成する共和国であった一九五九年と一九八九年については、共和国の民族別人口調査結果を示している。いずれにせよ、この表を見れば、第二次世界大戦を境に、街はポーランド人の街ルヴフからウクライナ人の街リヴィウへと変わり、そのあいだにユダヤ人の姿もまた消えたこ

図12　リヴィウ（ルヴフ）のガリツキ広場に立つダニイル公の像。2001年10月26日に除幕式が行われた。2001年，筆者撮影。

表3　ルヴフの人口構成

| 年 | ローマ・カトリック | ギリシア・カトリック | ユダヤ教 | その他 | 総人口 |
|---|---|---|---|---|---|
| 1900 | 78,753<br>52.7% | 24,778<br>16.6% | 43,412<br>29.0% | 2,608<br>1.7% | 149,551 |
| 1931 | 157,500<br>50.4% | 49,800<br>16.0% | 99,600<br>31.9% | 5,300<br>1.7% | 312,200 |
| | ポーランド人 | ウクライナ人 | ユダヤ人 | ロシア人 | 総人口 |
| 1959 | 16,427<br>4.0% | 246,407<br>60.0% | 24,641<br>6.0% | 110,883<br>27.0% | 410,407 |
| 1989 | 9,730<br>1.2% | 622,701<br>79.1% | 12,795<br>1.6% | 126,459<br>16.1% | 786,903 |

*Die Juden in Oesterreich*, hrsg. v. Bureau für Statistik der Juden, Berlin-Halensee 1908, S. 18.

Johann Bohdan Wesolowsky, *Lemberg*, Diss. Wien 1941, S. 70.

Peter Fäßler, Thomas Held, Dirk Sawitzki (Hg.), *Lemberg-Lwów-Lviv*, Köln/Weimar/Wien 1993, S. 183.

とがわかるだろう。

ガリツィアのユダヤ人にとって、第二部のおわりに述べるナチ・ドイツの侵攻が真冬の死の到来を意味していたとすれば、ユダヤ人の秋は、ポーランド人やチェコ人など、東欧の諸民族が念願の独立をはたし、民族の春を言祝いだときに始まった。第一次世界大戦は多民族国家ハプスブルク帝国を崩壊させ、帝国の諸民族はいっせいに民族自決へ向かって走り出した。ポーランド人とウクライナ人とユダヤ人が混住していた東ガリツィアでは、この地域をポーランド人の民族=国民国家に組み入れたいポーランド人と、この地域にウクライナ人の民族=国民国家を創りたいウクライナ人のあいだで、この地域の領有をめぐり激しい戦闘が起こる。そして、互いに戦っているポーランド人とウクライナ人のどちらもが、自分たちにとって異民族であるユダヤ人に向かって、ユダヤ人をたたき出せ、と叫ぶことになるのだ(1)。

第二部では、第一章において、第一次世界大戦終了後に東ガリツィアで発生したポーランド・ウクライナ戦争が、ユダヤ人に対するポグロム[2]を誘発した経緯を明らかにする。第二章は、両大戦間期ポーランドにおけるポーランド人とユダヤ人の関係を扱い、第三章では、同じ両大戦間期ポーランドの被抑圧少数民族でありながら、ポーランド国家に対する立場を共有しえないウクライナ人とユダヤ人の関係を述べる。

# 第一章　一九一八年ルヴフ

## ハプスブルク帝国崩壊

一九一八年一〇月一六日、ハプスブルク帝国最後の皇帝カール一世は、「わが忠実なるオーストリア諸民族」に対して声明を発した。皇帝は、オーストリアを諸民族の連邦国家として再建する所存であった。しかし、皇帝に「忠実なる諸民族」はもはや存在せず、この声明は、事実上、六四〇年の長きにわたって続いた多民族国家ハプスブルク帝国瓦解の合図となる。帝国の諸民族は独立へ向かって走り出した。

東ガリツィアのウクライナ人の動きは急展開を遂げる。まずは一〇月一八日のルヴフで「ウクライナ民族評議会［ラーダ］」が設立された。ウクライナ民族ラーダは、翌一九日の決議で、サン川以東の東ガリツィア、チェルノヴィツ（チェルニウツィ）を含むブコヴィナ北部、およびハンガリー北東部のウクライナ人居住地域を含む領域を「西ウクライナ」と定める。ラーダは、この地域でウクライナ人による統治を実現するための機関とされ、その構成員は、旧オーストリア帝国議会およびオーストリア帝国時代のガリツィアとブコヴィナの州議会のウクライナ人議員全員、ウクライナ人政党の代表者、無党派の専門家、町や村から選出された代表者など総勢一五〇人であった。まだ空席ではあったが、領域内の少数民族のための席も用意されていた。

東ガリツィアでは、ルヴフをはじめ、大きな都市でこそポーランド人が多数を占める。しかしそれは、これまでこの地でポーランド人が政治的、経済的支配権を握ってきた結果にすぎない。都市には、ポーランド人の役人や地主やその家族が集まり住んでいた。これに対して一九一〇年の東ガリツィア全体を見れば、ほとんどが農民であるウクライナ人が全人口の六二パーセントの多数を占める。さらに残りの三八パーセントのうち、ユダヤ人が約一二パーセント以上を占めていた[1]。絶対的多数者であるウクライナ人が、人口の四分の一でしかないポーランド人に対し、東ガリツィアの支配権を明け渡すよう要求しても不当ではあるまい。しかも、ガリツィア全体にいるウクライナ人の九七パーセント以上が東ガリツィアにまとまって居住していた。

他方、ポーランド人をめぐる情勢も、三分割地全体で急展開を遂げていた。

一九一七年三月、ロシアのツァーリ体制は革命の嵐のなかで崩壊する。一五〇年近くポーランドを分割支配してきた三大強国のひとつが姿を消した。残る二国のうち、オーストリアはすでに多民族国家を維持する能力を失っている。西ガリツィアのクラクフでは、一九一八年一〇月二八日にポーランド清算委員会が設立され、ガリツィアの政府として機能し始めていた。そして最後にドイツでも、一一月三日、革命が勃発した。ドイツ革命のおかげでマグデブルクの要塞監獄から釈放されたユゼフ・ピウスツキは、一一月一〇日にワルシャワに帰還する。ピウスツキは一一月一一日に軍の最高司令官となり、一四日にはポーランドの政治的全権を掌握した。後に一一月一一日はポーランドの独立記念日となる。

しかし、事態はなお混沌としていた。独立ポーランドの版図は、いったいどこからどこまでなのか。独立喪失からあまりにも長い年月がたつあいだに、将来独立を回復すべきポーランド国家の版図について、ポーランド人にはもはや漠然とした観念しか存在しなかった。一八世紀末の第一次ポーランド分割以前までさかのぼり、ベラルーシ人やリトアニア人の居住地までポーランドに含めるのは非現実的である。では、ガリツィアはどうか。民族分布の境界線に沿って、ポーランド人が西ガリツィアを、ウクライナ人が東ガリツィアを取ることで折り合えば、万事は平和に終わったかもしれない。しかし、領土に関してポーランド人には譲れない一線が存在した。それは、中世以来、ガリツィアはポーランド人のものだということである。第一部第一章で述べたように、一六世紀にウクライナへと進出したポーランド人貴族たちは、ウクライナ人（ルーシン人）を農奴とし、思いのままに酷使してきた。誇り高いポーランド人には、農奴あがりのウクライナ人にこの土地の支配権をわたす気はなかった。ポーランド清算委員会は、クラクフからオーストリア帝国領ガリツィアの州都であったルヴフに拠点を移し、ガリツィア全土で統治権を確立する心積もりであった。

ところが、ポーランド清算委員会の動きを察知し、機先を制したのはウクライナ人側である。東ガリツィアに駐屯していた旧オーストリア帝国軍のウクライナ人将校や兵士を中核とし、農民と学生の参加を得たウクライナ人部隊は、一一月一日の夜明け前、三時すぎに決起した。そして、無血のうちにルヴフの主要な公共機関を占拠する。一一月一日の朝、目覚めたルヴフ市民が目にしたのは市庁舎に翻るウクライナの旗であった。第一次世界大戦の開始以来ルヴフの地方行政庁では、平時とは異なり、オーストリア帝国軍人が交替で指揮をとってきたが、一一月一日のルヴフで、オーストリアから

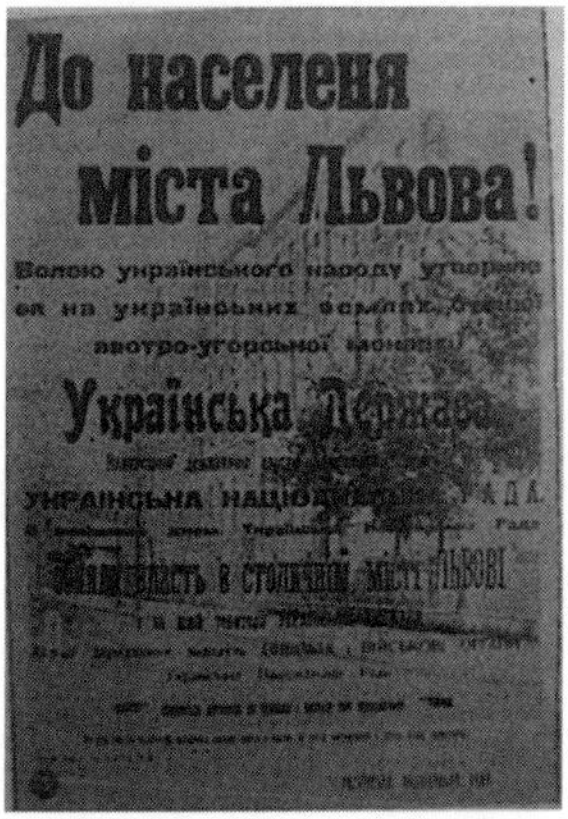


図13　1918年11月のルヴフ（リヴィウ）で，ウクライナ民族ラーダにより掲示された布告。「リヴィウ市民に告ぐ！　ウクライナ人民の意思により，旧ハンガリー＝オーストリア君主国のウクライナ人の土地にウクライナ国家が樹立された」と記されている。
出典：Volodymyr Kubijovyč (ed.), *Encyclopedia of Ukraine*, Toronto/Buffalo/London, 1984-93, Vol. 3, p. 622.

ウクライナ民族ラーダへの権限の移譲はきわめて速やかに行われる。ラーダは一一月一日に東ガリツィアで、さらに六日にはブコヴィナで支配権を握り、一一月九日「西ウクライナ人民共和国」の樹立を宣言する。一一月一三日には憲法を制定してこれを国家の正式名称とし、その領土を決定した（第一部第二章の地図1参照）。

## ポーランド人とウクライナ人のはざまで

ユダヤ教の聖典タルムードは、ユダヤ教徒にとって有用な知恵が詰まった壮大な書物である。そこでラビ、ハナニヤの戒めはいう。

「国の平和のために祈りなさい。なぜなら、それに対する畏れがなければ、人は互いに生きたままで相食むであろうからである。(2)」

ここでの「国」は古代ローマ帝国をさしているが、これをハプスブルク帝国に置き換えれば、ガリツィアのポーランド人とウクライナ人は、ハプスブルク帝国に対する畏れを棄てたとき、東ガリツィアの支配権をめぐって相食み始めようとしていた。ハナニヤの戒めは同時に、ある地域でこれまでの権力が消滅した後、次にユダヤ人がその平和のために祈るべき権力が定まるまで、権力の空白期間こそ、ユダヤ人にとって最も危険なときであることを示唆している。ポーランド人とウクライナ人のはざまに立たされたユダヤ人は、ハナニヤの言葉の真理を実感することになった。

一九一八年一〇月、ポーランド清算委員会が設立される直前にルヴフで開催されたガリツィアのシオニストの代表者会議では、ポーランド人とウクライナ人のあいだで戦闘が始まった場合にユダヤ人のとるべき態度が議論される。そのさい、ポーランド人が多数を占める西ガリツィアから来たシオニストが、ポーランド人のあいだで暮らすユダヤ人の安全を考慮し、ポーランド側につく態度を見せたのに対し、ウクライナ人が多数を占める東ガリツィアのシオニストは、絶対的中立を主張した。むしろ彼らのなかには、これまでのポーランド人の他民族に対する抑圧的支配に反感を持ち、ユダヤ人の民族的権利の主張と並行して、ウクライナ人の独立運動に共感をよせる者もいた。しかし、ユダヤ人がウクライナ人と手を握るには無理がある。ユダヤ人全体を見ると、熱烈なポーランド同化主義者のユダヤ人が多数いるのに対し、ウクライナ同化主義者のユダヤ人はほとんどいなかったからである。

このとき、どちらに決めても血を見ることになるだろう、と的確にも予言したのは、オーストリアのシオニストのカリスマ的指導者の一人、ローベルト・シュトリッカーである。シュトリッカーは言う。「ユダヤ人がポグロムの犠牲になることは避けられまい。このような場合に残されたただひとつの道は、誠意を示すこと、誠実であることだ。つまり、ポーランド人とウクライナ人の双方に対して、絶対的な中立を守ることである。[3]」代表者会議の終了後、シオニストは自分たちの意思を表明するため、旗を掲げて街を行進した。旗には、「われわれは民族的自治を要求する」「われわれは、隣人たるポーランド人とウクライナ人に対し、完全なる中立の立場に立つ」と書かれていた。[4]

ルヴフにウクライナの旗が翻った一一月一日の午後、ユダヤ人は、シオニストも、ポーランド同化主義者のユダヤ人も、社会民主主義者のユダヤ人も、あらゆる党派の代表がカハウ（ゲマインデ[5]）の建物に集まった。ルヴフで、ウクライナ人とポーランド人の軍事的衝突はもはや不可避であろう。ユダヤ人を民族と規定し、ユダヤ人にも少数民族の権利を要求するシオニストと、ポーランド社会への同化を志すポーランド同化主義者のユダヤ人とは、普段であればまさしく犬猿の仲なのだが、このときばかりはどの党派も、すでにシオニストが唱えていたとおり、ユダヤ人は中立を守ることで一致した。ルヴフの人口の三〇パーセント近くを占めるユダヤ人の動向は、ポーランド人にとってもウクライナ人にとっても、どうでもよい問題ではありえまい。そのユダヤ人にとって、実際、中立以外の選択肢があっただろうか。もしユダヤ人がウクライナ人に味方し、ウクライナ人が敗れた場合、ポーランド人は、敵に味方したユダヤ人に対してポグロムという容赦なき報復を加えるだろう。ユダヤ人の目に、にわかにルヴフの支配者となったウクライナ人たちは、肩入れするにははなはだ頼りなく見えた。しかし、だからといってポーランド人に賭けた場合、もしポーランド人が敗れたなら、事情は同じである。勝敗がどうなろうと、少なくとも報復を受けずにすむ選択肢は中立以外にありえない。そしてユダヤ人は、ポーランド人であれウクライナ人であれ、新しい主人が決まれば、その主人とうまくやってゆくしかここで生きる道はないのである。

カハウに集まったユダヤ人は、せめて自分たちの生命と財産を自分たちの手で守るため、ユダヤ保安委員会を設立し、武装したユダヤ自警団の結成を決定する。一一月一日現在、街の行政権力や警察権力のトップこそウクライナ人が握っていたが、役人や警察官はもとのポーランド人のままだったから、行政も警察も機能を停止し、治安はなきに等しい状態だった。ユダヤ保安委員会は、ルヴフの全ユダヤ人に対し、ただちに中立の決定を伝えた。

この不穏な時勢のもとでは、ユダヤ人のいかなる党派といえども、七万人ユダヤ人の生命と財産を無防備なまま見捨てることは許されない。まず必要なことは、われわれが団結し、ルヴフの全ユダヤ人の利益を代表することができるよう決断することだ。この目的のために本日、ルヴフのユダヤ人のすべての党派からなるユダヤ保安委員会が結成された。保安委員会が担う困難な任務とは、ユダヤ人居住区の安全と秩序を守り、ユダヤ人住民の財産を保護するため、方策と手段を見出すことである。この委員会が、これらすべての事柄について配慮する。それゆえ委員会はユダヤ人住民に対し、委員会の命令に従い、自己を規制し、厳格な中立を守るよう要請する。偏った立場の表明はあってはならず、正否のわからぬ流言に耳を貸してはならない。ユダヤ自警団が結成され、保安委員会の指揮下におかれている。ユダヤ人居住区の街路や諸施設は警護されている。いかなるパニックも恐怖も避けねばならない。慎重に、そして冷静さを保つように。(6)

中立の決定は、ポーランド語とウクライナ語でも公表された。さらにユダヤ人は、ウクライナ人部隊の司令部と、急遽結成されつつあったポーランド人部隊の司令部にそれぞれ使者を送り、ユダヤ人の中立と、ユダヤ自警団の結成に関して了解を取りつけた。このときユダヤ自警団に認められた武器は、ライフル銃二〇〇丁である。この銃で武装した二〇〇人の自警団員のほか、非武装の自警団員を合わせてユダヤ自警団の構成員は約三〇〇人だった。第一次世界大戦末期に東部戦線が崩壊した後、ルヴフ周辺には、東部戦線から引き揚げてきた兵士たちが集結していた。一一月一日の政変でウクライナ人以外の兵士が除隊されたため、街には、まだ帝国陸軍の軍服を身につけたまま軍を離れたユダヤ人兵士がいくらでもいた。彼らのなかからユダヤ自警団員を募るのに、何の困難もなかった。自警団の総指揮官は、シオニストのユーリウス・アイスラーである。ユダヤ自警団とポーランド人部隊のあいだでは、一一月一〇日にもあらためて文書が交わされ、自警団の中立の確認と、ルヴフ旧市内区の北部に位置するユダヤ人街を中心に、自警団の守備範囲が確定された。

## 「ユダヤ人の裏切り」の真相

ポーランドは、西ウクライナ人民共和国の樹立を黙って見てはいなかった。独立ポーランドが最初にしたことは、東ガリツィアに出現したウクライナ人の国家を叩きつぶすことであった。ルヴフでは、反撃に出たポーランド人部隊とウクライナ人部隊のあいだで、街を二つに割っての戦いが開始される。そして一一月二一日の夜から二二日の夜明けにかけて、最後のウクライナ兵が街から退却するまで、戦闘は約三週間にわたった。そのあいだ、ユダヤ人の中立は守られたのか。

これを明らかにするため私の手元にある最も分厚い同時代文献は、ヨーゼフ・テネンバウムによる多数の写真が入った記録書『レンベルク［ルヴフ］のユダヤ人ポグロム』（一九一九年）である。ポーランド人の報復を恐れた彼は、記録書をベンドウという偽名で刊行した。ほかには、ロンドンのシオニスト機構が一九一八年一二月にガリツィアのポグロム調査のために派遣したイスラエル・コーエンによる英文の報告書と、ユダヤ自警団の総指揮官アイスラーによるタイプ打ちの詳細な覚書（ただし匿名）があり、また、この時期にポーランドおよびウクライナで発生したポグロムに関する証言を集めた資料集には、ルヴフに関して、アイスラーと同じく自警団の指揮官の一人であったフィシェル・ヴァシッツによる証言が収録されている。(7) これらはすべてユダヤ人によって書かれた。これに対して、ポーランド政府も事実関係を調査するため、レオン・フシャノフスキとヴァセルツクの二人をルヴフに派遣した。一九一八年一二月一七日付けで作成された彼らの報告書を、ここではフシャノフスキ報告と呼ぶことにする。(8)

ユダヤ人の中立は守られたのか。

これら一連の文書には細かい点で食い違いが見られるものの、ことこの一点に関するかぎり、ユダヤ人側の文書はすべて中立が厳格に守られたと主張し、ポーランド側のフシャノフスキ報告もそれを否定していない。だが悲劇は起こった。すなわち、ユダヤ人側の文書とフシャノフスキ報告が一致して確認しているのは、ユダヤ人の中立遵守にもかかわらず、ポーランド人の住民や兵士はユダヤ人の中立違反を確信していたということ、ユダヤ人に対する報復が当然のごとく待たれていたということである。

ポーランド人部隊とウクライナ人部隊のあいだで戦闘が始まるやいなや、街では戦闘の混乱に乗じた略奪行為がいたるところで発生した。そのさいポーランド人からもウクライナ人からも略奪の的とされたのが、最も無防備な立場にあったユダヤ人の住居や商店であった。そして、フシャノフスキ報告がきわめて遺憾なことと述べているように、略奪者のなかでも最も始末に負えない連中が、ポーランド人部隊で武器を手にしたならず者たちだった。というのも、一九一八年一〇月のオーストリア帝国軍による統治の末期に、ルヴフの軍司令部は、重犯罪人を除く多くの囚人を解放した。さらに、ウクライナ人がルヴフを占拠した時点で重犯罪人まで解放され、脱走者も出たため、街には名うての犯罪者がうろうろしていた。ルヴフを奪い返すため、ポーランド人部隊編成のイニシアティヴをとったのは学生たちだったが、志願して部隊に集まってきた者のなかには、これら刑務所から出てきたばかりの素性の知れないならず者が多数紛れこんでいたというのである。ルヴフ周辺に駐屯していた旧オーストリア帝国軍はウクライナ兵が主力であったため、ポーランド側には、部隊を編成しようにも兵士が足りない。クラクフやワルシャワから援軍が駆けつけるまで、ならず者の力も借りなければウクライナ人部隊に対抗できない状態だった。フシャノフスキ報告は、戦闘のあいだにチャンスさえあればユダヤ人の住居や商店を襲い、略奪をほしいままにしたのは、この武器を手にしたならず者のポーランド人兵士だったとする。ユダヤ自警団の任務は、略奪現場に駆けつけ、武器を用いて略奪者を追い払うことだったが、その略奪者とは、ポーランド人から見れば、ルヴフ奪還をめざすポーランド人部隊の兵士でもあったのだ。

これでは、一一月一七日のような事件が起こるのも避けがたい。

この日の戦闘は、ユダヤ人街の西側を走るスウォネチナ通りを舞台とし、通りの一方の端にはウクライナ人部隊が、他の端にはポーランド人部隊が陣取っていた。緊迫した事態のなかで、スウォネチナ通りに隣接したポト・デンベム、ジルドラナ通り、シュピタルナ通り周辺の住民からユダヤ自警団に対し、略奪発生の知らせが飛び込む（第三部第二章の地図2参照）。自警団の指揮官ヴァシッツの証言によれば、自警団の一隊が現場に急行すると、建物の窓から銃撃された。自警団は、その建物に略奪者がいるものと判断してただちに撃ち返す。ところが撃ち返した相手は、ポーランド人の将校に率いられた兵士たちだったというのだ。本当に誤って兵士を撃ってしまったのか、それとも、相手は兵

図14　リヴィウ（ルヴフ）のシュピタルナ通り（病院通り）からラパポルタ通りに入ったところにある旧ユダヤ病院。現在も病院として使用されている。病院の裏手にはユダヤ墓地があったが，ナチ・ドイツ占領時代に破壊され，現在は墓石ひとつ残っていない。2001年，筆者撮影。

士にして略奪者でもあったのか、とにかくポーランド人とユダヤ人の撃ち合いで双方に犠牲者が出た。

驚いたユダヤ自警団は、自警団出動の目的があくまでも略奪者の掃討であったことを告げるため、白旗を掲げたシュタウプ以下数名をスウォネチナ通りのポーランド陣営へと赴かせる。しかしポーランド陣営では、問題の略奪発生について情報を得ていたにもかかわらず、一行から武器を取りあげた上、シュタウプを射殺した。理由は、自警団が中立に違反し、ポーランド人兵士に向かって発砲したからであった。

一一月一七日の事件は、ユダヤ人にとってさらにまずい方向へと展開してゆく。ポーランド人とウクライナ人の双方が、この事件を自分たちに都合のよいように利用したからである。ウクライナ側が発行する広報紙『ディーロ［事件］』は、一一月一七日の戦闘で、ウクライナ軍はユダヤ自警団の支援を得てポーランド人部隊を退けた、と報道する。他方、ポーランド人部隊の半ば公式の機関紙となっていた『ポブトカ［起床ラッパ］』は、それまでにもポーランド人に対するユダヤ人の裏切り行為なるものをさまざまに報道していたが、この一一月一七日の事件について、略奪があったことにはいっさいふれず、ユダヤ自警団がポーランド人兵士に向かって発砲したことを一方的に非難した。このままでは、ユダヤ自警団の中立違反が確定されることになる。ただちにユダヤ保安委員会は両紙に抗議し、『ディーロ』には訂正記事が掲載された。しかし『ポブトカ』は何の訂正にも応じず、ユダヤ人の裏切りは、ポーランド人の兵士の頭にも一般住民の頭にも、確固たる事実として刻み込まれる。ポーランド人のあいだでは、ポーランド人が街を奪い返した暁にはユダヤ人どもに裏切りの清算をさせてやる、と公然と言われていた。

## ポグロム

一一月一日に不意をつかれたポーランド側は、緒戦でこそ苦戦したが、後に援軍を得て、一一月二一日の夜までにルヴフを制圧する。街から最後のウクライナ兵が姿を消したのは一一月二二日の朝、まだ暗い四時頃である。ポーランド人は、今日という復讐の日が来るのを待っていた。夜が明けると、ユダヤ自警団はポーランド人部隊によって武装解除され、団員の多くが逮捕、投獄される。ユダヤ人は丸腰にされたも同然となる。ユダヤ人街に通じる街路の端には機関銃が据えつけられた。「整然と」

図15　リヴィウ（ルヴフ）の旧市壁外にあったユダヤ人街で，もとはハシッドのシナゴーグ。1842年から44年にかけて建設された。ナチ・ドイツによる破壊を免れたが，ソ連時代の1962年に閉鎖された。その後，一時，学校の体育館に転用されたが，1991年からショーレム・アレイヘム・ユダヤ文化センターになった。

旧市壁外のユダヤ人街の起源は，旧市壁内のユダヤ人街（図７参照）と同じく14世紀に遡り，規模はこちらの方が大きかった。この一帯は，1918年11月のポグロムで大きな被害を受けた。2001年，筆者撮影。

ポグロムが開始されたのは、八時から九時にかけてである。ポグロムには将校に率いられた兵士のほかに、男も女も、多数の住民が加わっていた。同日の夕刻にはユダヤ人街に火がかけられ、一帯は地獄と化す。消火は行われず、燃えさかる建物から逃げ出そうとするユダヤ人は、銃や銃剣で火の中へ追い返された。

兵士たちは口々に叫んだ。

「おまえらユダヤ人は、ポーランド人に向かって発砲し、われらの戦士たちに熱湯や灰汁を注ぎかけ、毒入りのたばこを売りつけた。そして、ウクライナ人には数百万の金を与えたのだ。おまえらはポーランドの敵だ。ポーランド人は、もはやユダヤ人に我慢がならない。今日おまえらには、みな死んでもらう(9)。」

「おまえらは三人の兵隊を殺した。おれたちは三〇〇人のユダヤ人どもに、その貸しを返させてやる(10)。」

ユダヤ人側の記録は、ポグロムは四八時間という期限つきで、ポーランド人部隊の司令部から文書あるいは口頭で指令されたと主張するが、そのような文書は残されておらず、口頭の指令については、いまとなっては存在を確認しようがない。しかし、いずれにせよ、将校も兵隊も指令の存在を確信していた。フシャノフスキ報告によれば、ユダヤ人から強奪した金に対し、ポーランド人兵士が発行した領収書が存在している。強奪者は、自分の行為が指令によるものであることを示すつもりだったらしい。指令が存在するという将校や兵士たちの確信をうち消すための措置は、いっさいとられなかった。一一月二二日にポグロムが始まると、ユダヤ人の代表者はルヴフの当局とポーランド人部隊の司令部に対し、ポグロムの鎮圧を要請した。しかし戒厳令が公表されたのは、ポグロム開始から四八時間たった二四日の朝である。ルヴフの消防団員の証言によれば、彼らは二二日の朝から四八時間のあいだ、消火活動を禁じられていた。要するに四八時間のあいだ、ポグロム鎮圧のために働いた者はなく、ユダヤ人は、略奪、暴行、殺害、放火にさらされていたのである。

テネンバウムによれば、翌年一九一九年一月までに判明した犠牲者は、死者七二人、負傷者四四三人、火災にあった建物は三八棟で、そのうち二八棟は完全に消失した。[11] フシャノフスキ報告によれば、被害は最小に見積っても次のとおりであった。死者と焼死者は少なくとも一五〇人。二階ないし三階建ての建物で消失したもの五〇棟。ユダヤ人街の商店で徹底的に略奪されたもの五〇〇舗。家を失った者は推定で二〇〇〇人近く。ポグロム後に結成されたユダヤ救助委員会が把握している孤児、約七〇人。強姦された女性、数十人。殺害、暴行、略奪など、一二月一三日までにユダヤ救助委員会に届出のあった被災者、約七〇〇〇家族。[12]

ルヴフでは一一月のポグロム後も一九一九年の一月初めまで、武器の押収を口実にユダヤ人に対する暴行や略奪が繰り返された。うち続いた迫害により、ルヴフのユダヤ人約七万人のうち、二万五〇〇〇人が住むところも生活の手段も失ったという。[13]

# 第二章　ポーランド人とユダヤ人

## 一　ドイツ語からポーランド語へ

### フランツォースとノシヒ

一八世紀末の三次にわたる分割でポーランドという国が消滅した後、独立回復はポーランド人の悲願であった。しかし、ユダヤ人は中世以来ポーランドに住みつきながら、分割後のポーランド人の民族運動とはほとんど関係を持たなかった。啓蒙思想の影響を受けたガリツィアのユダヤ知識人は、むしろハプスブルク帝国という新しい支配者の側に賭けた。

第一部のはじめに登場した一八四八年生まれのフランツォースは、ガリツィアにあって明確にドイツ同化ユダヤ人であることを志した一家の出身である。一家は、すでにフランツォースの祖父の代にドイツ啓蒙思想の影響を受け、フランツォースの父が彼に指示したことは、おまえは信仰においてはユダヤ人だが、民族性（Nationalität）においてはポーランド人でもウクライナ人でもユダヤ人でもなく、ドイツ人なのだ、という生き方だった[1]。ここでの「ドイツ的民族性」とは、もちろん、偏狭なドイツ民族主義のことではない。

フランツォースにとってガリツィア一帯が「半アジア」であるのは、この地域がたんに「地理的に、陶冶されたヨーロッパとアジアの遊牧民が往来する荒涼たるステップとのあいだに位置している」からではない。この地域は「政治的、社会的関係において、ヨーロッパ的教養とアジア的野蛮とが、ヨーロッパ的な進歩への努力とアジア的怠惰とが、ヨーロッパ的人間愛と諸民族および諸宗教間のむき出しで残酷な反目とが奇妙に交錯しあう」がゆえに「半アジア」なのだった。[2] そして、ドイツ的民族性とは、フランツォース一家の意識のなかでは、この対比において「ヨーロッパ的教養」や「ヨーロッパ的な進歩への努力」や「ヨーロッパ的人間愛」と重なるものである。他方、フランツォースの父によって否定された「ユダヤ的民族性」とは、彼らの意識のなかでは「アジア的野蛮」や「アジア的怠惰」と重なり、具体的には、進歩に目覚めず、啓蒙専制君主ヨーゼフ二世の改革を拒否し、ハシディズムの狂信や、伝統的なユダヤ教徒の生活様式のなかで眠りこけているユダヤ人のあり方に重なっていた。[3] フランツォースらは、ユダヤ人がイディッシュ語やヘブライ語を棄て、帝国の支配言語であるドイツ語を習得し、ドイツ語を通じて西欧市民社会で生活するために必要な教養を身につけることにより、ユダヤ人の政治的、社会的地位向上の可能性が開かれると考えた。

一八六七年一二月の憲法で、宗教の相違を理由とする差別が撤廃され、ユダヤ教徒にもほかの帝国臣民と平等な諸権利が与えられると、ユダヤ人を差別から解放したハプスブルク帝国皇帝フランツ・ヨーゼフは、ユダヤ人にとって神のごとくありがたい存在となる。ユダヤ人は皇帝に最も忠義な臣民となり、ガリツィアのユダヤ知識人のドイツ語文化志向は、ハプスブルク帝国消滅の日まで基本的

図16　オーストリア帝国時代の帝立クーロンプリンツ・ルードルフ・ギムナジウム（皇太子ルードルフ中・高等学校）。現在も高等学校として使用されている。ヨーゼフ・ロート（1894-1939）は，1905年から1913年までこの学校で学んだ。学校の正面入口前に，著名な５人の卒業生の記念碑が建っている。向かって一番左端がロート。1993年，筆者撮影。

には変わることがなかった。一八八六年のルヴフで、ドイツ語で教育を行うギムナジウムの学生六五二人のうち、ユダヤ人は三三二人を占める[4]。ドイツ語ギムナジウムのユダヤ人卒業生の多くは、原則的にポーランド語で講義を行うルヴフ大学ではなく、ウィーン大学に進んだ。一八九四年に東ガリツィアのブローディ近郊で生まれたヨーゼフ・ロートも、ブローディのドイツ語ギムナジウムで学んだ後、ウィーン大学へと進んだユダヤ人の一人である。

　しかし一八六七年一二月の憲法以降、ガリツィアでポーランド人の自治権が大幅に拡大され、ガリツィアの行政権がドイツ人の手からポーランド人の手に移ると、それにともない、全体的に見れば、ユダヤ人の考えも変化せざるをえなかった。ユダヤ人は、ガリツィアで暮らすかぎり、ポーランド語を習得せざるをえない状況が生まれたのである。一九世紀末にはハプスブルク帝国で五番目の大都市となるルヴフは、一八七〇年に自治権を獲得し、行政言語はポーランド語となり、街路名もドイツ語からポーランド語に改められる。一八六四年にルヴフに生まれたアルフレート・ノシヒは、彫刻家として、また音楽家や文筆家としても知られる多才なユダヤ人であったが、彼の父は、ルヴフの行政言語が変わったため、カハウの役職を降りなければならなかった。カハウの交渉相手となる役人がドイツ人からポーランド人へと交代したのに、ドイツ語文化に熱狂した世代の人である父は、ポーランド語の能力が不十分だったからである。

ガリツィアのユダヤ人の日常使用言語の変化を見てみよう。

オーストリアでは、一八八〇年の人口調査から日常使用言語が調査項目に導入された。そのさい人びとは何語を記入してもよいわけではない。国家によって民族言語と認められた九の言語、すなわちドイツ語、チェコ・スロヴァキア語、ポーランド語、ウクライナ語（ルテニア語）、スロヴェニア語、セルボ・クロアチア語、イタリア語、ルーマニア語、ハンガリー語から一言語を選択する仕組みであった。本章の第二節でも述べるように、ガリツィアのユダヤ人の多くはイディッシュ語を母語としていたが、イディッシュ語は選択肢に入っておらず、イディッシュ語を教育言語とする公的教育機関も存在しない。したがって調査にさいしてユダヤ人は、右の九の言語のどれかを自分の日常使用言語として選択しなければならなかったが、その選択は、二〇世紀初めにはドイツ語からポーランド語へと顕著に変化する。一九〇〇年のガリツィアのユダヤ教徒の日常使用言語は、ポーランド語が七六・五パーセント、ドイツ語が一七パーセント、ウクライナ語が五パーセントであったのに対し、一九一〇年になると、ポーランド語の割合は九二・七パーセントに達し、ドイツ語の割合は三パーセントに落ち込んだ。[5] ドイツ語やポーランド語に比べ、ウクライナ語を選択するユダヤ人がきわめて少ないことは、ユダヤ人とウクライナ人の関係を考える上で注目に値する。ウクライナ同化主義者のユダヤ人は、ごく例外的であった。

ノシヒは父の希望に従い、ドイツ語で高等教育を受けたが、彼にとって、父のドイツ的なものに対する崇拝や、老皇帝フランツ・ヨーゼフへの忠誠は、もはや時代錯誤であった。若きノシヒは、ポーランド人との連帯に自分の将来を託そうとした。彼は、国を失ったポーランド民族の苦難と離散のユダヤ人の苦難とを重ね合わせ、独立を回復しようとするポーランド人の民族運動に共感をよせる。そして、国なき民の苦難の共有ゆえに、ポーランド人とユダヤ人の連帯が可能だと信じた。ノシヒは、ポーランドを再生したイスラエルと呼ぶ。[6] しかし、世間に出て一本立ちしたノシヒは、自分がポーランドによせる熱い思いは、所詮報われることのない片思いでしかなかったことを知る。ポーランド同化主義者であったノシヒは、一八八七年、ラディカルなシオニストへと転向した。[7]

## 一九一八年一一月ポグロムのあとで

ポーランド人にとって、ユダヤ人とは何者だったのか。一九一八年一一月のルヴフのポグロムにおいて、なぜポーランド人は、ユダヤ自警団員を逮捕するにとどまらず、無抵抗のユダヤ人住民に襲いかかったのか。

ポーランド人にとっては、ユダヤ人が自分たちに味方しなかったこと、ユダヤ人がポーランド・ユダヤ人としてではなく、ポーランド人と一線を画し、限定詞抜きのユダヤ人という立場で中立を表明したこと、このことがすでに裏切りであった。ポーランド人がガリツィアの支配者であったあいだ、ユダヤ人はつねにポーランド人に忠実だった。国政選挙でも地方選挙でも、ポーランド人候補者にとってユダヤ人は、自分たちに飼いならされた意志なき動物のような有権者だった。このユダヤ人の票が入ればこそ、ウクライナ人口が多数を占める東ガリツィアでも、ポーランド人は政治的支配権を維持することができたのだ。(8) これまでルヴフのカハウの指導者も、シオニストではなく、ポーランド同化主義者のユダヤ人たちだった。それが、ウクライナ人が街を占拠したとたん、誰につくべきか様子を見ようというのである。もしウクライナ人が東ガリツィアの支配者になれば、ユダヤ人はポーランド・ユダヤ人であることをやめ、ただちにウクライナ・ユダヤ人に変身するつもりなのだ。街のポーランド人住民は、ユダヤ人に対して深い不信感を抱いていた。

シュピタルナ通りに住むユダヤ人女性のM・A・Nは、一一月のポグロムで押し入った三人のポーランド兵に金品を奪われた上、子供たちのために命乞いをする兄を情け容赦なく殺された。彼女は、テネンバウムの記録書で略奪と殺害の一部始終について証言した後、ポーランド人とウクライナ人の戦闘が本格化する直前に職場で聞いた街の声についても証言している。彼女は、ポーランド人技師のタイピストとして働いていたが、ポーランド人のあいだでは、すでにユダヤ人に対する復讐が語られていたというのである。(9)

「ユダヤ人の若僧が銃を持っていたぞ。われわれも武装しなければなるまい。」

「ユダヤ人はいつだって多数者側につくんだ。いまに奴らに思い知らせてやる。」

「ユダヤ人は、いまはウクライナ人側についているが、その次は、またわれわれの側につきたいというだろう。だがわれわれは、奴らを犬ころのように追っ払ってやる。」

みずからの国を失い、各地に離散して居住するユダヤ人は、ハナニヤの戒めどおり、安全な生活を保障してくれるかぎりで、つねに居住地の支配者に忠誠を誓ってきた。ポーランド人にとってそんなユダヤ人は、ガリツィアの支配者がドイツ人であったときはドイツ人に、支配がポーランド人の手に移ればポーランド人の方へとすり寄る者たちであった。

第一次世界大戦直後の混乱期にポグロムが発生したのは、ルヴフだけではない。コーエンの報告書が数えあげているように、第一次世界大戦終了後、一九一八年秋から一九一九年一月にかけて、ガリツィアおよび旧ロシアの支配下にあったポーランドの全域で、ユダヤ人に対するポグロムや、何らかの暴行事件が発生した町や村は一三〇をくだらない。数人の死者が出たところから、略奪のみで終わったところまで、被害の程度はさまざまである。とくにポーランド軍とウクライナ軍のあいだで戦闘が起こった地域では、ポグロムにポーランド人兵士が関与し、そのなかで最大の惨劇となったのがルヴフであった。

これらのポグロムに対してあがった国際的非難の声の大きさは、ポーランド政府をあわてさせる。一部のユダヤ系新聞では、ルヴフのポグロム犠牲者は二〇〇〇人から三〇〇〇人、いやそれどころか八〇〇〇人から一万人という推定まで添えて報道されていた。すでに述べたように、事実関係を調査するため、ポーランド外務省はフシャノフスキらをルヴフに派遣する。しかし国際的非難の声が高まれば高まるほど、当初のポーランド政府の当惑は、ユダヤ人に対する理不尽な怒りに変わる。一一月二七日のポーランド清算委員会は、ユダヤ人に対して次のように警告した。

ユダヤ新聞で報道されている「いわゆる組織的に計画されたポグロム」は、ポーランド国民の怒りを挑発するものである。「もしユダヤ新聞が、これ以上世界に向かって不当にもポーランド人を中傷し続けるなら、ポーランドの当局は、怒れる民衆をもはや押しとどめることはできないであろう。そのときは、流布された中傷のなかで言われていること［ポグロム］が、現実に起こるであろう。」[10]

ポーランド清算委員会の感情的な反発に比べれば、フシャノフスキ報告の筆致は冷静である。ポグロムの生々しい印象のもとで書かれた報告書は、ポグロムを回避あるいは早急に鎮圧するために有効な措置をとらなかったポーランド側の当局者を批判していた。フシャノフスキ報告の前書きによれば、ルヴフで作成された報告書は仮のものであり、調査団がワルシャワに帰ってから、収集された資料をもとに、より詳細な報告書が作成されることになっていた。しかし、約束された報告書が作成されたかどうか不明である。[11]むしろポーランド政府の態度は、ユダヤ人のウクライナ人に対する協力や、ユダヤ系のマスコミの過剰なポグロム報道を非難する方向へと向かう。ユダヤ人がポグロムの犠牲者数を誇大に報道し、それによってポーランドの国際的信用を貶めようとはかっているというのである。

このような状況の下で、ユダヤ人側はポグロム報道のトーンを落とすことを余儀なくされた。ポーランドのユダヤ人の将来を考えるなら、ポーランド人との関係を悪化させることは得策ではない。国際世論がポグロム犠牲者に同情をよせてくれても、それがポーランド人の反発を強めるのであれば、ポーランドのユダヤ人の将来にとってはかえって災いとなる。ユダヤ人にはほかに出てゆくところはないのだから、このポーランドという国家のなかでポーランド人との共生関係を構築する以外にないのである。

## 二　両大戦間期ポーランドのユダヤ人

### 少数民族としてのユダヤ人

一九一八年一月八日のアメリカ大統領ウィルソンの議会演説は、「ウィルソンの一四箇条」として知られる。演説において諸民族に認められた「自治的発展の最高度に自由な機会」は、民族自決の原則を謳ったものと理解され、第一次世界大戦終了後、ポーランド、チェコスロヴァキア、ハンガリー、バルト三国など、東ヨーロッパの諸民族は念願の独立国家を設立した。それまでロシア、ドイツ、オーストリア＝ハンガリー帝国という三大帝国に国民国家の形成を阻まれてきた民族が、国際政治の場において、はじめて自己主張の可能性を手に入れた。しかし、それぞれ民族の名を冠した新独立国は、民族自決の原則にもとづく国民＝民族国家を名乗ったが、その実態は、大きな多民族国家が崩壊したあとに誕生した小さな多民族国家であった。

その典型例がポーランドである。戦後まもない一九二一年九月三〇日に実施された最初の人口調査によれば、総人口約二七〇〇万人のポーランドに、約三九〇万人（一四・四パーセント）のウクライナ人がおり、これに約二八五万人（一〇・六パーセント）のユダヤ人（ユダヤ教徒）が続く。さらにベラルーシ人やドイツ人を合わせると、ポーランドの全人口の約三〇パーセントが非ポーランド人であった(12)。

これらポーランドの少数民族のなかで、ユダヤ人のありかたは、他の民族と比較してきわめて特異である。この特異性は、第一部で見た西から東へのユダヤ人の移動と定住の仕方の特殊性に起因し、ポーランドのみならず、東ヨーロッパの新独立国のほぼすべてに共通する現象だったといってよい。第一部の表1を見れば、ドイツより東に存在する約八〇〇万ものユダヤ人口は、数の上では優に一国家を形成する規模でありながら、他の民族と異なり、まとまった居住領域を持っていない。[13] ポーランドについていえば、ポーランド第一の少数民族であるウクライナ人がほぼ東ガリツィアに集中していたのとは対照的である。ユダヤ人の場合、むしろ目立つのは、これも東ヨーロッパに共通する現象として、その都市部への集中であった。一九三一年の統計によれば、ポーランドの総人口約三二〇〇万人のうち、都市部の居住者は二七・四パーセント、村落部の居住者が七二・六パーセントであるのに対し、ユダヤ人（ユダヤ教徒）約三一一万人については、この関係が逆転し、都市部の居住者が七六・四パーセントの多数を占める。[14] 先の一九二一年に実施された最初の人口調査によれば、ポーランドの首都ワルシャワのユダヤ人口は三一万三二二人で、街の総人口の三三・一パーセントを占め、工業都市ウッチのユダヤ人口は一五万六一五五人で、街の総人口の三四・五パーセントにあたり、ともに街の住民の三人に一人はユダヤ人だったことになる。[15]

ユダヤ人口の都市部への偏りは、職業構成の相違とも対応する。ポーランドは基本的に農業国で、ポーランド人もウクライナ人も多くが農民であった。同じく一九三一年の統計によれば、ポーランド全体では、農業で生計を立てる者が総人口の六〇・七パーセントを占める。ところがユダヤ人の場合、逆に、農業以外で生計を立てる者が実に九六パーセントに達した。ポーランドの商業・金融・保険業でユダヤ人が占める割合は五八・七パーセント、手工業を含む鉱工業でユダヤ人が占める割合は二一・二六パーセントで、いずれもユダヤ人（ユダヤ教徒）が全人口に占める比率（約九・八パーセント）を大きく上回っている。[16] さらに東ガリツィアについてみると、法律家の六六・六パーセント（一九三一年）、医者の五一・一パーセント（一九二七年）がユダヤ人であった。[17]

ポーランド人は、このようなユダヤ人の存在をどのように考えていたのだろうか。

ユダヤ教は本来、「神のものは神に、カエサルのものはカエサルに」という区別を知らない宗教である。ユダヤ教信仰は、食事のあり方や安息日の休息の仕方にいたるまで、ユダヤ教の細かな決まり事を日々の生活で実践してはじめて全うされる。近代にいたるまで、ヨーロッパのユダヤ人にユダヤ法に忠実な信仰生活の維持を可能ならしめたのは、ほかでもなく、キリスト教世界がよそ者であるユダヤ人の共同体（カハウ、ゲマインデ）に認めた法的自治であった。ところが第一部第三章のヨーゼフ改革で見たように、ヨーロッパの近代国家は、国家のなかに別の法体系を持つユダヤ人の小国家が存在することを許さず、キリスト教徒もユダヤ教徒も、同じ世俗法の下で平等な個人として統治することを理念とした。国家は、ユダヤ人に対する法的平等と引き替えに、ユダヤ教信仰のあり方に根本的な変革を迫った。

ユダヤ人の側にあってこの動きに積極的に応じたのが、一八世紀末のベルリンの啓蒙主義者モーゼス・メンデルスゾーンを祖とするユダヤ教改革論者たちである。彼らは、ユダヤ教の戒律において、「神のもの」にかかわる戒律と「カエサルのもの」にかかわる戒律を分離し、ゲマインデ（カハウ）に認められてきた裁判権と法的自治の放棄、また国家の法に抵触するユダヤ法の改廃を唱えた。そして、ドイツ以西の西ヨーロッパでは、もはや押しとどめることのできない流れとして、一七八九年の

# 人文書院
# 刊行案内

2024,8　　鴨川鼠（深川鼠）色

## ザッハー＝マゾッホ集成全三巻

各巻¥11000

ザッハー＝マゾッホ 著
平野嘉彦／中澤英雄／西成彦 訳

### Ⅰ エロス

習俗を巧みに取り込んだストーリーテラーとしてのマゾッホの筆がさえる。本邦初訳の完全版「毛皮のヴィーナス」、「コロメアのドンジュアン」ほか全4作品を収録。

### Ⅱ フォークロア

ドイツ人、ポーランド人、ルーシ人、ユダヤ人が混在する土地。民族間の貧富の格差をめぐる対立。複数の言語、ガリツィアの雄大な自然描写、風土、民族、習俗、信仰を豊かに伝えるフォークロア的作品。「ハイダマク」ほか全4作品を収録。

### Ⅲ カルト

あるいは「草原のメシアニズム」、あるいは「農本共産主義」（ドゥルーズ）を具現する、ロシア正教の異端宗派、ユダヤ教の二つの宗派など、さまざまなカルトが蟠居する東欧のスラヴ世界。マゾッホの宗教観を如実に語る「漂泊者」ほか、5編の小説および2編の論考を収録。

**◎内容見本進呈**
お問い合わせフォームにて送り先をお知らせください。お一人様1部までお送りします。

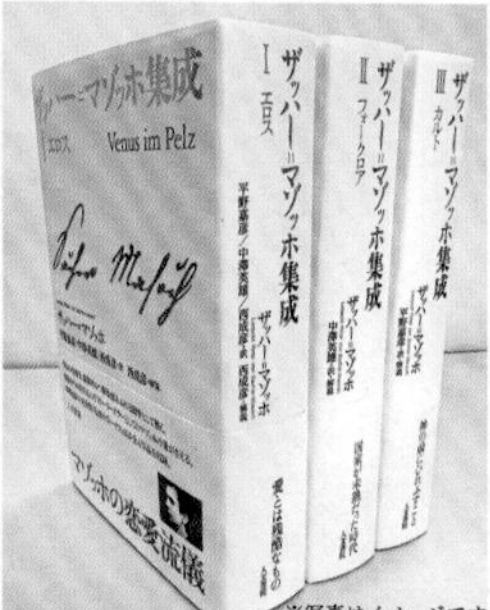

※写真はイメージです

詳しい内容や収録作品等の情報は以下のQRコードからどうぞ！

■小社に直接ご注文下さる場合は、小社ホームページのカート機能にて直接注文が可能です。カート機能を使用した注文の仕方は**右のQRコード**から。
■表示は税込み価格です。


**人文書院**
〒612-8447 京都市伏見区竹田西内畑町9
TEL075-603-1344／FAX075-603-1814
編集部 Twitter（X）:@jimbunshoin
営業部 Twitter（X）:@jimbunshoin_
mail:jmsb@jimbunshoin.co.jp

新刊一覧

# セクシュアリティの性売買

キャスリン・バリー 著
井上太一 訳

搾取と暴力にまみれた性売買の実態を国際規模の調査で明らかにし、その背後にあるメカニズムを父権的権力の問題として理論的に抉り出した、ラディカル・フェミニズムの名著。

¥5500

# 人種の母胎

性と植民地問題からみるフランスにおけるナシオンの系譜

エルザ・ドルラン 著
ファヨル入江容子 訳

性的差異の概念化が、いかにして植民地における人種化の理論的な鋳型となり、支配を継続させる根本原理へと変貌をしたのか、その歴史を鋭く抉り出す。

¥5500

# 戦後期渡米芸能人のメディア史

ナンシー梅木とその時代

大場吾郎 著

日本とアメリカにおいて音楽、映画、舞台、テレビなど活躍し、日本人女優で初のアカデミー受賞者となったナンシー梅木の知られざる生涯を初めて丹念に描き出す労作。

¥5280

# 翻訳とパラテクスト

ユングマン、アイスネル、クンデラ

阿部賢一 著

文化資本が異なる言語間の翻訳をめぐる葛藤とは？　ボヘミアにおける文芸翻訳の様相を翻訳研究の観点から明らかにする。

¥4950

# マリア＝テレジア 上・下

「国母」の素顔

B・シュトルベルク＝リリンガー著 山下泰生／伊藤惟／根本峻瑠訳

「ハプスブルクの女帝」として、フェミニズム研究の範疇からも除外されていたマリア＝テレジア、その知られざる実像を解き明かす、第一人者による圧巻の評伝。

各¥8250

# 戦後期渡米芸能人のメディア史

ナンシー梅木とその時代

大場吾郎 著

日本とアメリカにおいて音楽、映画、舞台、テレビなど活躍し、日本人女優で初のアカデミー受賞者となったナンシー梅木の知られざる生涯を初めて丹念に描き出す労作。

¥5280

# 読書装置と知のメディア史

近代の書物をめぐる実践

新藤雄介 著

書物をめぐる様々な行為と、これまで周縁化されてきた読書装置との関係を分析し、書物と人々の歴史に新たな視座を与える力作。

¥4950

# ゾンビの美学

植民地主義・ジェンダー・ポストヒューマン

福田安佐子 著

ゾンビの歴史を通覧し、おもに植民地主義、ジェンダー、ポストヒューマニズムの視点から重要作に映るものを仔細に分析する力作。

¥4950

# 新刊一覧

## イスラーム・デジタル人文学

須永恵美子 編著
熊倉和歌子 編著

デジタル化により、新たな局面を迎えるイスラーム社会。イスラーム研究をデジタル人文学で捉え直す、気鋭研究者らによる最新の成果。

￥3520

## ディスレクシア

マーガレット・J・スノウリング 著
関あゆみ 監訳
屋代通子 訳

ディスレクシア（発達性読み書き障害）に関わる生物学的、認知的、環境的要因とは何か？　ディスレクシアを正しく理解し、改善するための効果的な支援への出発点を示す。

￥2860

## シェリング以後の自然哲学

イアン・ハミルトン・グラント 著
浅沼光樹 訳

シェリングを現代哲学の最前線に呼び込み、時に大胆に時に繊細に対決させ、革新的な読解へと導く。カント主義批判により思弁的実在論の始原ともなった重要作。

￥6600

## 一つの惑星、多数の世界

**ドイツ観念論についての試論**

ディペシュ・チャクラバルティ 著
篠原雅武 訳

人文科学研究の立場から人新世の議論を牽引する著者が、ラトゥール、ハラウェイ、デ・カストロなどとの対話的関係のなかで示す、新たな思想の結晶。

￥2970

## 近代日本の身体統制

**宝塚歌劇・東宝レヴュー・ヌード**

垣沼絢子 著

戦前から戦後にかけて西洋近代社会、民主主義国家の象徴とみなされた宝塚・東宝レヴューを概観し、西洋近代化する日本社会の身体感覚の変貌に迫る。

￥4950

## 福澤諭吉

**幻の国・日本の創生**

池田浩士 著

福澤諭吉の思想と実践——それは、社会と人間をどこへ導いたか？　福澤諭吉のじかの言葉に向き合うことで、その思想と実践をあらたに問い直し、功罪を問う。

￥5060

## 反ユダヤ主義と「過去の克服」

**戦後ドイツ国民はユダヤ人とどう向き合ったのか**

高橋秀寿 著

反ユダヤ主義とホロコーストの歴史的変遷を辿りながら、戦後、ドイツ人が「ユダヤ人」の存在を通してどのように「国民」を形成したのかを叙述する画期作。

￥4950

## 宇宙の途上で出会う

**量子物理学からみる物質と意味のもつれ**

カレン・バラッド 著
水田博子／南菜緒子／南晃 訳

哲学、科学論にとどまらず社会理論にも重要な示唆をもたらす21世紀の思想にその名を刻むニュー・マテリアリズムの金字塔的大著。

# 今回のイチオシ本

## 思想としてのミュージアム

**増補新装版**

博物館や美術館は、社会に対してメッセージを発信し、同時に社会から読み解かれる、動的なメディアである。日本における新しいミュゼオロジーの展開を告げた画期作。旧版から十年、植民地主義の批判にさらされる現代のミュージアムについて、論じる新章を追加。

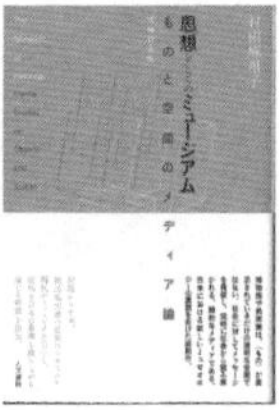


村田麻里子著
¥4180

## 呪われたナターシャ

復刊

**現代ロシアにおける呪術の民族誌**

三代にわたる「呪い」に苦しむナターシャというひとりの女性の語りを出発点とし、呪術など信じていなかった人びと―研究者をふくむ―が呪術を信じるようになるプロセス、およびそれに関わる社会的背景を描いた話題作、待望の復刊！

藤原潤子 著
¥3300

## 超越論的存在論

**ドイツ観念論についての試論**

存在者へとアクセスする存在論的条件の探究。「世界は存在しない」「複数の意味の場」など、その後に展開されるテーマをはらみ、ハイデガーの仔細な読解も目を引く、哲学者マルクス・ガブリエルの本格的出発点。

マルクス・ガブリエル著
中島新／中村徳仁訳
¥4950

## はじまりのテレビ

**戦後マスメディアの創造と知**

1950～60年代、放送草創期のテレビは無限の可能性に満ちた映像表現の実験場だった。番組、産業、制度、放送学などあらゆる側面から、初期テレビが生んだ創造と知を、膨大な資料をもとに検証する。気鋭のメディア研究者が挑んだ意欲的大作。

松山秀明 著
¥5500

フランス革命以後フランスをモデルとするユダヤ人の法的平等が実現されるのと並行して、ユダヤ人の非ユダヤ人社会への言語的、文化的同化が進む。二〇世紀の西ヨーロッパ諸国では、憲法が保障する信仰の自由によってユダヤ教徒は存在したが、法律上、言語や風俗習慣の実践において別個の権利が認められるようなユダヤ民族は失われた。フランスやドイツには、自分はユダヤ教を信仰するフランス人やドイツ人だと考える人びとも多数存在した。

ドイツより東のヨーロッパ、すなわちヨーロッパのユダヤ人口の本体が存在する地域でも、遅まきながら開始された国家や社会システムの近代化は、ユダヤ人に対して否応なくそれと歩調を合わせることを求めた。しかし西ヨーロッパとは異なり、この地域では、約八〇〇万のユダヤ人が総体としてイディッシュ語やヘブライ語という独自の言語を維持し続けたことにより、ユダヤ人は二〇世紀になってもなお、他民族とは言語によって明確に区別される民族であり続けた。一九三一年のポーランドの母語に関する調査結果を見ると、ポーランドの約三一一万人のユダヤ人（ユダヤ教徒）のうち、約二四九万人がイディッシュ語、約二四万人がヘブライ語と回答している。(18) さらに彼らは、ユダヤ人独自の伝統的生活様式や服装を保持し、

図17　20世紀初頭の東ガリツィアで，カフタンを着たユダヤ人。
出典：*Image of a Vanished World. The Jews of Eastern Galicia from the mid-19th century to the first third of the 20th century*, Exhibition Catalogue, Lviv 2003, p. 68.

ポーランド人やウクライナ人とは、耳のみならず、眼によっても区別可能な民族としての特性を色濃く持っていた。

### マイノリティ保護条項

はじめに述べたように、民族自決の原則は、ポーランド人や西スラヴ人、南スラヴ人等の独立国家を誕生させ、それら民族の国家の国境内に取り込まれた少数民族には、支配民族に対してみずからの民族的権利を主張する根拠を与える。そして、第一次世界大戦後のヨーロッパで戦後処理にあたった連合国のあいだでは、これら少数民族の動向が、新独立国の国内的ないしは他国をも巻き込む国際的不安要因とならぬよう、少数民族の権利保護を何らかの形で明文化する必要が認識されていた。パリ講和会議が開催された当初、ウィルソン大統領は、国際連盟規約の補足条項に人種的、民族的、宗教的マイノリティ保護の義務を盛り込むよう提案していたという。しかし、結局、一九一九年四月二八日のパリ講和会議の総会で採択された連盟規約には、マイノリティ保護条項は含まれず、マイノリティ保護は、連合国が東ヨーロッパの新独立国と個別に交わした条約において制度化された。そのさい、最初にして、その後の条約のモデルとなったのが、一九一九年六月二八日に連合国とポーランドのあいだで調印されたポーランド条約の第一部であり、一般に「マイノリティ条約」として知られる(19)。

民族的マイノリティ、すなわち少数民族の権利というとき、少数民族側の指導者の念頭にあったのは、たんなる民族文化の保護にとどまらず、彼らの集住地域での政治的自治権や、国会に民族の代表を送る権利など、政治的権利を含むものだった。東ヨーロッパにおいて、ユダヤ人はれっきとした少数民族の特性を持つがゆえに、世界シオニスト機構と東ヨーロッパの新独立国のユダヤ人は、それぞれ代表団を講和会議開催地のパリに送り、ユダヤ民族にも教育や文化活動における民族的自治権や、あるいは国政においてユダヤ人にもその人口比に対応した比例代表権が認められること等を要求して、活発なロビー活動を展開した。

しかし、一九一九年のポーランド条約において、少数民族に認められた権利はささやかなものである。ポーランドが約束したのは、市民権の平等は当然のこととして、少数民族が自分たちの言語を用いて独自の教育活動や社会活動、文化活動などを行う権利を認めること、とりわけ住民のなかで少数民族がかなりの割合を占める地域では、彼らが自分たちの言語で初等教育を受ける権利を公的補助を与えることによって保障すること等にすぎない[20]。ユダヤ人についていえば、第一〇条で、ユダヤ人が公的補助を受け、自分たちの言語で学校教育を自治的に営む権利が、また第一一条で、ユダヤ教の戒律に従い土曜日に安息しても、たとえば選挙権の行使や裁判などに関して、ユダヤ人が公的不利益を被らないようにすることが約束された[21]。

ところが、次の第三章でも述べるように、ポーランド政府はマイノリティ条約をないがしろにする。そもそもはじめからポーランド政府は、マイノリティ条約が連合国によって東ヨーロッパの諸国家のみに「押しつけられた」ことに反発していた。ポーランド国民は、このような押しつけはポーランドの国家主権の侵害だと憤り、しかも、それを仕掛けたのはパリのユダヤ・ロビーだと見なした。ユダヤ人は、一九一八／一九年に発生したポグロムの犠牲を誇大に言い立て、あたかもポーランドが少数民族の迫害国であるかのごとくポーランドの国際的信用を貶め、その結果がマイノリティ条約だ、というのである。

両大戦間期ポーランドで、ユダヤ人の政治的諸党派のうち、ポーランド国会に最も多くの議員を送り込んだのはシオニストだった。この様な状況のなかで彼らは、場合によってはほかの少数民族とも共闘しながら、ポーランド国内のユダヤ人の民族的権利の保護と拡大を要求する一方、国外では、パレスティナでのユダヤ人国家の設立を要求した。このシオニストの主張を聞いて、心穏やかではいられなかったのがポーランドの民族主義者たちである。ウクライナ人問題は、東ガリツィアに問題を限定することができるかもしれない。しかし、ユダヤ人はそうはいかない。ポーランド人とは異質な人びとで、しかもポーランドよりはパレスティナに愛着をよせるユダヤ人が、ポーランド全土の都市と商工業とを牛耳っているのだ。これは、ポーランドはポーランド人の民族自決国家だと考える人びとにとっては異常な事態だった。実際には、ポーランドのユダヤ人社会はさまざまに分裂しており、ポーランド同化主義者のユダヤ人もいれば、そもそも民族主義を否認する社会主義者のユダヤ人もおり、あるいは政治には無関心で、ユダヤ教の信仰世界のみに生きるユダヤ人など、シオニストとは考えを異にするユダヤ人も多数存在した。しかし、ユダヤ人内部の誰彼の区別にはおかまいなく、ユダヤ人全体に対する反感は一九二九年の世界恐慌を引き金として露骨化する。

## マダガスカル計画

農民の国ポーランドでは、何よりもまず彼らの生計が成り立つよう、土地所有の極端な不平等が是正されなければならなかった。一九二一年当時で、二ヘクタール以下の農地しか持たない零細農が農民の三分の一、二ヘクタールから五ヘクタールの小農が三分の一であったのに対し、農民のなかのわずか〇・九パーセントでしかない五〇ヘクタール以上の大農地経営者が、農地全体の四七・三パーセントを保有していた(22)。しかし農地改革は、大地主の抵抗もあって容易にははかどらず、他方で農村は、急激な人口増加で慢性的な人口過剰に苦しんだ。たとえすべての大農地を分配してもなお、土地のそのものが絶対的に不足している状態だった。

農村の過剰人口問題を解決するには、農業人口を工業に吸収するか、あるいは国外移民によるしかない。しかし、ポーランドの工業はあまりにも弱体だった。長いあいだ大国に国土を分割支配され、分割地がそれぞれ分割国の異なる経済システムに組み込まれていたため、産業基盤の統一は困難をきわめる。両大戦間期ポーランドの工業生産は、ついに全体として第一次世界大戦以前の水準を超えることができなかった。

このポーランドに襲いかかったのが世界恐慌である。ポーランド経済にとって頼みの綱の農産物輸出は激減した。輸出総額は、一九二九年の二八億一三〇〇万ズウォティから、一九三二年には四二パーセント減少し、一九三五年には六六パーセントの減少を記録した(23)。一九三〇年代前半のポーランドの失業率は、都市部で約三五パーセント、村落部では五〇パーセントにのぼる(24)。

国外移民についていえば、二〇世紀初めのポーランドは、ヨーロッパで最大の移民送り出し国のひとつであった。しかし世界恐慌による不況で、一九二〇年代に移住した者たちの半分以上が帰国し、一九三〇年代前半には、毎年、帰国者が新移住者を上回って失業者の増加に拍車をかけた(25)。

「ポーランドにユダヤ人のための居場所はない。」

ポーランド民族主義者のスローガンが切実な説得力を持ち始めるのは、一九三〇年代に入ってからである。彼らは、ポーランドの経済や高等教育機関からユダヤ人を排除するよう要求した。

マダガスカル計画は、第二次世界大戦中のナチの荒唐無稽なプランのひとつとして、ホロコースト研究者のあいだではよく知られている。ナチは、フランスから植民地のマダガスカル島を割譲させ、そこへヨーロッパのユダヤ人を大量移送しようともくろんだが、マダガスカル計画の実現可能性を模索したのは、両大戦間期ポーランドの方が先だった。ユダヤ人をマダガスカル島に大量移住させることにより、ポーランドの農村の過剰人口に居場所を作り出そうというのである。農村の過剰人口問題とユダヤ人問題とがリンクされた。

一九三七年五月、マダガスカル島への入植可能性を調査するため、ポーランド政府はフランス政府の同意を得て、晩年のピウスツキの副官の一人だったミェチスワフ・レペツキを団長とする調査団を派遣する。フランス政府の同意がどのようなレベルのものであったのか、不明な点も多いが、とにかく一行は、レペツキに、ワルシャワのユダヤ移民援助協会のレオン・アルターとテルアヴィヴの農業技師という二人のユダヤ人を加えた三人で構成されていた。調査の結論は、三人のあいだで大きく異なる。調査後、三一〇ページもの大著を著したレペツキによれば、ヨーロッパ人の入植に適した気候や土壌の条件を満たすのは島の北部の高原に限られ、そこに五〇〇〇から七〇〇〇家族、人数にして二万五〇〇〇人から三万五〇〇〇人が移住することが可能とされた。このレペツキの楽天的な数字に対して、アルターによれば、マダガスカル島が吸収できる入植者はせいぜい五〇〇家族でしかない(26)。

いずれにせよ、移住には少なからぬ費用がかかる上、三〇〇万のユダヤ人に対して、この人数では話になるまい。政府の指導者たちは、マダガスカル計画をユダヤ人問題の解決策として宣伝しながら、その空想性を承知していたのではないだろうか。一九三八年が明けるころには、この計画を口にする者はいなくなり、やがて、すべてがうやむやになっていった。しかし、あたかもユダヤ人がいなくなればポーランドの抱える問題のすべてが解決するかのように、ユダヤ人はポーランドから出て行ってほしいという願望は、ポーランド国民のあいだで広く共有されたままだった。

確かに両大戦間期ポーランドでは、ナチ・ドイツのような、ユダヤ人のみを対象とする反ユダヤ法が制定されることはなかった。そのさい、ポーランド独立の英雄にして、両大戦間期ポーランドのカリスマ的指導者であったピウスツキの威光は無視しえない。ピウスツキは、ポーランドの諸民族の宥和を唱え続けた。しかし一九三五年にピウスツキが死ぬと、反ユダヤ主義者の暴挙は過激化の一途をたどった。街なかでユダヤ人に対する暴力沙汰は日常茶飯事となったが、とりわけその舞台となったのが大学である。ユダヤ人排除を唱えるポーランド人学生たちは、カミソリの刃をつけた杖や棍棒でユダヤ人学生を襲い、講義室では、彼らにユダヤ人専用席に座るよう強制した。ユダヤ人学生はこれを拒否し、乱闘騒ぎに発展することもしばしばだった。これに対してルヴフの工科大学は、一九三六年初め、大学当局が正式にユダヤ人席を導入する。これにいくつかの大学が続き、反ユダヤ学生の暴挙を追認した(27)。

こうしてポーランドのユダヤ人の状況が悪化するなかで、ポーランドの同じ被抑圧少数民族として、ユダヤ人とウクライナ人の連帯は可能だったのだろうか。

# 第三章　ウクライナ人とユダヤ人

## ウクライナ民族意識の覚醒

ガリツィアの農民解放は、一八四八年三月革命の勃発後、きわめて早い時期に実現された。しかし解放は、必ずしも農業経営によって生計を立てることが可能な自営農を創出しなかった。ガリツィアでは、大土地所有の実態は根本的には改善されず、旧貴族領主が耕地の四三パーセント、森林の九〇パーセントを所有し続けた。農民が獲得した土地は耕地面積全体の五七パーセントで、しかもその三分の二は、五・六ヘクタール以下の小農的土地所有でしかなかった(1)。さらに一八六九年の農地分割禁止制度の廃止と分割相続制度の導入は、小農的土地経営のさらなる零細化に拍車をかける(2)。一九〇〇年の統計によれば、ガリツィアのポーランド人就業者の八〇パーセント、ウクライナ人就業者の九四パーセントが農業に従事していたが、彼らが農業によって生計を立てるために必要な土地所有は、ガリツィアの厳しい気候条件や農業技術の後れによる収穫量の低さを考慮すれば、一〇から二〇ヘクタールであった。ところが一九〇二年の統計によれば、全農民のうちでこの広さの土地を持つ者は四パーセントにすぎず、二から五ヘクタールの者が三七・五パーセント、二ヘクタール以下の者が四二・六パーセントという有様であった[3]。

ヨーロッパでは、一八七〇年代から二〇年以上も農業不況が続き、ガリツィアの農村社会は崩壊へと向かう。ガリツィアには、農業で生計が立ち行かない者を吸収すべきほかの産業はない。ガリツィアを見捨てた人びとは外国へ、とくにアメリカへ渡った。一八八一年から一九一〇年のあいだに、ガリツィアから失われた人口は推定で約八〇万人である[4]。ちなみに、一九一〇年のガリツィアの人口は八〇三万人であった。

しかし、農民たちはただ貧困に喘いでいただけではない。一八八〇年代初めのガリツィアでは、ウクライナ人農民のあいだで自分たちの経済的状況を改善するため、農業協同組合運動や、低利で農民に資金を貸し出す融資組合の組織化が始まった。組合の目的は、農業生産物の取引からユダヤ商人という中間搾取者を締め出し、また農民のユダヤ人金貸しへの依存を断ち切ることであった。

一八五六年に東ガリツィアのドロホーブィチ近郊の村で生まれた作家イヴァン・フランコは、ガリツィアのウクライナ人社会運動の中心人物でもあった。彼は、一八八〇年代初めのガリツィアの田舎町を舞台とし、若いウクライナ人の法律家を主人公とする小説『十字路』を書いている。小説に登場するユダヤ人のヴァグマンは、金貸しではあったが、主人公がポーランド人の地主に対して農民の利益を守ろうとする活動を影ながら助けていた。フランコはそのヴァグマンの口を借りて、ユダヤ人がウクライナ人の土地にいながらポーランド同化主義者であること、すなわちユダヤ人は自分の最も近くにいる人びとと連帯しようとせず、最も権力を持つ人びとに同化することを批判する。ユダヤ人は、

図18　リヴィウ（ルヴフ）郊外のリチャキフスキイ墓地にあるイヴァン・フランコの墓。かたわらに立つ女性は，フランコの曾孫にあたるナディア・フランコさん。2001年，筆者撮影。

図19　リヴィウのイヴァン・フランコ博物館の入口脇の胸像。フランコ（1856-1916）は，1902年に現在博物館となっている写真右手の家を建て，晩年をここで過ごした。2006年，筆者撮影。

ウクライナ人を抑圧し搾取するポーランド人の側につくことによって、ウクライナ人に課せられた重荷をいっそう重くし、ウクライナ人の憎しみを買っている、というのである。

ドイツでユダヤ人がドイツ人であること――これなら私にもわかります。しかし、どうしてユダヤ人は、チェコでもドイツ人なんでしょうか。ユダヤ人は、ハンガリーではマジャール人で、ガリツィアではポーランド人です。――だけどどうしてユダヤ人は、ワルシャワやキエフではモスクワ人なんですか。どうしてユダヤ人は、弱い民族には、抑圧され傷つけられ貧しい民族には同化しないのでしょうか。スロヴァキア・ユダヤ人やルーシン［ウクライナ］・ユダヤ人がいないのはなぜなんでしょうか。(5)

ルーシン人［ウクライナ人］がもう少し動き始めて、いくらか力をつけたなら、ユダヤ人のなかでルーシン人の側につく者が多くなるだろうということ、私も、このことはよくわかっています。しかし私の考えでは、ルーシン人がまだ弱く、踏みにじられ、まっすぐに立ち上がることができないでいるいまこそ、彼らに手を貸すことが重要なのです。(6)

実際、オーストリア帝国時代のガリツィアでは、ノシヒのようにポーランドの独立運動に共感をよせたユダヤ人がいたのに対し、ウクライナ人の民族運動とユダヤ人の関係はきわめて希薄であった。両大戦間期ポーランドでも、ユダヤ人とウクライナ人の利益は一致しない。

## 少数民族としてのウクライナ人

一九一八年一一月のルヴフ争奪戦に敗北したウクライナ民族ラーダは、タルノポルへ移動した後、一九一九年一月初めにスタニスワヴフ（スタニスラウ）で再組織された。そして一月二二日、キエフのウクライナ人民共和国のディレクトーリア政権と両国家の将来的統一に関して合意に達する。この時点で西ウクライナ人民共和国の名称は、ウクライナ人民共和国西部州と改められた。その上で統一が実現するまで当面のあいだ、西部州政府はその領域内で完全な自治を行うとされたが、このとき西ウクライナ人民共和国の命運はすでにつきかけていた。一九一九年七月には、ポーランド軍が西ウクライナの全域を制圧する。一一月に西部州政府がウィーンに亡命すると、ディレクトーリア政権はこれを見捨て、ポーランドに対して西ウクライナを放棄することで合意した。西部州政府はこの合意を拒否し、一九二〇年の初め、亡命先のウィーンで国名を再び西ウクライナ人民共和国にもどす。しかし、第一次世界大戦後の講和条約の履行を監視するため連合国側が設置した代表者会議は、一九二三年三月、ポーランドによるガリツィア領有を承認し、これによって、ほとんど幻の国家でしかなかった西ウクライナ人民共和国は消え去った。

一九一九年六月二八日にポーランドが連合国と交わしたマイノリティ条約は、まさしくポーランドのウクライナ人のような人びとの民族的権利を保護するための条約だったはずである。しかしポーランドは、連合国に押しつけられた約束の実現にははじめから消極的だった。東ガリツィアのウクライナ人に対するポーランドの一連の措置は、一九一八／一九年の独立闘争に対する報復的色彩さえ帯びていた。ウクライナ人は、民族文化の保護どころか、ウクライナ語で教育を受ける権利や、ウクライナ語での文化活動を制限される。そして、この明白なマイノリティ保護条項違反は、まったく是正されることなく、ついに一九三四年にいたって、ポーランドは国際連盟に対し、マイノリティ保護条項の無効を一方的に通告した。

ポーランドのこのような仕打ちは、旧オーストリア帝国時代に東ガリツィアのウクライナ人が享受していた民族的権利からの大幅な後退をもたらす。それだけにいっそう、ウクライナ人のポーランドに対する反感をあおらずにはいなかった。

たとえば学校について見てみよう。

旧オーストリア帝国は、民族ごとに一定数以上の児童がいる地域では、児童たちが自分たちの言語で教育を受ける権利を保障しており、第一次世界大戦直前の東ガリツィアには、ウクライナ語で教育を行う学校が二四一八校、ポーランド語での教育校が一五二一校存在した。ところがポーランドの文部大臣スタニスワフ・グラプスキは、一九二四年の悪名高い「グラプスキ法」によって、ほとんどのウクライナ語教育校をウクライナ語とポーランド語の二言語教育校に改変した。その結果一九三〇年代半ばの東ガリツィアでは、ウクライナ語教育校は四五七校へと激減し、ポーランド語教育校が二三二七校、二言語教育校が二二三〇校となる。ただし二言語教育校といっても、ポーランド語とウクライナ語が対等に扱われるのではなく、ウクライナ語は副次的な科目でしか使用されなかった。[7]

旧オーストリア帝国時代にウクライナ語による学術・文化活動を担ってきたシェフチェンコ協会[8]もまた、困難に直面した。かつてロシア帝国の支配下にあったキエフを中心とするドニエプル・ウクライナでは、一九世紀半ば以降、ウクライナ人の分離主義を警戒するロシアにより、ウクライナ語での

図20　リヴィウ（ルヴフ）のスヴォボドゥイ・ブルヴァール（自由大通り）に立つウクライナの国民詩人タラス・シェフチェンコ（1814-61）の像。2006年，筆者撮影。

教育活動や出版活動が弾圧され、事実上不可能な状況に追い込まれる。そのとき、東ガリツィアのウクライナ語作家のみならず、ドニエプル・ウクライナのウクライナ語作家にも作品出版の機会を提供したのがシェフチェンコ協会である。一八七三年にルヴフで設立されたシェフチェンコ協会は、やがてウクライナ語による学術・文化活動の最大にして最高の拠点へと成長した。ところがポーランド時代になると、協会は公的助成金を打ち切られ、ウクライナ語で書かれた教科書を印刷する権利も剝奪される。協会は活動の資金源をたたれた上、ポーランド当局のたえざる干渉で、もはや以前の活動を続けることはできなかった。

ウクライナ語教育校の減少で、ウクライナ人は教育機関での職を失い、役所や警察、郵便、鉄道など、公務員のポストはほとんどポーランド人が独占した。ウクライナ人は、ウクライナ人口が多数を占める東ガリツィアにあって二級国民の扱いを受け、彼らがその不当性を訴えても、役所の窓口で返ってきたのは「おまえたちは敗北者だ」という返事だった。

## ウクライナ民族主義者組織（OUN）

ウクライナ人は、このまま敗北者に終わるつもりはなかった。ウクライナ独立の夢がついえた後、早くも一九二〇年九月のルヴフでウクライナ民族主義者たちは、自分たちの独立闘争を継続するため「ウクライナ軍事組織」（UVO）を結成する。UVOは、一九二一年七月にガリツィア出身のイェフヘン・コノヴァレツを指導者に迎えると、ポーランドの要人や公共施設を狙ってテロ活動を開始した。未遂に終わったとはいえ、同年九月二五日にはじめてルヴフを公式訪問したポーランドの国家主席ピウスツキもテロの標的となる。驚いたポーランド政府が取り締まりを強化したため、UVOの指導者たちは地下に潜り、コノヴァレツは外国への亡命を余儀なくされたが、両大戦間期ポーランドのウクライナ人政策は、彼らの闘争心に油を注いだ。コノヴァレツは、一九二九年のウィーンで、UVOその他のウクライナ民族主義者の諸組織を統合して「ウクライナ民族主義者組織」（OUN）を立ち上げる。彼らは、イタリアの再建に成功したベニート・ムッソリーニのファシズム体制に親近感を持ち、個人主義や党派主義、地域主義など、ウクライナ人を分断するあらゆるイデオロギーを排撃して、ウクライナ民族の全体主義的一致団結にもとづく独立国家の建設をめざした。以後、OUNが東ガリツィアのウクライナ民族運動の中心となる。第二次世界大戦の直前で、メンバーは推定二万人であった(9)。

マイノリティ保護条項が無視され、合法的手段によるウクライナ人の権利拡大が何の成果もあげないなかで、一九三〇年代前半はOUNのテロ活動が最も過激化した時期である。彼らは、電信電話設備や鉄道を破壊し、ポーランドの内務大臣やルヴフの警察署長を殺害したほか、ウクライナ人であってもポーランドの協力者であれば容赦なく殺害した。これに対して、「鎮圧」を合い言葉に軍隊と警察を動員して実施されたポーランドの取り締まりも熾烈をきわめる。ウクライナ民族運動の指導者をはじめ、少なくとも二〇〇〇人ものウクライナ人が逮捕され、暴行による死者も多数出た。ウクライナ人の協同組合の店舗や文化施設も破壊される。(10) 第二次世界大戦前夜のルヴフの街頭は、ウクライナ人のデモ隊と、それを取り締まるポーランド側当局との暴力の応酬で騒然としており、一九一八年のポーランド・ウクライナ戦争は、ウクライナ民族主義者の意識のなかではいまだ継続中であった。

ウクライナ民族主義者をテロへと駆り立てた背景として、当時のウクライナ人の深い絶望感を知っておく必要がある。第一次世界大戦中の一九一七年にロシア二月革命が起こったとき、ウクライナ民族運動を担ったのが、キエフで設立されたウクライナ中央ラーダ（評議会）である。中央ラーダは、ロシア一〇月革命後はロシアのボリシェヴィキと激しく対立してロシアとの連邦を拒絶し、ウクライナの完全独立をめざす。しかし、ボリシェヴィキの赤軍と、赤軍に敵対するウクライナ民族派の軍団、それに反革命軍や農民軍も入り乱れ、血で血を洗う戦闘が繰り広げられた後、一九一九年春、赤軍がウクライナを制圧した。そして一九二二年一二月、ロシア、ウクライナ、ベラルーシ、ザカフカス（グルジア、アルメニア、アゼルバイジャン）からなるソ連邦が結成されたが、他方で同時期、東ガリツィアの西ウクライナ人民共和国が幻の民族自決国家に終わったことはすでに述べた。

東ガリツィアのウクライナ民族主義者は、モスクワのロシア人に指導されたソ連のウクライナを真のウクライナ人の国家と考えてはいなかった。そこでは、民族主義的偏向を理由にウクライナ人の知識人が迫害を受け、また一九二九年の冬から開始された農業の全面的集団化と、党と政府による農民からの穀物の過酷な徴発は、ウクライナの農村に大規模な飢饉を引き起こした。餓死者は、当時のウクライナの人口の一割以上にあたる四〇〇万人から六〇〇万人と推定されている。こうした事態は、東ガリツィアのウクライナ人の反ソ感情を激化させた。UVOには、かつてウクライナ独立のためにボリシェヴィキの赤軍と闘った兵士たちが結集していたが、UVOを吸収したOUNは、一九三三年、ルヴフのソ連領事館の外交官二人を殺害する。暗殺は、ウクライナでの農業の集団化と飢饉に対する報復とされた。

### ウクライナ人とユダヤ人

両大戦間期のウクライナ民族主義者にとって、ポーランドとボリシェヴィキが当面の敵であったのに対し、少なくともユダヤ人は、彼らの直接の闘争相手ではなかった。

一九一八年から一九一九年にかけてのポーランド・ウクライナ戦争のあいだ、一九一八年のルヴフのポグロムを最悪の一例として、ポーランド人とウクライナ人のはざまで中立を守ったユダヤ人に対し、同様のポグロムが東ガリツィアのあちこちで発生する。ポーランドに味方しなかったことによってユダヤ人が払った犠牲の大きさを考えれば、ユダヤ人がウクライナ民族主義者の恨みを買ういわれはない。むしろ、両者の連帯への道も開けるはずである。一九二二年一一月の国会選挙で、ユダヤ人は、上下両院を合わせて五五五議席のうちの四七議席を獲得した。彼らユダヤ人議員によって結成された「ユダヤ議員団」のなかで多数派を占めたシオニストは、ウクライナ人の最大政党であるウクライナ民族民主連合（ＵＮＤＯ）と協力体制を組み、マイノリティ保護条項をないがしろにするポーランド政府に対抗しようとした。

ところが、ガリツィアのシオニストの立場は微妙である。ワルシャワの政界中央でシオニストが相手としているＵＮＤＯは、議会活動を通じてウクライナ人の権利拡大を求める穏健政党であったのに対し、東ガリツィアは、ＵＶＯやＯＵＮに代表される過激なウクライナ民族主義運動の中心地だった。彼らの運動を押さえ込むにあたってポーランド政府は、東ガリツィアのユダヤ人の動向にも神経をとがらせており、ユダヤ人が安易にウクライナ人と連帯すれば、政府は、ユダヤ人に対しても何らかの報復措置をとることが予測された。一九一八年のポグロムの恐怖は、東ガリツィアのユダヤ人にとって過去のものになってはいなかった。

一九二四年にガリツィアのシオニストがユダヤ議員団の主導権を握ると、彼らは以前の対立路線を転換し、ポーランド政府との和解の可能性を模索する。その結果が、一九二五年七月四日にユダヤ議員団と政府とのあいだで成立した合意だった。すなわちユダヤ議員団は、政府がポーランドのユダヤ人の社会的、経済的状況を改善するための政令を発するとの約束と引き替えに、ポーランド国境の不可侵性と、ポーランドの大国としての利益の防衛ならびに国内的統合の必要性を認め、自分たちの政策をこれらの原則に合致する形で遂行することを約束する声明を発したのである。[11]

結果的にはこの声明は、ユダヤ人の経済活動に対する規制や差別の撤廃など、ユダヤ人側が期待していた政令を政府から引き出すことができず、先の合意は、一年後には破綻が明らかとなる。しかし、いずれにせよ合意にあらわれたユダヤ議員団の態度は、ポーランド政府と妥協しつつ、ポーランドという国家の枠組みのなかで生きてゆこうとするユダヤ人と、ポーランド政府に反発するウクライナ人の立場の違いを鮮明にした。ウクライナ人にとってこの合意は、ポーランド政府のウクライナ人抑圧政策を是認するもの以外の何ものでもなかった。

農民解放以前の東ガリツィアで、ユダヤ人は、ポーランド人の貴族領主によるウクライナ人支配の手先だった。ウクライナ人農民のあいだには、領主経済から利益を得ているユダヤ人に対して根深い不信感が存在した。農民たちは解放を手に入れると、自分たちで農業協同組合を組織し、農産物取引からユダヤ商人という中間搾取者を締め出そうとする。ウクライナ人農民とユダヤ商人の利害が対立するなかで、ガリツィアのシオニストがウクライナ人との連帯よりポーランド政府との協力を選択したことは、当然ながらウクライナ人のさらなる反感をよぶ。それゆえウクライナ民族主義者たちにとって、彼らがユダヤ人に好意的でなければならない理由もまたなかった。

東ガリツィアのウクライナ人にとって、ポーランドとソ連の力は圧倒的だった。そのポーランドに対する怒りとソ連に対する怒りとを回路として、OUNはナチ・ドイツに接近する。ポーランド侵略の機会をうかがいつつ、他方でボリシェヴィキに対する仮借なき戦いを唱えるナチこそ、ヨーロッパにおいて、唯一ウクライナ人の味方となりうる勢力と考えられた。

## おわりに

ポーランド人による東ガリツィア支配は、一九三九年九月の第二次世界大戦のはじまりで事実上終わった。

一九三九年八月の独ソ不可侵条約と同時に調印された秘密議定書にもとづき、東西からポーランドに侵攻したソ連軍とドイツ軍は、瞬く間にポーランド分割を完了した。ルヴフにソ連軍が入ったのは一九三九年九月二二日である。それまでルヴフにいたドイツ軍とソ連軍との交替は、きわめてスムーズに行われる。ポーランド軍は、ドイツ軍と異なり公の敵ではないソ連軍には抵抗しなかったが、ソ連は、ポーランド人の解放者としてこの地に来たわけではなかった。新しい支配者ソ連がただちに開始したことは、それまでの支配階級であるポーランド人の迫害であった。両大戦間期のポーランド政府は、東ガリツィアをポーランド化するため、政策的に多数のポーランド人を国内移住させていた。しかし、ソ連は彼らの存在を許さず、ルヴフでは、一二月八日までにドイツ人とドイツ系ポーランド人がドイツ占領下のポーランドへと移住した後、翌年六月まで、第一次世界大戦後に東ガリツィアに入ったポーランド人移住者や、要職にあったポーランド人、ソ連支配の邪魔になる知識人等の逮捕とソ連本国内への強制移住が大規模に進められた(1)。

他方でソ連は、ウクライナ人の解放者というわけでもなかった。ソ連は東ガリツィアの民意を問うため、一〇月二二日に西ウクライナ人民議会選挙を実施した。そして、形式的には人民によって選出された議会が要請し、ソ連がそれを受諾して、一九三九年一一月一日、東ガリツィアはソ連のウクライナ共和国に統合された。選挙とは名ばかりで、議員になったのは共産党員とその同調者ばかりだったから、結果はわかっていたも同然だが、とにかくこれによってはじめて、東ガリツィアのウクライナ人はウクライナ人の国家というものを体験する。ポーランド語にかわってウクライナ語が公用語になり、通貨もポーランドのズウォティからソ連のルーブリに切り替わった。しかし、これは、東ガリツィアのウクライナ人が望んでいた国家ではなかった。ポーランド人の役人が追放された後、役所で重要なポストにおさまったのは、モスクワやキエフからやってきたロシア人やウクライナ人だった。人びとは、ソ連式の行政システムの導入や経済活動の国有化にとまどい、農民は、彼らの土地が国家に取りあげられることを恐れた。モスクワの干渉を受けないウクライナ人の民族自決国家を求めるウクライナ民族主義者は、ソ連に敵対する政治犯として監獄送りとなる(2)。東ガリツィアの多くのウクライナ人にとってソ連は、ポーランドにかわる新たな抑圧者でしかなかった。

ところが、再び他方で、ソ連のおかげで短期間とはいえ命拾いをしたのがユダヤ人だった。ドイツ占領下のポーランドでは、ただちにユダヤ人に対する迫害が開始されていたからである。文盲も少なくなかったウクライナ人の農民がソ連の統治機構に入り込むことはなかったのに対し、教育のあるユダヤ人は、命拾いどころか、さまざまな行政機関で登用された。ソ連本国からこの地域に送り込まれた役人にも少なからぬユダヤ人がいたため、巷では、西ウクライナは西ユダヤと呼ばれる。(3)もちろんユダヤ人のブルジョアは、ポーランド人やウクライナ人のブルジョアと同様に共産主義化政策の犠牲になり、シオニストは、ソ連に敵対してウクライナの独立を求めるウクライナ民族主義者と同様、厳しい取り締まりの対象とされた。しかし、問題とされたのは階級やイデオロギーであって、ソ連においてユダヤ人は、ユダヤ人であるがゆえに迫害されてはならないことになっていた。過激な反ユダヤ主義が横行したポーランド時代には、ユダヤ人の警察官がポーランド人やウクライナ人を取り締まることなど考えられないことだったが、ソ連では、能力さえあれば、ユダヤ人が警察官になることも、共産党の幹部になることも、高級官僚になることも可能だった。それゆえ、とりわけユダヤ人の若者には、ユダヤ人にも平等に社会的上昇の機会を与えてくれるソ連体制に希望を見出した者もいた。

だが、総じて言えば、むしろガリツィアのユダヤ人は、ポグロムの国ロシアに対して強い恐怖心を持っていた。第一次世界大戦中ロシア軍に占領されたガリツィアでは、ロシア軍によるユダヤ人迫害の経験がユダヤ人の恐怖心に拍車をかけていた。(4)恐怖心は、ロシアがソ連になっても変わらなかった。ガリツィアは、ユダヤ教の戒律を厳格に守る敬虔なユダヤ教徒が多数を占める地域であったが、彼らにとって、共産主義は無神論でしかなく、彼らは共産主義の理想になど何の関心もなかった。いくつかの回想録が語るように、一九三九年にヒトラーとヨシフ・スターリンがポーランドを分割したとき、分割線地帯のユダヤ人にはまだソ連領へと逃れる道が開かれていたのに、多数のユダヤ人がソ連へ行くことを躊躇し、みすみすナチの手に落ちる。それどころではない。ナチ・ドイツとソ連のあいだで交わされたドイツ系住民の移住協定にもとづき、ソ連領となったポーランドからドイツ系住民の総督府への移住が行われたさい、ルヴフで移住の指揮にあたったドイツ人セップ・ミュラーは、少なからぬユダヤ人がナチ占領下のポーランドへの移住を申し出たことに驚き、理解できぬことと回想している。[5]

　しかし、いずれにせよ、東ガリツィアのソ連支配は、ヒトラーに比べればスターリンは小悪と考えるユダヤ人と、東ガリツィアの解放、独立を求めるウクライナ人との関係を劇的に悪化させることになった。

# 第三部　失われた世界——ガリツィア・ユダヤ人社会の消滅

# はじめに

一九九三年のガリツィア旅行中、リヴィウ（ルヴフ）で聞いた演説は、いまも私の脳裏に残っている。「ペレストロイカのための人民運動」（通称「ルフ」、ルフは運動の意）の本部で、ソ連時代末期にウクライナ独立の急先鋒を担った闘士は言った。「われわれは、もはやアジア的停滞の国［ロシア］に用はない。われわれは、かつてヨーロッパの一員だった。われわれは、再びヨーロッパに復帰するのだ。」

同行の「ヨーロッパ人」の友人たちは、「アジア人」の前であんなことを言うなんて、と私のことを気遣ったが、比喩にアジア的停滞を持ち出すオリエンタリズム（？）はさておき、私には、彼らの演説は奇妙に聞こえた。彼らの記憶のなかで西ウクライナは、どのような意味でヨーロッパの一員なのだろうか。「西ウクライナ」というより、かつてのオーストリア帝国の一部としての「東ガリツィア」が念頭にあるのか。(1) それとも、ポーランドが三大帝国に分割支配された時期を除けば、数世紀にわたってポーランドの一部だった東ガリツィアのことか。しかし、いずれの東ガリツィアにおいても、

図21　リヴィウ（ルヴフ）郊外のリチャキフスキイ墓地内で，2006年9月現在建設中のエフヘン・ペトルシェーヴィチ（1863-1940）の廟。ペトルシェーヴィチは，1918年10月18日に設立されたウクライナ民族ラーダ（第2部第1章を見よ）の議長に選出され，西ウクライナ人民共和国の独立を宣言，初代大統領となった。2006年，筆者撮影。

ウクライナ人は政治的・経済的支配者でもなければ、指導的な文化の創造者でもなかった。

そのようなことを考えながら数年間、東西ウクライナの歴史的アイデンティティの相違を学ぶことで見えてきたことがある。それは、西ウクライナにとって一九九〇年のウクライナ独立運動の原点は、一九一八年一一月に独立を宣言した西ウクライナ人民共和国にあるらしいということだった。第二部第一章で見たこの国家が、もし東ガリツィアにおけるハプスブルク帝国の後継国家として生き延びていれば、確かにそれは、ポーランドやチェコスロヴァキアやハンガリーと対等な両大戦間期ヨーロッパの国民国家のひとつだっただろう。西ウクライナのルフは、意識の上ではOUNに繋がっている。

とはいえ東ガリツィアのウクライナ民族運動の歴史は、ヨーロッパへの再回帰の一語で片づくようなきれいごとではなかった。彼らの民族闘争は、両大戦間期はポーランドを敵とし、第二次世界大戦開始後はソヴィエト・ロシアを主要な敵として展開されるが、それは、敵味方の双方に民族主義あるいは社会主義の殉教者を出すと同時に、まさしく敵味方のはざまにおかれたユダヤ人のあいだに、ウクライナやポーランドの民族主義によっても、ソ連の社会主義によっても報われることのない多数の犠牲者を出した。一九一八年一一月の西ウクライナ人民共和国の独立宣言と、それに続くウクライナ・ポーランド戦争は、ポーランド人を執行者とするポグロムを引き起こしたが、一九四一年六月二二日の独ソ戦の開戦後、六月三〇日のルヴフでOUNによって行われたウクライナの独立回復宣言には、ウクライナ人とドイツ人を執行者とするポグロムが随伴した。

第三部では、まず第一章で独ソ戦前夜のOUNのウクライナ国家再建戦略を押さえ、第二章で、独ソ戦開始後のルヴフで何が起こったのか、当時の状況の再現を試みる。ルヴフでは、ナチ・ドイツとウクライナ民族主義者の双方によって、ボリシェヴィキによるウクライナ人迫害の責任がユダヤ人に負わされ、凄惨なポグロムが街を荒れ狂ったが、ポグロム発生の経緯は、旧ソ連の文書館史料の公開が進んだ現在も[(2)]、なお多くの点で不明なままである。そして最後に第三章において、ルヴフのユダヤ人社会の消滅を見届ける。

# 第一章　独ソ戦前夜のOUNの戦略

一九一八／一九年の東ガリツィアで、ウクライナ人の民族自決の夢が潰えた後、OUNはドイツにおけるナチの台頭をにらみつつ、第一次世界大戦後のヨーロッパの国境線の画定に関して、ドイツ人とポーランドのウクライナ人少数民族は不満を共有すると認識していた。しかし他方では、ナチ・ドイツが、スデーティ（ズデーテン）地方の併合に続くボヘミア（ベーメン）、モラヴィア（メーレン）の保護領化、リトアニアのクライペダ（メーメル）併合と、着々とみずからの領土的野望を実現してゆくなかで、ウクライナ人の味方についてくれるのか、OUNは、ナチ・ドイツのウクライナ政策に見極めをつけかねていた。とはいえ、ポーランドとソ連を敵に回して、ほかに頼るべき勢力はない。OUNは親ドイツ的立場を取ることにより、ドイツがポーランドまで魔手を伸ばしたあかつきには、ドイツに東ガリツィアのウクライナ人の民族自決を認めさせようともくろむ。それは、全ウクライナ人による真の独立国家の設立をめざす彼らの運動の第一歩となるべきものと考えられた。

それゆえ一九三九年九月のドイツのポーランド侵攻後、独ソによるポーランド分割でドイツがウクライナ人を見捨て、東ガリツィアがソ連のウクライナ共和国に併合されると、ＯＵＮは深く失望する。だがＯＵＮは、ウクライナ独立について、ドイツの支持に対する期待を完全に失ったわけではなかった。独ソ不可侵条約の存在にもかかわらず、早晩ドイツはソ連に侵攻するのではないかという予測が渦巻くなかで、ＯＵＮは、対ソ戦が始まれば、ドイツはウクライナ人の協力に無関心ではありえまいと判断していた。しかし、態度がはっきりしないドイツとの距離のとり方をめぐり、ＯＵＮは二派に分裂する。ドイツへの依存を最小限にとどめ、ボリシェヴィキ支配からの自力解放をめざすステパン・バンデラらの急進派と、自力解放に慎重なアンドリイ・メリニクらの穏健派の対立は、一九四〇年の年明けには決定的となった。

図22　ユダヤ人のポーランド語作家ブルーノ・シュルツ（1892-1942）の生地ドロホーブィチの中央公園に立つステパン・バンデラ（1909-59）の像。2006年，筆者撮影。

このうち、東ガリツィアで実際的影響力を持ったのはバンデラ派である。

ポーランドの内務大臣暗殺その他の容疑で一九三四年に逮捕され、ポーランドの法廷で終身刑を言いわたされたバンデラは、第二次世界大戦開戦後に再び自由の身になると[1]、ソ連占領下の東ガリツィアで地下活動を続けていたメンバーと連絡をとりつつ、ナチ・ドイツ支配下のポーランドの総督府でOUNの指導を再開した。そして独ソ戦前夜の一九四一年四月、バンデラ派はクラクフで六八名の参加者を集め、単独でOUNの第二回大会を開催する。大会決議の序文は、ウクライナ人の決意を次のように表明した。

二〇年にわたるウクライナ民族主義者の地下活動における解放・革命闘争のあいだに、この様な経験は広範なウクライナ人民の財産となった。異民族の支配は、すべての根拠を持って、民族主義者の信念、すなわち、ウクライナ人はみずからの国家なくしてその生存はありえないという信念の正しさを証明した。「ウクライナ国家を建設せよ。しからずんば、国家のための闘いに倒れん。」(2)

さらに、大会決議を踏まえて四月末ないし五月の初め、バンデラ派の指導者たちのために、実践的な指針「戦時下におけるOUNの闘争と活動」がまとめられる。そこで指示されたことは、独ソ戦の開始後、ソ連の支配に対してウクライナ人自身が独力で蜂起することにより、ソ連との戦いにおいて、ウクライナ人がドイツ人と対等なパートナーの関係に立つべきことである。すなわち「ただ自力の武装闘争のみが、ウクライナ人民にみずからの運命の創造者としての役割を保障し、彼ら［ウクライナ人民］が他の自由な諸国民と主権を持つ対等な国民として語り合う権利を与え、人民全体の自尊心を強め、諸国民のあいだにあって尊敬されるべき地位を与えるのである。［引用中略］

それゆえにOUNは、戦時下にあって、ウクライナの名誉と自由のためにウクライナ人民の武装蜂起を促すものである！」(3)

ただし、当時のOUNの影響力がおよびうる範囲を考えれば、ウクライナ全土で同時に蜂起することは非現実的である。このような蜂起が成功の可能性を持つのは西ウクライナのみであり、それゆえ、まずは西ウクライナでウクライナ国家が設立され、そこを足場として、東ウクライナ――すでに一九三九年までにソ連邦に組み入れられた地域――におけるさらなる解放闘争へと突き進むのでなければならなかった。OUNは、西ウクライナについてはウクライナ人が自力で解放を勝ち取り、ウクライナの独立を既成事実としてドイツに認めさせる一方、東ウクライナについては、蜂起の工作を行う進軍隊の派遣を決定した。

他方、バンデラ派の大会や指針の作成より早く、すでに一九四一年の初めに開始されていたのが、ドイツ国防軍の枠内にあってウクライナ独立のために戦うウクライナ軍団の創設である。バンデラ派にとって、ドイツの顔色をうかがうことなく、ウクライナ人民の自力蜂起のみでウクライナ解放を達成することができれば、それが理想であっただろう。しかしウクライナ人民には、単独でソ連の軍事力に対抗できる力はない。ソ連との戦いにおいて、ドイツとの軍事的共同行動は不可欠であった。そのため、一九四一年の初めにナチ・ドイツの同意を得て、ドイツ軍の枠内に創設されることになったのがウクライナ軍団である。ウクライナ軍団は、ドイツ軍と行動をともにするが、彼らの戦闘目的はあくまでもウクライナの独立であり、軍団を直接指揮するのもウクライナ人将校とされた。わずかでも戦闘経験を持つバンデラ派のメンバーを中心に、総勢七〇〇名からなるウクライナ軍団は、五月半ばに「ナハティガル」と「ローラント」の二軍団にわけられ、ローラントはオーストリアのヴィーナー・ノイシュタットの近郊で、ナハティガルはシュレージエン（シロンスク）のノイハマーで、それぞれウクライナ人将校の下で軍事訓練を受けた。このうち、独ソ戦が始まったとき、ドイツ軍とともにルヴフをめざしたのがナハティガルである。[4]

# 第二章　一九四一年ルヴフ

## 一　ボリシェヴィキの蛮行

### ウクライナ人の蜂起

一九四一年六月二二日の日曜日、一六歳の少年レオン・ヴェリチケル・ヴェルスが空爆音で目を覚ましたのは、モスクワ時間で朝の五時だった[1]。モスクワ時間とは、当時の人びとを閉口させた制度のひとつで、一九三九年に東ガリツィアがソ連の一部になると、人びとの長年の時間感覚など無視して、時計の針はいっせいに二時間進められた。六時になってヴェルスが外に出たとき、ルヴフの街路は、戦車や軍の車両や兵士で混乱していたという。ラジオ・モスクワでソ連外交の指導者ヴャチェスラフ・モロトフがドイツ軍の侵攻を告げたのは、おそらくこれもモスクワ時間で午前一〇時頃である[2]。

ソ連軍が、いち早く六月二二日の夜から撤退を開始する一方、この日を待っていたのが地下に潜ったOUNの活動家たちだった。独ソ戦前夜の街では、ウクライナ人が武装蜂起するというわさや、独ソが新協定を結んでガリツィアがドイツに割譲されるといったうわさが流れていたというが、ソ連の当局が、当時のバンデラ派の戦略をどの程度把握していたのか、私は、それを明らかにする史料を持たない。当時ルヴフにいてこのうわさを聞いたアードルフ・フォルクマンによれば、六月中、独ソ戦より前に、ソ連の政治警察NKVD（内務人民委員部）はウクライナ民族主義者を大量に逮捕し、ほかにもウクライナ人のインテリや学生を捕らえて、ソ連奥地へ移送したという。(3)

したがって、独ソ戦が始まり、かねて予定されていたとおりルヴフのバンデラ派が蜂起したとき、あるいはそれは、逮捕を免れた者たちが最後の力をふりしぼったのかもしれない。ヴェルスは二三日の夕方、「ウクライナ人ファシスト」が撤退するソ連兵に向かって発砲するのを聞いたが、ウクライナ人とソ連兵の銃撃戦が本格化するのは、翌二四日か、二五日から二六日にかけてである。(4) 蜂起者たちは、建物のなかや、屋根あるいはバルコニーから撤退中のソ連兵を狙撃し、街路には機関銃がすえられ、バリケードも築かれたという。

しかし、銃撃を受けたソ連軍は逆に建物のなかに突入して、そこにいた者全員を捕らえて監獄に連行し、通りで武器を手にしている者を発見すると容赦なく射殺した。(5) 結局、少数者による早すぎた蜂起は、撤退局面にあるとはいえなお十分に強力だったソ連軍にただちに無慈悲に制圧される。「ポーランド国内軍」（AK）のメンバーであったイエジ・ヴェンギエルスキの評価は、蜂起は散発的な出来事であったにもかかわらず、同時代および後代のウクライナ人によってOUNの戦闘部隊とソ連軍の武装闘争として神話化された、とそっけない。(6) ポーランド人にとってもソ連は敵だが、だからといって、彼らがOUNのウクライナ独立闘争に肩入れするはずもなかった。街のポーランド人は蜂起に呼応せず、一九四七年に回想録を公にしたポーランド人ズィグムント・ソヴェスキも、「ルヴフの

図23　リヴィウ（ルヴフ）の旧カジミェルゾフスカ（現ゴロドツィカ）通りに面した通称ブリギトキ監獄。現在も監獄として使用されている。ブリギトキの名は，18世紀末までここに聖ブリギッタ修道会の修道院があったことに由来している。2006年，筆者撮影。

ウクライナ人の割合は低く、蜂起は小規模なものであったが、それでも、ロシア人の神経をとがらせることには成功した」と述べるのみである(7)。

## 囚人の処刑

このとき蜂起の制圧と並行して進められたのが、ルヴフの監獄の囚人の処刑だった。

ルヴフには、カジミェルゾフスカ通り、ザマルスティノフスカ通り、ウォンツキ通りの三カ所に大型の監獄があった。カジミェルゾフスカ通りの監獄は、通称ブリギトキと呼ばれる。ウォンツキ通りの監獄はNKVDの本部に付属する監獄で、ザマルスティノフスカ通りの監獄は、かつては軍の監獄だった。いずれの監獄にも、ソ連の支配に抵抗するポーランド人の「武装闘争同盟」（ZWZ）のメンバーやOUNのメンバーなど、すでに数多くの政治犯がつながれ、加えて六月の戦争直前のウクライナ民族主義者の大量逮捕で、監獄は満杯だったという。独ソ戦が始まると、撤退にさいしてNKVDはそれら囚人の一部をソ連奥地へと移送したが[8]、容易に想像がつくとおり、大規模な囚人移送を行うことができる状況ではなかった。NKVDは、移送できない政治犯を殺害するよう指示を受けたらしい[9]。

以下は、六月三〇日にルヴフがドイツの占領下におかれた後、ドイツ軍に同行して戦時に発生した国際法違反行為の調査にあたった法務官ヴィルヘルム・メラーが、生還した囚人から聞き取った監獄の状況である[10]。

ウクライナ人男性オメリアン・マトラの証言。

私は、OUN（ウクライナ民族主義者組織）のメンバーだったため、一九四〇年八月七日、自宅でNKVDの職員に逮捕されました……［独ソの］戦争勃発後、二日目に監獄で少し大きな動きが認められました。……同日のMEZ［中部ヨーロッパ標準時］で五時か六時ごろ、囚人房の扉が開き、監獄の所長に率いられた七人のNKVDの職員が入ってきました。所長の名前は知りません。彼らは「下司ども、伏せろ」と叫び、その直後に銃殺が始まりました。そこにいた者のうち、男一二人が死に、二人は重症、私も含めて三人の者には弾が当たりませんでした。致命傷を受けた者が私に覆いかぶさったので、私は殺戮を免れたのです。……私たちを撃った後、彼らは急ぎ足で囚人房をまわり、囚人を撃ち殺していきました[11]。

マトラと同様、OUNのメンバーであったために逮捕されたウクライナ人の男性補助教員ボグダン・カザニフスキイの証言。

人びとが連れ去られた後、すぐに、鈍い銃声と叫び声やうめき声が聞こえました。一九四一年六月二四日の火曜日に、NKVDの職員たちはいったん監獄から出て行きました。私たちは囚人房から脱出し、脱走を試みましたが、監獄の中庭は封鎖されていて、逃げ出すことができませんでした。私たちが中庭に立っていると、突然、私たちに向かって機関銃が火をふきました。多くの者が負傷し、死にました。私たちは、また獄舎にもどりました。NKVDの職員が再び姿をあらわし、私たち九〇人を比較的大きな囚人房へと追い立てました……それから数日間、そこにいる者たちの呼び出しが繰り返され、続いて叫び声や銃声が聞こえました。九〇人のうち、残ったのは二二人です。私も名を呼ばれましたが、返事をしませんでした。六月二八日に、非常に多くの銃声を耳にしました。銃声は、遠かったり、近かったり……しばらくして私たちは、人びとが私たちの解放にやってきたのだと気づきました。NKVDは、監獄を引き払いました。ブリギトキには、おそらく一万人ぐらい囚人がいたと思います。そのうち生きて出られたのは、たった六〇〇人から八〇〇人ぐらいです。[12]

また先のヴェンギェルスキは、ポーランド人の生還者による報告にもとづき、監獄での惨劇をほぼ次のように再現している。

六月二三日の夜、NKVDが監獄を去った後、二四日の明け方近く、見張りがいなくなったことを確

図24　リヴィウ(ルヴフ)の旧ウォンツキ(現在ステパン・バンデラ通り1番地)にある旧 NKVD の建物。現在は,警察の建物として使用されている。2006年,筆者撮影。

図25　旧 NKVD の建物の向かいに立つ共産主義政権の犠牲者のための記念碑。2006年，筆者撮影。

かめた囚人たちは、囚人房の戸口を破壊し、監獄の中庭に集まった。外に通じる出口を突破することはできなかったが、この時点で脱出に成功した者もいたらしい。そうこうするうち、六月二五日の朝四時頃、監獄の守備隊が舞い戻り、機関銃で、集まっていた囚人たちを二方向から銃撃した。囚人たちは獄舎に戻され、続いて囚人の銃殺が始まった。囚人には、もはや食事も与えられず、このような状況が六月二八日の土曜日まで続いた。その日、ＮＫＶＤの職員を乗せた車が走り去るのが目撃され、監獄が静かになると、再び囚人房からの脱出に成功した者たちは、生き残った囚人の救出に向かった。そこで彼らが目にしたのは、囚人房から通路に流れ出す血と死体の山だった。ブリギトキに入れられていた数千人の囚人のうち、生きて救出されたのは、男約一〇〇人と少数の女だけだった。監獄を出るさい囚人たちは、監獄のデータがドイツ人の手に渡らぬよう、監獄の管理事務所が入っていた建物に火を放った。

ザマルスティノフスカの監獄では、六月二六日の昼から囚人の銃殺が始まり、生き残ったのは男六五人、女五人だった。ソ連軍が去った六月二八日の昼に、街の人びとが監獄に駆けつけ、囚人を救出したが、そこでも多数の死体が発見され、吐き気を催す臭気が立ちこめていた。ウォンツキの監獄から救出された者は、わずかでしかない。⒀

監獄では、以前から収監されていた囚人の処刑が行われたほか、独ソ戦開始後の蜂起に関連して捕らえられた者たちの処刑も執行された。⒁あるポーランド人の回想によれば、まだウクライナ人の蜂起が続いていた六月二五日か二六日から、すべての監獄で銃声が聞こえ、囚人が銃殺されているといううわさが街を駆け巡っていたという。⒂ブリギトキは旧市内に近い街なかにある。ソ連軍は撤退の最終段階で、監獄も含めてルヴフの主要な公共施設に放火しており、監獄からあがる火の手も目撃された

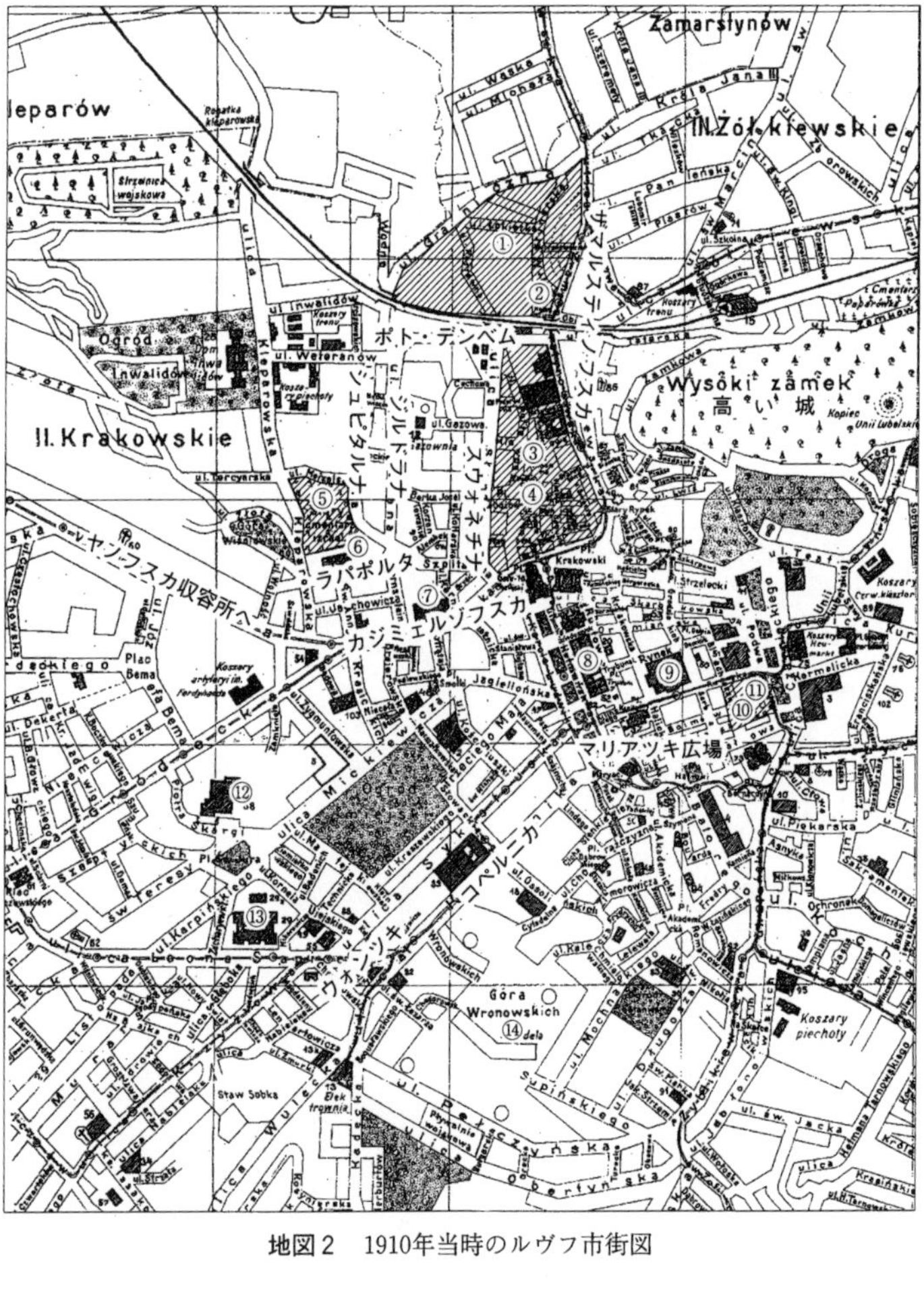


地図２　1910年当時のルヴフ市街図

① 1942年８月21日の指令により，塀でかこまれたユダヤ人ゲットー。1941年11月に指定されたユダヤ人居住区は，これより広く，塀は設けられなかった。
② 現在のホロコースト記念碑（図26参照）
③ 旧市壁外のユダヤ人街
④ シナゴーグ（図15参照）
⑤ 旧ユダヤ人墓地
⑥ ユダヤ病院（図14参照）
⑦ ブリギトキ（図23参照）
⑧ 旧イエズス会の教会とコレジオ（図５参照）
⑨ 市庁舎
⑩ 旧市壁内のユダヤ人街（図７参照）
⑪ シナゴーグ「ゴールデン・ローザ」（図30参照）
⑫ ギリシア・カトリック府主教座教会
⑬ ルヴフ工科大学
⑭ 旧オーストリア帝国時代の要塞

ことを考えれば、街からソ連兵の姿が消えたと見るや、同志や身内の安否を気遣う人びとが監獄に駆けつけたとしても不思議はない。

マトラと同じく、ドイツの事情聴取に応じたポーランド人男性L・Pは、次のように証言している。

一九四一年六月二九日の日曜日、MEZで朝の八時ごろ、兄弟を捜すためにNKVDの監獄に行きました。兄弟は、去年の一二月にNKVDに逮捕されたのです。ルヴフの街にはまだロシア人が残っていましたが、監獄の方はすでに引き払っていました。私は監獄のなかに入り、囚人房を見ましたが、いたるところ、無惨な光景でした。囚人房はどこも殺された者たちの死体でいっぱいで、縦横一〇メートルに五メートルぐらいの比較的広い部屋では、死体が一メートル半ぐらい折り重なっていました。(16)

ポーランド人女性J・Sが監獄に向かったのも、ドイツ軍が監獄を掌握する前である。

一九四一年六月三〇日の月曜日の朝早く、MEZで四時か、五時ごろまでのことだったと思いますが、NKVDの監獄に行きました。ドイツ軍がすでに街に入ったと聞いたからです。まず最初に中庭に行ったのですが、そこで、もう、多くの死体が転がっているのを見ました。三人の男の死体は、すでに真っ黒に変色しており、また、一糸まとわぬ女の死体もありました。(17)

六月二九日の朝、最後のソ連兵が引き払った後、支配者がいなくなった街は無法状態で、商店や事業所では略奪や放火や銃撃が発生していた(18)。すでにこの時までにウクライナ民族主義者による民警が組織され(19)、街は自分たちのものだといわんばかりにパトロールを開始していたが、彼らのなかには、ユダヤ人の住居での略奪に加わる者もいたという。しかし、この混乱に乗じた略奪がユダヤ＝ボリシェヴィキに対する報復的ポグロムへと様相を変えるのは、翌六月三〇日のドイツ軍到着後のことだった。

## 二　ウクライナ国家再興宣言

### ドイツ国防軍入場

六月三〇日の早朝、ドイツ軍は銃撃戦を交えることなく、すでにソ連兵の姿が消えたルヴフに入った。第四九軍団の第一山岳師団の兵士が、市の南に位置する旧オーストリア帝国時代の要塞にドイツ戦旗を掲げたのは四時二〇分頃。一年で最も日が長い季節で、すでに街は明るい。見物に出た人びとは、コペルニカ通りからマリアツキ広場に到着したドイツ軍に対し、歓迎の花を投げかける。彼らにとってヒトラーのドイツは、さしあたりスターリンのウクライナ支配からの解放者としてやってきた。

ドイツ軍による監獄の死体の発見は、七時頃、第八〇〇連隊所属の大隊によりルヴフの最重要施設の確保が終了する時点までに行われたものと推定される。八時半、ルヴフの司令官（Stadtkommandant）に任命されたカール・ヴィンターゲルスト大佐が、スタッフとともにルヴフの市役所に到着して活動を開始し、同日のうちに、ドイツ軍に同行した法務官ハンス・トムフォルデと軍医ゲオルク・

ゼルツァーにより、三カ所の監獄で検視が行われた。ポーランド人女性J・Sのように、六月三〇日の早朝に監獄に向かった者もいたはずだが、ドイツ側の記録を見るかぎり、監獄内でとくに混乱は発生していない。

以下は、軍医ゼルツァーの証言である。

　ただちに私は、二人の憲兵とともに燃えているブリギトキ監獄へと赴きました。そこで私は、二四歳ぐらいの若いウクライナ人に出会い、彼が監獄を案内してくれました。彼は一日前、彼の銃殺執行の直前に、左手の建物の第三四人房から逃げ出したというのです。[引用中略] 監獄の入り口に詰めかけた人びとが悲嘆の叫びをあげながら、身内の者の様子を見させてほしいと懇願しました。二日前まで、呼びかけに対する応答があったというのです。私たちは、第四地下牢の入り口すぐのところで、折り重なる死体を発見しました。上の方の死体は比較的新しく、下の方のは、すでにかなり腐敗が進行していました。[引用中略]

　私の指示で、ただちに地下牢の死体の搬出が始まり、続く三日のあいだに四二三体が、検視のため、中庭に並べられました。そのなかには、一〇歳、一二歳あるいは一四歳ぐらいの少年たちの死体があり、また一八歳、二〇歳、二二歳ぐらいの若い女性の死体や、老人、老女の死体もありました……

　ブリギトキから私は、元のGPU［国家政治保安部、NKVDの前身］の監獄に向かいました。[引用中略]

　そこから私は、街の北側の軍の監獄に呼ばれました。[引用中略] 地下牢から四六〇を超える死体が運び出されました。死体には、ひどい虐待のあとや、腕や足の切断、また拘束のあとが見て取れました。

残りの死体の搬出は、司令官の命令で中止されました。というのも、暑さのために腐敗がひどく、わずかなものしか身に着けていない死体の見分けは不可能だったからです。[20]

殺害された囚人について、第四九軍団付きの法務官エーリリヒ・ヴィルケは、大部分はウクライナ人で、残りはポーランド人と証言しており、[21] 一九四一年七月三一日付けの特別行動隊の「活動ならびに状況報告」第一号によれば、殺害されたウクライナ人は推定三〇〇〇人から四〇〇〇人である。[22] これに対して、バンデラ派のメンバーであったロマン・イルニツキイは、戦後に公刊した著作で、明らかに事実に反して犠牲者はウクライナ人のみであったとし、「ウクライナには、相当数のロシア人やポーランド人やユダヤ人少数民族が存在していたにもかかわらず、ボリシェヴィキは、撤退にさいしてウクライナ人だけを根こそぎにした。監獄の犠牲者のなかには、これら少数民族に属する者はいなかった」と断言する。[23] 監獄で殺害された政治犯のなかにはユダヤ人もいたが、このことは、ナチとウクライナ民族主義者とポーランド民族主義者のすべてによって無視された。いずれにせよ、焼け焦げた死体や腐敗した死体の数を正確につかむのは不可能であった。NKVDの報告によれば、撤退にさいして射殺された囚人は二四六四人であったというが、この数字もどこまで信用してよいかわからない。[24]

検視には親衛隊宣伝部の三人のカメラマンも同行したが、ルヴフ方面に展開した第四九軍団が、同日、第一七軍総司令部宛てに打ったテレタイプは、彼らが、監獄の惨状をボリシェヴィキの正体を暴露するまたとない宣伝材料と見なしていたことを示している。[25] そして、ナチの筋書きによれば、解放者たるドイツ軍の到来には、ボリシェヴィキの蛮行に対する現地住民の怒りの「自然な」爆発が花を添えるのでなければならなかった。

### ウクライナ国家再興宣言

同じ六月三〇日、ウクライナ民族主義者の動きは急展開を遂げていた。

独ソ戦が始まった一九四一年六月二二日、バンデラは、総督府のクラクフで亡命ウクライナ人の代表者を集めて「ウクライナ国民委員会」設立し、ウクライナ国家構築の準備を開始すると同時に、同日、みずからの片腕ヤロスラフ・ステツコら六人を東ガリツィアに向けて送り出す。彼らの任務は、ルヴフでウクライナ国家の臨時政府を樹立し、ウクライナ独立を既成事実としてドイツ軍に突きつけることだった。彼らは、農民の荷車のわらに身を潜めてドイツ軍の警備線を突破し、六月三〇日の早朝、あるいは別の史料によれば午後、ルヴフ市内に入ることに成功した。

このときの街の印象について、ステツコは次のように回想している。

さまざまな困難を克服して、われわれは街に入った。通りには大きなプラカードが出ていた。ボリシェヴィキ時代の西ウクライナで活動していたOUNが掲げたもので、「統一されたウクライナ主権国家万歳」「OUN万歳」「ウクライナの占領者は立ち去れ」「ウクライナはウクライナ人に」などと書かれていた。現地のOUNのメンバーと連絡をつけるのに、時間は要しなかった。(26)

ステツコらは、ルヴフの蜂起で持ちこたえたバンデラ派のメンバーと、すでにドイツ軍とともにルヴフ入りしていたナハティガルの兵士の協力をえて、ただちに活動を開始する。彼らは、まずラジオ局を占拠した後、ウクライナの独立に関して、ルヴフのウクライナ人の絶対的な信頼を集めるギリシア・カトリック教会の府主教アンドレイ・シェプティツキイの同意を取りつけた[27]。それから、ルヴフの「プロスヴィタ［啓蒙］協会」の建物にソ連占領以前のウクライナ人社会の指導者約六〇名を集めてウクライナ国民議会を開催し、その場でOUNバンデラ派の名でウクライナの独立が宣言される。あわせて、ステツコが政府首班となることも承認された。六月三〇日の夜八時すぎのことである。独立宣言は、ラジオを通して公表された[28]。ウクライナ民族主義者にとって六月三〇日は、一九一八年一一月一日の蜂起以来の長い一日だったに違いない。

## 三　ユダヤ＝ボリシェヴィキの掃討

ポーランド人ユゼフ・アンチャルスキは、一九四一年七月三日に、当時のルヴフのウクライナ人の様子を次のように記している。

目が覚めたとき、われわれは、もう「自由ウクライナ」にいた。当地のウクライナ人が夜のあいだに独立を宣言したのだ。ビラがまかれ、青黄の旗［ウクライナの旗］が掲げられた。大騒ぎ、熱狂、ウクライナ人は目をぎらつかせ、興奮していた。ビラには、ボリシェヴィキ、ポーランド人、ハンガリー人、ユダヤ人といった具合に敵が列挙され、それら敵どもは絶滅されなければならないというのだ……ウクライナ人はわけがわからなくなっている。[29]

ユダヤ人に対するポグロムは、まさしくこのウクライナ人の熱狂と興奮のなかで発生した。

部分的には内容が矛盾する同時代の記録や回想録によって当時の状況を再現すれば、ポグロムは、六月三〇日のうちに、ルヴフの街頭で散発的に始まったと思われる。散発的というのも、六月三〇日の段階では、ポグロムは発生していないという証言[30]とポグロムの発生を推測させる史料とが、ともに存在するからである。後者についていえば、六月三〇日一五時の第四九軍団の戦時日誌は、「市民たちはボリシェヴィキの悪行に激しく憤り、つねにボリシェヴィキの協力者だったこの街のユダヤ人に対して怒りをぶちまけている」と記し[31]、また同じく六月三〇日付けの手紙でドイツ人の将校は、妻宛てに「ロシア人とユダヤ人は、ここでひどいことをやらかし、監獄で大量虐殺を執行した。……ユダヤ人は撃ち殺されるだろう――それで、ウクライナ人はちょっとしたポグロム気分だ」と書いている。[32]これらの日誌や手紙を見ると、すでに六月三〇日のうちにボリシェヴィキの蛮行とユダヤ人のリンクが行われ、ルヴフの監獄の惨状がルヴフ市民に知れ渡るにしたがい、ユダヤ人攻撃のプロパガンダが市民のあいだで一定の効果をあらわし始めていたことが見て取れる。さらに先のフォルクマンによれば、ドイツ軍が入ったその日の夕方、ウクライナ人やポーランド人の若者が通りに繰り出し、「ボリシェヴィキを探せ」という合言葉を唱えながらユダヤ人に暴行を加え、殺害したという。[33]

しかし、おそらくウクライナ人の「ポグロム気分」が一気にエスカレートするのは、ドイツ側が監獄の死体の処理をユダヤ人にやらせることを決定し、七月一日の早朝、ウクライナ人の民警を使って、ユダヤ人狩りとユダヤ人の監獄への連行を開始した時点である。(34) ウクライナ人たちは、跪いたままの恰好で膝から血を流しながら監獄に引き立てられるユダヤ人に対し、「ユダヤ人を撃ち殺せ、この人殺しども」と叫んだ。街のあちこちでは、襟にＳＳ（親衛隊）の徽章をつけたドイツ人とそのウクライナ人協力者たちが、老若男女の別なくユダヤ人を路上に引きずり出し、暴行を加え、着ている服で汚れた公衆便所を磨かせ、割れたガラスを素手で運ばせた。

エリヤフ・ヨネスは、このときの恐怖体験を次のように回想している。

［空襲が止み、街にドイツ軍が入ったことを知ったとき］街路には人気がなく、しんとしていた。突然、まるで大地から湧き出したかのように、徽章と青黄（ウクライナ民族主義者の色）のリボンをつけたありとあらゆる若者たちが姿をあらわし、秩序維持のためと称して通りを動き回り始めた。

そうこうするうち、われわれの居場所からそんなに遠くないところでパンが買えるといううわさが流れたので、出かけた。長蛇の列ができていたが、私も並んで、壁に貼り出された告示を読みながら時間をつぶした。それは非常に大きな張り紙で、そこで、ルヴフのウクライナ人たちは、偉大なウクライナの指導者バンデラや、ルヴフに到来した栄えあるドイツ国防軍を称え、さらに市民に向かって、ＮＫＶＤの支配やユダヤ人どもと手を切るように呼びかけていた。この者どもは、短期に終わったロシア人支配のあいだに、ウクライナ人と村の農民を殺害したというのだ。

そのうち、まだ何百人もの人が並んでいるのに、パン屋は店を閉め、販売は打ち切られた。行列はくずれ、私は手ぶらのまま家に向かった。

ふいに青黄の腕章をつけた若者があらわれ、ウクライナ語で丁重に「証明書は?」と尋ねた。

私は身分証明書を取り出し、彼に渡した。男は長いあいだページをめくっていたが、おそらく何と書いてあるのかわからなかったのだろう。というのも、それはブラスラフにいたときに入手したもので、ベラルーシ語で書かれていたからだ。ついに男はいらいらして、「宗教は? お前の宗教は何だ?」と聞くので、私は、証明書に書いてあるとおりベラルーシ語で「イェブレイ」と答えた。

「『イェブレイ』って何だよ?」

私は、男はルヴフの者だからきっとポーランド語もわかるはずだと思い、「ポーランド語だと、例えばジト[ユダヤ人]という」と答えた。そのとき男が私の顔面に食らわせた殴打は強烈で、しかも予想もしていなかったので、遠くなった意識がもどるまでしばらく時間がかかった。顔にも服にも血が滴り落ちた。

気がつくと、私は近くの家の入り口にいて、そこにはすでに大勢のユダヤ人がいた。連れてこられた者たちはみな、傷を負い、血まみれだった。長いあいだ立たされた後でわれわれは、二列になって出発しろと命じられた。そのあいだに、手に棍棒を持ったウクライナ人が数名やってきて、われわれが門から出ると列の見張りについた。

われわれは通りの右側を下っていった。時どき、見張りの者が列に飛びかかったり、歩道の人びとがわれわれに殴りかかったりしたが、われわれはカジミェルゾフスカ通りを歩き続け、その名を知られた「ブリギトキ監獄」の建物がある広場に到着した。

広場には、鉄切れや棍棒や仕事道具を手にした人びとがぎっしり詰めかけ、声をからして怒鳴っていた。

われわれは、残虐非道のただなかに連れてこられたのだと知った。いたるところで残酷絵巻が繰り広げられ、こちらには腸が飛び出た女が倒れているかと思えば、あちらではウクライナ人が赤ん坊の足をつかみ、その子の頭を壁にたたきつけていた。

悲鳴、助けを呼ぶ声、数え切れぬほどの殴打が渦巻くなか、再びわれわれは列を整え、人びとのあいだを抜けて監獄の中庭へと連れて行かれた。

中庭に入ったところで、状況全体が明らかになった。すでにわれわれより先に、数千人のユダヤ人がそこに連行されていた。彼らの説明によると、ロシア人は街から撤退する前、NKVDの職員に監獄の地下牢にいる政治犯すべてを殺させ、建物に放火させたというのだ。ドイツ人は、監獄に到着すると、焼け焦げの死体と灰を片付けることにし、ついては、通りでわれわれユダヤ人を捕らえ（というのも、周知のように、何であれ、われわれのせいにされるのだから）、われわれに囚人の炭化した死体を射殺現場の地下牢から運び出させ、中庭に埋めさせることにした。それで、われわれは選別され、女や年寄りや子供は荒れ狂う群集に殺され、われわれ若い男は、死体の片付け作業のために監獄の中庭に連れ込まれたというわけだ。

中庭は数千もの人びとでいっぱいで、実際には押し合いへしあいするだけで、作業は不可能だった。要求されたことを実行するには二〇人もいれば十分だっただろうが、数千もの人びとを連れ込んだため、みなが身動きできない状態で立っていた。数日間埋葬されずに放置されていた死体から発する臭気は、筆舌に尽くしがたい。中庭に漂う濃い煙と鼻を突く臭気になれるまでに数時間かかった。

見張りのドイツ人は、みなガスマスクをつけていた。ドイツ兵を見たのはこれが最初で、私は、はじめて、制服の袖に記された「ドイツ国防軍」という文字を読んだ。

ようやく仕事の手順が決まった。数名が一列に並んで棒を一本握り、棒の先には担架が固定してあって、それを地下に下ろすのだ。地下にも人が配置されていたが、そこの空気は耐え難く、一番つらい作業場だった。地下にいる者が死体を担架にのせ、上にいる者がそれを引き上げ、中庭に運んだ。別の一団が、すでに腐敗しかけている死体を埋めるための穴を掘った。死体は触っただけでくずれて、担架にのっているのは身体の一部だけということもたびたびだった。

われわれは、長時間この作業を続けた。私は、滴り落ちた血で覆われた地下牢でも作業をしたし、中庭でも、墓穴のところでも働かされた。ようやく午後遅くなって作業が終わった。

突然、外で待っていた人びと――「殺された者たちの身内」ということだったが――のために監獄の門が開かれ、数百人もの群集が中庭になだれ込み、作業をしていた大勢の者をじかに死体のうえに投げ飛ばした。この忌まわしい行為の後、ドイツ人は人びとを中庭から追い出し、われわれは地下から運び出した死体と、この日殺されたわれわれの仲間をいっしょに埋葬した。この作業が終わると、ドイツ人の将校がやってきて、ガスマスクをはずし、われわれの前で次のようにぶった。お前たちユダヤ人のために「世界中が血を流している」。お前たちユダヤ人がこの戦争を引き起こし、お前たちのせいで戦場では数百万の犠牲者が出るだろう、というのだ。

将校は「お前たちがしたことを見よ！」と叫び、監獄の中庭の大きな墓穴を指差した。

われわれは、無表情に突っ立っていた。彼らの言うことなど聞いていなかったし、彼がわれわれに何を要求しているのかもわからなかった。もう、すべてがどうでもよかった。というのも、ここでの数時間の作業のために、中庭にいる多くの者の精神は破壊されていたからだ。

私のそばにいた若者は、イディッシュ語もドイツ語もわからず、ずっと小声のポーランド語で「神よ、お助けください」と祈っていた。

まわりの人びとを見たが、多くの者が正気を失っているように思われた。恐怖、殴打、中庭に充満する臭気、われわれが今日の午前中に体験した諸状況が、彼らをこのような状態に追い込んだのだ。

中庭の向かい側には、ひとまとまりのユダヤ人が顔を壁に向けて立っていた。聞いたところでは、その人たちはルヴフのユダヤ人カハウ［ゲマインデ］の代表者たちで、カハウの職員や学者や著名な指導者ということだった。激情にかられた群集が彼らを家から引きずり出し、ここに連行したが、ドイツ人は、彼らをわれわれとはいっしょにしなかった。彼らは、そこで一日中立たされたままだったが、ようやく夕方になって、突如われわれのところに連れてこられた。

その一団のなかに、ルヴフの主席ラビ、レヴィン博士がいた。彼のことはとくによく覚えている。中背で、小ぶりの髭が貴族的な顔立ちを飾っていた。ラビはわれわれのところに連れてこられると、われわれの傷ついた顔や血で汚れた服を見て平静さを失った。ラビは私の隣に並んだ。私は夏服を着て、袖をまくりあげていたが、ラビは、新たに力をためる手助けを乞うかのように、私の手をつかんだ。すると突然ドイツ人がやってきて、そのなかの一人が「散髪屋は出てこい」と命じた。この言葉の意味がわかるより前に、二人の兵士がラビの腕をつかみ、三人目の兵士が、まるで屠殺された鶏の羽をむしるように、両手でラビの髭をむしりとり始めた。ラビは数秒こらえた後、金切り声をあげた。ドイツ兵がラビを痛めつけているあいだ、ラビは、渾身の力を振り絞って私の手を握り締めたため、私は彼から身を引き離すことができなかった。私は、手を握ることで、何かラビの助けになるのではないかと感じたが、ラビは叫び続けた。そして、ついに地面にくずおれ、もはや声も発せず、私の手を放した。(35)

この日、ルヴフでは、ブリギトキだけでも一〇〇〇人といわれるユダヤ人が監獄へと引き立てられ、その一部は生きて帰ってはこなかった。

## 四　ウクライナ人とユダヤ人

六月三〇日にステツコによって読み上げられたウクライナ国家の再興宣言は、ナチ・ドイツとの協力を次のように謳った。

再興ウクライナ国家は、アードルフ・ヒトラーの指導の下にヨーロッパおよび世界に新秩序を創出し、ウクライナ人民にモスクワ占領からの解放の手を差し伸べている国家社会主義大ドイツ国と緊密な協力関係を築くであろう。(36)

ウクライナ国家の再興に関して、ステツコらの同意要請を受け入れた府主教シェプティツキイもまた、聖職者と信者に宛て、七月一日付けで公開書簡を発表する。

［これより前、引用省略］われわれは、連戦連勝のドイツ軍を敵からの解放者として迎えようではないか。権力の確立に、しかるべき忠誠を表明しようではないか。ヤロスラフ・ステツコ氏を西ウクライナの地方政府の首長として認めようではないか。

彼によって存在せしめられた行政府から、われわれは、市民に対する賢明で公正な指導を期待しようではないか。すなわち、われらが郷土に居住するすべての市民に対して、どのような信仰、民族、社会階層に属するかにかかわりなく、その生きる糧と福利が考慮されることを期待しようではないか。ウクライナ人民よ、神が汝らすべての事業を祝福するように、われらのすべての指導者たちに天帝から聖なる叡慮が与えられんことを。

府主教アンドレイ(37)

ドイツ側は、ウクライナ人が独立を望んでいることを承知していたが、ステツコらの予想外に迅速な動きをつかみきってはいなかった。六月三〇日のルヴフは、ドイツ軍の支配下に入ったとはいえ、他方では、ステツコらウクライナ民族主義者やウクライナ人の民警が、ウクライナ国家の再興をめざして街を走り回っていた。ポグロムは、本章の第三節で述べたように、この、いまだ権力の空白期にあった六月三〇日に散発的に始まったと思われる。そのさい、ナチ・ドイツによる何らかの誘導が存在したのか。あるいはポグロムは、ドイツ側の動きとは無関係に、ウクライナ民族主義者によって仕掛けられたのか。少なくとも史料で確認できるかぎりでは、この時点でルヴフのドイツ軍とステツコらウクライナ民族主義者とのあいだに何らかの接触があったことを示す証拠はない。それともポグロムは、現地住民のあいだで自然発生的に始まったのか。

研究者の説は、独ソ戦直前の一九四一年六月一七日に、帝国保安部長官ラインハルト・ハイドリヒが四隊の特別行動隊の隊長に与えた指示を踏まえて(38)、ドイツ軍によってユダヤ人とボリシェヴィキの蛮行とをリンクするプロパガンダが行われ、ポグロムが誘導されたと唱える説と、ドイツ側の挑発によらず、同様のリンクとポグロムはウクライナ民族主義者のイニシアティヴによって開始された、と唱える説の二説に大別される。しかし、いずれの推測も決定的な論拠を欠き[39]、現時点では、ポグロム発生の経緯は不明である。

いずれにせよ、ウクライナ民族主義者の擦り寄りにもかかわらず、ナチ・ドイツには、はじめからウクライナの独立を認める気はなかった、ドイツ軍も、七月一日から二日にかけて、その本隊がルヴフ入りしたオットー・ラシュ指揮下の特別行動隊C（七月一一日までBと区分されていた）も、いつまでもステツコの政府やウクライナ人の民警にルヴフの主人であるかのごとく勝手な振る舞いをさせておくはずはない。本章第三節のヨネスの回想を見れば、ユダヤ人の監獄への連行に関して、ユダヤ人狩りを行ったのはウクライナ人であるが、監獄内の作業を取り仕切ったのはドイツ人であり、一定の役割分担がなされていたことがわかる。さらに、ユダヤ人の証言にもドイツ人の証言にも見られるように[40]、街なかでのポグロムが度を超したところでは、ドイツ兵が抑止的に介入することによって民衆の暴徒化が防がれたという。ナチ・ドイツは、ポグロムがどちら側から仕掛けられたものであったにせよ、ウクライナ人のユダヤ＝ボリシェヴィキに対する憎悪をみずからの水路に引き込み、ハイドリヒのいう、現地の反共産主義的、反ユダヤ的集団による自己浄化運動のシナリオを実現させた。そして、そのさいウクライナ人は、きわめて「真剣な」自己浄化運動の執行者であった。

それにしても、何がウクライナ人を罪のない赤ん坊の頭をたたき割るほどの憎悪へと駆り立てたのか。

結成以来ＯＵＮが一貫して追求してきたのは、ウクライナ人の民族自決国家の設立である。しかし、ウクライナ国家の国境内に取り込まれるポーランド人やユダヤ人少数民族の処遇について、彼らがどのように考えていたのか、はっきりしない。ポーランド人の場合は、ポーランド人の国家が存在するかぎりでそこへと追放するか、あるいは第二次世界大戦後に実際に実施されたように、ポーランドの国境内に取り込まれるウクライナ人とウクライナの国境内に取り込まれるポーランド人の住民交換も考えられる。しかし、それらは、いずれもユダヤ人には適用できない選択肢である。ユダヤ人に関して、独ソ戦直前の一九四一年四月のバンデラ派によるＯＵＮ第二回大会の決議第一七条は、次のように述べている。

ソ連のユダヤ人は、ボリシェヴィキ支配体制の最も顕著な支え手であり、ウクライナにおけるモスクワ帝国主義の前衛である。モスクワのボリシェヴィキ政府は、ウクライナ人大衆の反ユダヤ感情を、現実の厄災の原因から彼らの注意をそらすために、また混乱の時には彼らをユダヤ人に対するポグロムへと駆り立てるために利用している。ウクライナ民族主義者組織は、ユダヤ人に対して、モスクワ・ボリシェヴィキ支配体制の支え手として闘ってきたのであり、同時に人民大衆に対しては、モスクワこそが主たる敵であることを知らせてきている。(41)

すなわちＯＵＮは、原理的にはユダヤ人をボリシェヴィキと同一視することに対して警告を発しているが、ソ連併合後、西ユダヤと呼ばれた東ガリツィアの巷の民衆に、ボリシェヴィキのユダヤ人とそうでないユダヤ人の原理的区別を説いても無駄である。ソ連の占領によって最も辛酸をなめたのは、かつての支配民族であったポーランド人であり、またウクライナ人にとっても、ボリシェヴィキは、望んでもいない社会主義経済体制を携えて外からやってきた侵略者であった。ウクライナ人のインテリは、ウクライナ民族主義を警戒するソ連の当局によって弾圧され、文盲も少なくなかったウクライナ人の農民が、ソ連の統治機構の中央部に入り込むことはなかった。他方、ポーランド人やウクライナ人の多くがソ連の支配に恩恵を感じず、ボリシェヴィキに不信の目を向けたのに対し、ユダヤ人にとってのボリシェヴィキは、ナチに対する守護者であったばかりではない。彼らは、両大戦間期ポーランドで台頭したきわめて暴力的な反ユダヤ主義からの解放者であり、ユダヤ人にも平等に社会的上昇の機会を与えてくれる者たちであった。それゆえ、ユダヤ人の多くがロシアに対して本能的恐怖心を抱く一方で、ソ連の統治機構の一翼を担い、いまや警察官に成り上がったユダヤ人も登場する。そして、ユダヤ人警察官が、かつての反ユダヤ主義者のポーランド人を取り締まるという立場の逆転も発生した。当時のルヴフの空気を示す同時代証言をあげておこう。

ユダヤ人は、ポーランド人に借りを返した。それも、何倍にもして、ひどいやり方で……そのためポーランド人は強い復讐心を抱いたが、それを言葉で発散させることができないため、復讐心は鬱積する一方だった。というのも「汚いユダヤ人」などと罵り言葉を口にしようものなら、民族間の憎悪を煽ったかどで五年間監獄送りになる危険があったからだ。(42)

ポーランド人たちは、ボリシェヴィキがやってきた後、ユダヤ人に対して敵対的な態度をとった。おもな理由は、彼らが、以前はポーランド人が牛耳っていた地位をユダヤ人が大量に占領したと考えたからだ。どの役所にも大勢のユダヤ人の役人がおり、倉庫も、店も、事業所も、ユダヤ人に管理されていた。

［ウクライナ人は、すでに一九四一年の春に］ポーランド人とユダヤ人とロシア人の殺戮を予告していた。[43]

こうして、ソ連併合後の東ガリツィアで、ユダヤ人に対する感情が極度に悪化したなかで起こったのが、ルヴフの監獄でのボリシェヴィキによるウクライナ民族主義者の惨殺だった。そして、ボリシェヴィキが去った後、ウクライナ人の前に、ウクライナ人に言わせればそのボリシェヴィキの恩恵を受けたにちがいないユダヤ人が、無防備なまま残されていたのである。

すでに述べたように、ナチ・ドイツはウクライナに独立を認める気はなく、ステツコらに、六月三〇日のウクライナ国家再興宣言の撤回を要求する。そして七月九日、それを拒否したステツコらを逮捕し、ベルリンへと移送した。[44] 現在、キエフのウクライナ国立文書館には、そのステツコが、ベルリンでみずからの略歴と思想信条を記した文書が保存されている。その最後で、ステツコは次のように述べる。

モスクワとユダヤ民族は、ウクライナにとって最大の敵であり、解体主義的ボリシェヴィキ国際主義思想の担い手である。

ウクライナを強権的に隷属状態においてきたモスクワ〈ユダヤ民族ではなく〉を筆頭で最高の敵と考えるとしても、それでも私は、ユダヤ人を、当然にして議論の余地なく有害であると評価する。ユダヤ人の役割についての私の予測は、彼らが、モスクワによるウクライナの隷属化を助けるということである。それゆえ私は、ユダヤ人根絶の立場に立ち、ウクライナに、ユダヤ民族の殲滅〈彼らの同化その他は選択外〉のドイツ方式を導入することを合目的と考える。(45)


この文書は、逮捕されたステツコがベルリンに留まることを条件として解放された後、おそらく七月一五日すぎに執筆された。当時、解放されたとはいえ、ステツコがドイツ当局の厳重な監視下におかれていたことは確かである。しかし、それでもドイツの反ユダヤ政策に対するステツコの支持は、戦後のステツコによる否認にもかかわらず、たんにナチの世界観に媚びた結果だけではあるまい。「戦時下におけるOUNの闘争と活動」は、ウクライナ国家に敵対する分子として、ロシア・ボリシェヴィキと並べてポーランド人、ユダヤ人の名をあげ、ユダヤ人がウクライナ人と平等な権利を持つことを明確に否認する。先に引用した一九四一年四月のOUN第二回大会決議文の原理原則よりは、おそらくこちらの方が本音であろう。六月三〇日のウクライナ国家再興宣言の後、七月中旬と推定されるOUNバンデラ派のメンバーによる会議の議事録によれば、ルヴフのステツコの政府には、将来のウクライナ国家のユダヤ人少数民族の処遇に関して、あからさまにその絶滅を唱える者もいた。(46)

こうして、東ガリツィアのソ連併合以来険悪化したウクライナ人・ユダヤ人関係は破局を迎える。

ウクライナ人は、東ガリツィアにおける以後のユダヤ人の運命に関心を持たなかった。

# 第三章　ルヴフのユダヤ人社会の消滅

## 絶滅収容所への道

独ソ戦が始まった後、ドイツ軍が東ガリツィアのほぼ全域を制圧したのは一九四一年七月八日である。撤退するソ連軍が輸送手段や移動手段のほとんどを押さえてしまったため、一般のユダヤ人でソ連の本国内に逃げおおせた者は少なかった。その東ガリツィアのユダヤ人を襲ったのがポグロムである。六月末から七月のあいだに東ガリツィアでは、約三五の地点でポグロムが発生し、おびただしい数のユダヤ人が殺害された。しかし、悲劇の大きさにもかかわらず、ルヴフの場合と同様、ポグロムの真相はいまだ詳細には明らかにされていない(1)。

ルヴフでは、ブリギトキその他の監獄での死体処理作業とは別に、七月二日から五日にかけて、オットー・ラシュ指揮下の特別行動隊がウクライナ人の民警を使い、同じく四人殺害に対する報復として、五〇〇〇人規模のユダヤ人や共産主義者の狩り出しを実施した(2)。実際、カフタンを着て髭でもはやしていないかぎり、ドイツ人にはユダヤ人の見分けがつかず、誰がユダヤ人で、どこに住んでいるのか、街の事情に通じたウクライナ人の協力がなければユダヤ人狩りは不可能だっただろう。狩り出された者たちは、ルヴフ郊外のもとはホッケーの競技場だったところに集められた。第二章第一節に登場した少年ヴェルスもまた、七月三日、父と弟とともにウクライナ人の民警によって旧ホッケー場へと連行され、そこで行われた暴行のための暴行の目撃者となる。彼らは、腹這いに砂地に顔を埋める恰好で伏せさせられ、そのなかから適当に生け贄として選別された者たちが、ドイツ兵の浴びせる殴打のなかを力尽きるまで走らされた。この残酷ゲームが続けられるあいだ、ドイツ兵たちは、腹這いに伏せた者たちの背中を踏みつけて歩き回った。(3)

集められた者たちの一部はそこで殺され、多くは、トラックで森に運ばれて銃殺された。その数は、ドイツの保安警察の報告によれば、二五〇〇人から三〇〇〇人である。(4) このとき銃殺されたのは、ほとんどが壮年のユダヤ人男性で、老人や少年や専門技能を持つ一部の者たちは競技場から解放された。ヴェルス父子は七月四日に解放されたが、彼らは、なぜ自分たちが解放されたのかわからず、殺された多数のユダヤ人は、自分がユダヤ人だということを除けば、なぜ自分が殺されなければならないのか、まったくわからなかった。こうしてルヴフでは、ドイツ軍侵入後の数日間に推定四〇〇〇人ものユダヤ人が殺害されたという。(5)

最初の一連のポグロムが一段落した後、七月二五日から二七日にかけて発生したのが、シモン・ペトリューラ暗殺に対する報復としてのポグロムである。ペトリューラは一九二六年五月二五日、パリでユダヤ人によって暗殺された。(6) ユダヤ人によるペトリューラ暗殺一五周年を口実とするポグロムが、日にちの異なる七月二五日に自然発生的に始まったとは考えにくいが、挑発者が誰であったのか、こ

図26　1992年，リヴィウ（ルヴフ）のゲットー跡に建てられたホロコースト犠牲者のための記念碑。1993年，筆者撮影。

れも史料的には特定できていない。いずれにせよこのポグロムにおいても、ユダヤ人の男女を家から引きずり出し、暴行を加え、最後に射殺するにあたって、大きな役割を果たしたのはウクライナ人の民警である。三日間で殺害されたユダヤ人は二〇〇〇人以上といわれ、とくに集中的に犠牲になったのは、ルヴフで多少とも名を知られたユダヤ人のインテリたちだった。

七月末、ルヴフの軍政当局は、ユダヤ人に対し、ユダヤ人を代表してナチ・ドイツの命令を「自治的に」執行する機関としての「ユダヤ評議会」の設立を命じる。そして、設立と同時にユダヤ評議会に対し、一〇日間の期限を定め、戦闘で破壊された街の修復のため二〇〇〇万ルーブリを支払うように要求した。(7) ユダヤ人は、富者も貧者も心をひとつにして衣服や貴金属や家財道具を捨て値で売り払い、ナチに差し出すための金を用意した。買い手は、ユダヤ人の大安売りを聞きつけてやってきた農民たちである。

しかし、二〇〇〇万ルーブリのユダヤ人の財産の剝奪は、ほんの手はじめにすぎなかった。次に待っていたのは、住居の明け渡しである。ルヴフではすでに著しく住宅が不足していた上、ナチのガリツィア支配の拠点となるべきこの街で、ユダヤ人がうろうろしていてはならなかった。八月一日、東ガリツィアは、ドイツの直轄支配地域である総督府に組み込まれてガリツィア地区となり、行政は、軍政から民政に移行する。地区行政府はルヴフにおかれた。そして一一月八日、ルヴフの街の北を走る鉄道線路を越えた一区画がユダヤ人居住区と指定され(第三部第二章の地図2参照)、ユダヤ人に対し、そこへの移住を命じる告知書が張り出された[8]。すでにそこに住んでいるユダヤ人を除き、移住の対象とされたユダヤ人は八万人である[9]。

ユダヤ人は必要最低限の荷物だけを持ち、ユダヤ人居住区への移動を開始する。空き家となった住居で、最もよいところはドイツ人が手に入れたが、ポーランド人やウクライナ人も、ユダヤ人に対して当然のように住居の明け渡しを要求した。ポーランド人やウクライナ人の使用人を使っていたユダヤ人の家では、主人と使用人の立場が逆転する。ユダヤ人に対しては、誰が何をしてもとがめられることがなかった。しかし命令とはいえ、街はずれで、十分な建物もないところに街の人口の三分の一近くを押し込めるのは、最初から無理な話だった。ユダヤ人居住区では、一家族用の住居を二家族、三家族が共用せざるをえず、劣悪な衛生状態で発生したチフスは瞬く間にひろがる。そのため当局は、いったん移住を中止する。その結果一九四一年の年末には、まだ約二万人のユダヤ人が市内に残っていたが[10]、いずれにせよこのときまでに、ルヴフのほとんどすべてのユダヤ人がそれまでの生活手段を奪われた。以後、ユダヤ人にとって、彼らのただ同然の労働力を目当てに進出したドイツ企業での奴隷労働のみが、ほとんど唯一の生きる手段となる。

この「唯一」の意味は重い。占領地でドイツが導入した食糧品の配給制度で、ナチの人種イデオロギーの最下位に位置づけられたユダヤ人に対する割り当ては、生命を維持するには足りなかった。売るべき財産もなく、わずかとはいえ労賃を得る力もないユダヤ人には、餓死の運命が待っていた。さらに、何らかの職に就いているユダヤ人には労働者であることを示す証明書が発行されたが、ナチによって真っ先に絶滅収容所に送り込まれたのは、これを持たない者たち、すなわち、ナチにとって何の役にも立たない者たちだった。

一九四一年一一月、ドイツ軍は破竹の勢いでソ連の首都モスクワ近郊に迫った。この時点でナチ・ドイツは、わずかな中立国とイギリスを除き、モスクワ以西のヨーロッパを支配下においた。ヨーロッパのユダヤ人口の分布を示した第一部の表1を見れば、これによってナチが抱え込んだユダヤ人口が、実に膨大なものであったことがわかる。ナチは、独ソ戦での勝利は短期決戦によるしかないと考えていたが、一九四一年一二月に始まるソ連の猛反撃で前線は膠着した。想定外に戦争が長期化するにともない、広大なドイツ占領地では食糧が不足し、ドイツの勝利に対するウクライナ人の期待も失せる一方、占領地の治安維持にまわすことのできる人員は絶対的に不足した。

このような状況下で、ナチにとって、みずからが生活手段を剝奪し、飢餓状態に追い込んだ膨大なユダヤ人口の管理は重い負担だった。ベウゼツ、ソビボル、トレブリンカなど、ユダヤ人の大量殺害を目的とする絶滅収容所が本格的に機能を発揮し始めるのは、独ソ戦の見通しに狂いが生じた一九四二年の春以降のことである。半世紀以上にわたるホロコースト研究の蓄積にもかかわらず、ナチのユダヤ人政策の全貌は、いまだ十分には解明されていない。東ガリツィアについていえば、ナチは、労

図27　リヴィウ（ルヴフ）の旧ヤノフスカ（現シェフチェンコ）通りにある旧ヤノフスカ強制収容所。現在は，監獄として使用されている。2006年，筆者撮影。

働可能なユダヤ人を使い捨ての労働力として利用しつつ、最終的には、東ガリツィア現地での大量殺害と、これら絶滅収容所への移送との組み合わせによってユダヤ人社会を消滅させた。絶滅収容所に送り込むユダヤ人の選別と捕獲はアクションと呼ばれ、ルヴフでは、ユダヤ人居住区を中心とする大規模なアクションは、一九四二年の三月、八月、一一月に実施された。主な移送先はベウゼツである。

### ヤノフスカ収容所

アクションで真っ先に選別の対象とされたのは、老人や、身よりのない子供、身体が弱って労働ができない者たちだった。これに対して、もうひとつ別の選別が存在した。働き盛りのドイツ人男性が兵隊にとられ、深刻な労働者不足が生じていた現状で、軍事産業の経営者やナチにとって、たとえユダヤ人であろうと、技術者や肉体労働ができる者であれば、その労働力を利用しない手はなかった。選別された

図28　ピアスキ近くに建てられた記念碑。ウクライナ語，ヘブライ語，英語で次のように記されている。「ヤノフスカの死の収容所でナチの大量殺戮の犠牲となったすべての者たちを永遠に記憶にとどめよ。」2006年，筆者撮影。

ユダヤ人労働者の収容所のひとつが、ルヴフのヤノフスカ収容所である。

ヤノフスカ収容所は、一九四一年八月、ナチの親衛隊（SS）が経営する大規模企業のひとつDAW（ドイツ軍需品製造）の車両修理工場として発足した後、一九四二年五月頃から、それに隣接して新たにSSが管理する収容所の建設が始まり、一年以上におよぶ拡張工事の末、東ガリツィアで最大のユダヤ人労働者の収容所となった。[11] ヤノフスカに送られたユダヤ人は、絶滅収容所に送られた者たちに比べれば少し長めの生を与えられたが、それは、何という「生」だっただろうか。彼らはDAWの作業所で働かされたほか、収容所外のさまざまな工場や建設現場、ルヴフ市内の清掃作業やユダヤ人墓地の破壊作業にも派遣された。劣悪な食事に苛酷な労働、絶え間ない虐待、弱った身におそいかかる病気で、虐待死であれ、処刑死であれ、衰弱死であれ、死はヤノフスカの日常風景

図29　リヴィウ（ルヴフ）のクレパリフ（クレパルフ）駅。ルヴフおよび東ガリツィアのユダヤ人の絶滅収容所への移送の出発駅となった。駅舎の壁に取りつけられた説明板には，ウクライナ語と英語で次のように記されている。「クレパルフ駅は，ルヴフのユダヤ人が追放され，ベウゼツのガス室で殺害されるにあたって最後の停留所となった。この駅はまた，死への道を進むガリツィアのユダヤ人すべてにとっての通過駅となった。1942年３月から1943年の初めまで，約50万人のユダヤ人が貨車に乗せられ，ここを通過した。」2006年，筆者撮影。

の一部だった。

しかし、ヤノフスカで命を落としたのは、収容所の本来のユダヤ人労働者だけではない。ヤノフスカは、アウシュヴィッツやベウゼツとは違ったやり方で、ルヴフのユダヤ人の絶滅収容所の役割も果たした。収容所は鉄道駅（図29）の間近に位置していたため、アクションによって捕らえられたユダヤ人の一部は、いったんヤノフスカに収容されると、そこで、駅から絶滅収容所行きの貨車に乗せる者と、ヤノフスカで殺害する者とのさらなる選別が行われた。とくに東ガリツィアのユダヤ人の移送先だったベウゼツ絶滅収容所が死体処理能力の限界に達し、一九四二年一二月に閉鎖されると、東ガリツィア各地のユダヤ人は、ほとんど東ガリツィア現地で殺害されるようになる。ルヴフでは、鉄条網で囲まれたヤノフスカ収容所の敷地から少し離れたピアスキ（ポーランド語で砂地を意味する）と呼ばれた砂地が処刑場となった。そこに掘られた穴の縁に全裸で並ばせられたユダヤ人は、背後から銃撃され、穴のなかへと落ちていった。

一九四三年一月末、ドイツ軍はスターリングラード（ヴォルゴグラード）でソ連軍に敗北し、ついで七月、クルクス攻防戦でも敗退する。これを境に、ドイツ軍は総退却を余儀なくされた。その過程でナチ・ドイツは、占領地に設置したユダヤ人居住区や収容所を撤収してゆく。撤収とはすなわち、そこに残っているユダヤ人を抹殺し、さらにユダヤ人迫害の痕跡を抹消することを意味した。

アクションに次ぐアクションの後、ルヴフのユダヤ人居住区が解体され、残っていた推定一万二〇〇〇人以上のユダヤ人の殺害が実施されたのは、一九四三年六月、[12]ヤノフスカ収容所の解体が行われたのは一一月である。[13]ピアスキの砂は、これら最後のユダヤ人の血で染まった。そしてこの最後の段階で、少し長めの「生」と引きかえに、一握りのユダヤ人に与えられた最後の労働が、ピアスキの穴に埋められた四万近くの銃殺体[14]を一体一体掘り出し、焼却する作業だった。素手でつかんだ腐乱死体からは、ぬるぬると皮膚がはがれ落ち、周囲にはすさまじい臭気が漂う。石油をかけて燃やしてもなお焼け残った人骨は、特別に開発された骨粉砕器で徹底的に粉にされ、まき散らされた。そして、ナチの犯罪の痕跡隠しに協力させられたユダヤ人はみな、この忌まわしい作業が終わったときが自分たちの少し長めの「生」の終わりであることを知っていた。

## パルチザンとユダヤ人

ルヴフのユダヤ人社会が消滅してゆくあいだ、ナチから支払われる報酬目当てに街の隠れユダヤ人の密告に励んだポーランド人やウクライナ人もいれば、自分自身も処刑される危険を顧みず、ユダヤ人をかくまった者たちもいた。しかし、個人的には隣人だったユダヤ人に対する迫害に眉をひそめても、ポーランド人やウクライナ人のあいだで、ユダヤ人の運命を自分たちの同胞の運命として考える態度は希薄だった。ドイツ軍が退却局面に入ったとき、ポーランド人やウクライナ人の関心は、ユダヤ人の運命よりも、ナチなきあとの自分たちの将来に向けられていた。

東ガリツィアの森のなかでは、パルチザンが、勢力の衰えたドイツ軍に対して攻撃を活発化させていた。とはいえ、パルチザン各派の闘争目的は、さまざまに対立する。ポーランド人のパルチザンにとって、ポーランドがナチから解放されたとき、東ガリツィアが再びポーランドの国境内にとどまることは自明だった。他方、共産主義者のパルチザンにとっては、東ガリツィアでソ連の支配が回復されなければならなかった。これに対してウクライナ民族主義者は、全ウクライナの完全独立をめざし、彼らの期待を裏切ったドイツ軍に対して激しい戦いを挑みつつ、ポーランド人と共産主義者のパルチザンの双方にも銃口を向けた。彼らウクライナ民族主義者が結集したのが「ウクライナ蜂起軍」（UPA）[15]で、その主導権を握っていたのはOUNバンデラ派である。UPAは、東ガリツィアをウクライナ人だけの土地にするため、ポーランド人村の破壊やポーランド人の追放を進めた。UPAの規模は、一九四四年の最大時で二万五〇〇〇人から四万人との推定もあるが、定かではない。

これら互いに対立し合うパルチザンにとって、ユダヤ人の救出は、闘争の主要目的ではないことはもちろん、副次的な目的でさえなかった。ヤノフスカの収容所や、絶滅収容所に向かう貨車からの脱走に成功し、パルチザンの活動舞台であった森に逃げ込んだユダヤ人もいたが、ユダヤ人が、そこで出会ったパルチザンに受け入れられるか殺されるかは、まったく運次第であった。UPAやポーランド人のパルチザンにとって、ユダヤ人は原則的には敵ではなかったが、味方と見なされたわけでもない。なぜならユダヤ人のなかには、彼らの敵である共産主義者のパルチザンに合流する者もおり、あるいはユダヤ人自身で結成され、独立に行動するパルチザンも存在したからである。

独ソ戦の直前で五七万人程度と推定される東ガリツィアのユダヤ人のうち、ホロコーストを生き延びることができたのは二、三パーセントといわれる。ドイツ軍が入ったとき、ルヴフでは、ドイツ占領下のポーランドから流れこんだユダヤ人避難民や、ソ連時代に村落から流入したユダヤ人のため、街のユダヤ人口は一三万五〇〇〇人という、かつてない規模に膨れ上がっていたが、街がナチから解放されたとき、一九四四年一〇月一日現在でユダヤ人として登録された者は一六八九人にすぎない[16]。

# おわりに

ソ連軍は一九四四年七月末にルヴフに再入場し、八月には、東ガリツィア全域で支配を確立した。ルヴフの市民は、ようやくナチの支配から解放されたが、このとき、街からユダヤ人の姿が消えたことの意味を考えた人びとはどのくらいいただろうか。

「ドイツの占領は耐え難いが、少なくともひとつだけ利点もある。やっとのことでわれわれは、ユダヤ人どもから解放されるんだから。これについては、ヒトラーは銅像に値する。(1)」

これが、ユダヤ人が聞いた街の声だった。

ヴェルス（第三部第二章第一節および第三章を見よ）は、ピアスキでの死体処理作業に従事させられた一九四三年一一月、作業の従事者が抹殺される前に逃亡して、ほとんど奇跡的に生き延びたユダヤ人の一人である。ルヴフ解放の日まで、地下室で彼を匿ってくれたのはポーランド人だった。しかし、萎えた足で地下室からはい出た彼は、よそよそしい街になってしまったルヴフで、もはや家族も、帰るべき家もないことを知る。街で出会ったソ連軍の将校は、援助の手をさしのべるどころか、ユダヤ人は全員死んだ、おまえが生き残っているのはナチの協力者だったからにちがいないと、とんでもないことを言う。(2) そして、以前の自分の家にたどり着いたとき、彼を待っていたのは、もとは近所の靴屋だったポーランド人一家の迷惑そうなまなざしだった。彼らは、自分たちも家をなくしたからこの家に住み着いたのだし、いまさら生きて帰って家や家財道具を返せといわれても困る、というのだ。(3)

一九三九年に第二次世界大戦が始まり、東ガリツィアがソ連領となったとき、独ソの協定にもとづき、東ガリツィアのドイツ人はドイツ占領下のポーランドへと移住した。第二次世界大戦が終了したとき、ポーランド人もまた東ガリツィアを去る。国境の変更で東ガリツィアはソ連のウクライナ共和国に併合され、一九四五年から一九四六年にかけてのポーランドとウクライナの住民交換で、ポーランドのウクライナ人がウクライナに帰還する一方、東ガリツィアのポーランド人はポーランドに向かった。このとき、東ガリツィアで生き残ったユダヤ人のほとんども、ポーランド人の群れとともに東ガリツィアを去った。(4) 彼らポーランド人とユダヤ人の主な行き先は、同じく国境の変更でドイツ領からポーランド領にかわったシロンスク（シュレージエン）である。そこで彼ら新移住者にあてがわれたのは、シロンスクから追放された三〇〇万ものドイツ人が残した住居と彼らの家財道具だった。(5) しかしユダヤ人は、そのまま戦後ポーランドにとどまることを望まず、主にアメリカ占領区域のドイツの難民（Displaced Persons）収容所を経由して、パレスティナやアメリカ本国へと渡っていった。

こうしてナチ・ドイツによって始められた戦争が終わったとき、両大戦間期東ガリツィアを揺るがしたポーランド人・ユダヤ人・ウクライナ人問題は、大量の血が流されたはてに解消された。ウクライナ人とユダヤ人が消えたポーランドは、ほとんどポーランド人だけの単一民族国家となり、(6) 同じく

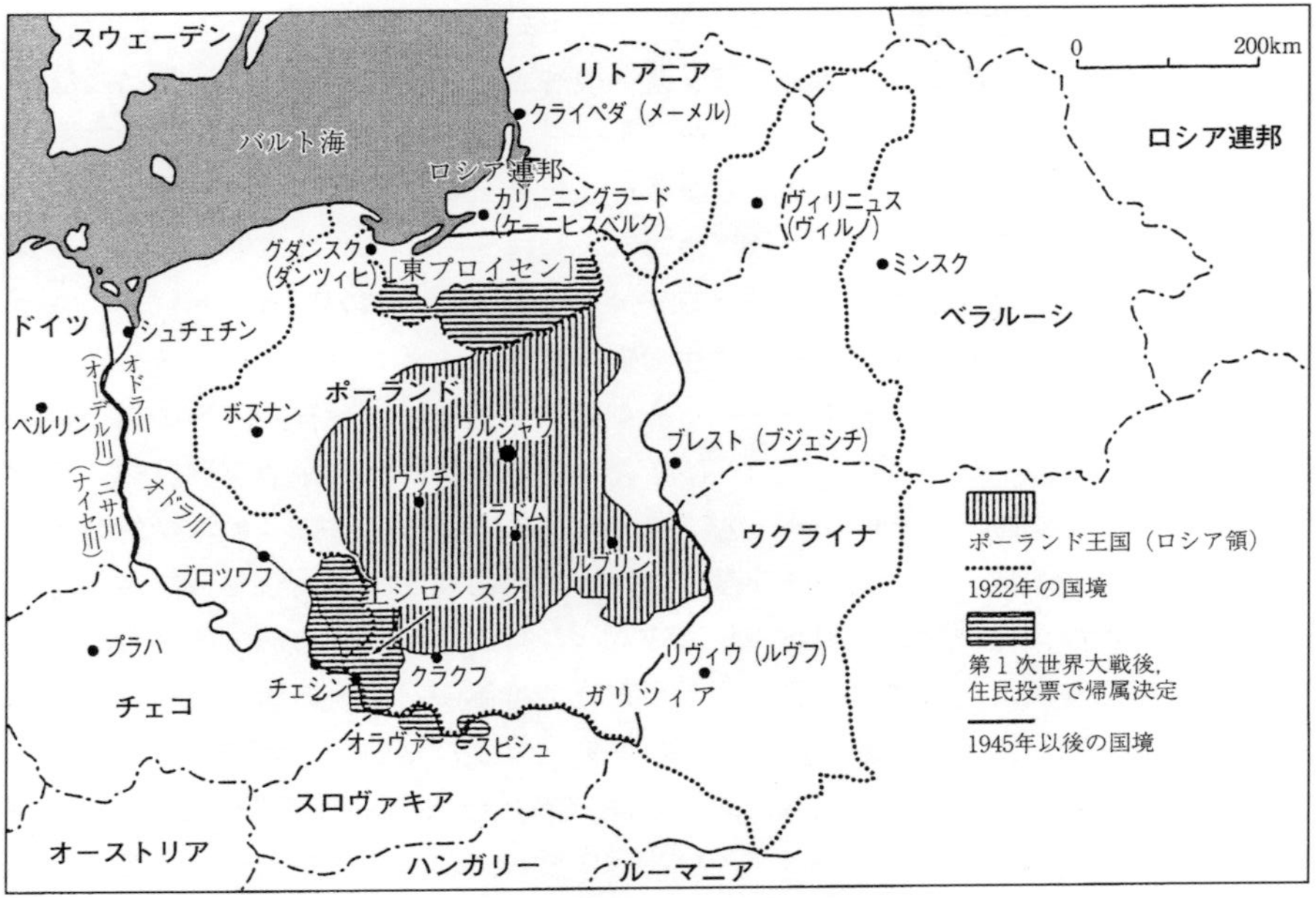


地図３　ポーランド領土の変遷
出典：『東欧を知る事典』新訂増補版，平凡社，2001年，629ページより作成。

ポーランド人とユダヤ人が消えた東ガリツィアは、名実ともにウクライナ人の土地になった。

いや、ウクライナ人についていえば、ウクライナ人の民族問題は一九四五年で終わったというべきではない。ドイツ軍がウクライナから撤退した一九四四年の冬以降、UPAの闘争相手はもっぱらソ連となる。闘争は第二次世界大戦終了後も継続され、UPAがほぼ殲滅されるのは一九五四年頃である。OUNの指導者であったバンデラもステツコも、両大戦間期には、ウクライナ人の民族運動を敵視するポーランドによって逮捕され、次いで一九四一年には、バンデラ派によるウクライナ独立宣言を認めぬナチ・ドイツに逮捕された。戦後、ナチの収容所から解放された彼らは、ドイツでOUNの運動を続行するが、バンデラは、UPAの活動停止後、一九五九年にミュンヘンでソ連の秘密警察の手で暗殺される。以後のソ連史でバンデラは、ペトリューラと同様「バンデラ（ベンデラ）主義者」[7]という政治的罵倒語に名を残すのみとなった。

この彼らの生涯は、一九一八年の西ウクライナ人民共和国の消滅から一九九一年のウクライナ独立まで、東ガリツィアのウクライナ民族運動がたどった苦難の道程そのものだった。現在一一月一日のリヴィウ（ルヴフ）では、西ウクライナ人民共和国独立宣言記念が街をあげて盛大に祝われるが、これも、一九九一年のウクライナ独立後にはじめて可能になった行事だろう。言語的制約のためにフォローしきれていないが、OUNがタブーから解放され、ウクライナ語でOUN関係の史料集や研究書が刊行されるようになったのは、ここ一〇年のことである。二〇〇六年夏に再訪したリヴィウの歴史博物館では、OUNやUPAに関する手厚い展示が目をひいた。

しかし、目を転じれば、一九四二年にナチによって破壊されたシナゴーグ「ゴールデン・ローザ

図30　リヴィウ（ルヴフ）の旧市壁内のユダヤ人街にあったシナゴーグ「ゴールデン・ローザ」の壁の一部（写真上）。説明板（写真下）には，次のように記されている。「古いシナゴーグ『ゴールデン・ローザ』の廃墟。ラビ，ナハマンの妻を記念し，1580年から1595年にかけてナハマン一家によって建立された。イタリアの建築家パブロ・ロマーノの設計になるこの建物は，1942年夏，ナチによって破壊され，焼き払われた。」

説明版の下には，赤ペンキで「死ね，ユダヤ人」と落書きされ，絞首台の絵も書かれている。2006年，筆者撮影。

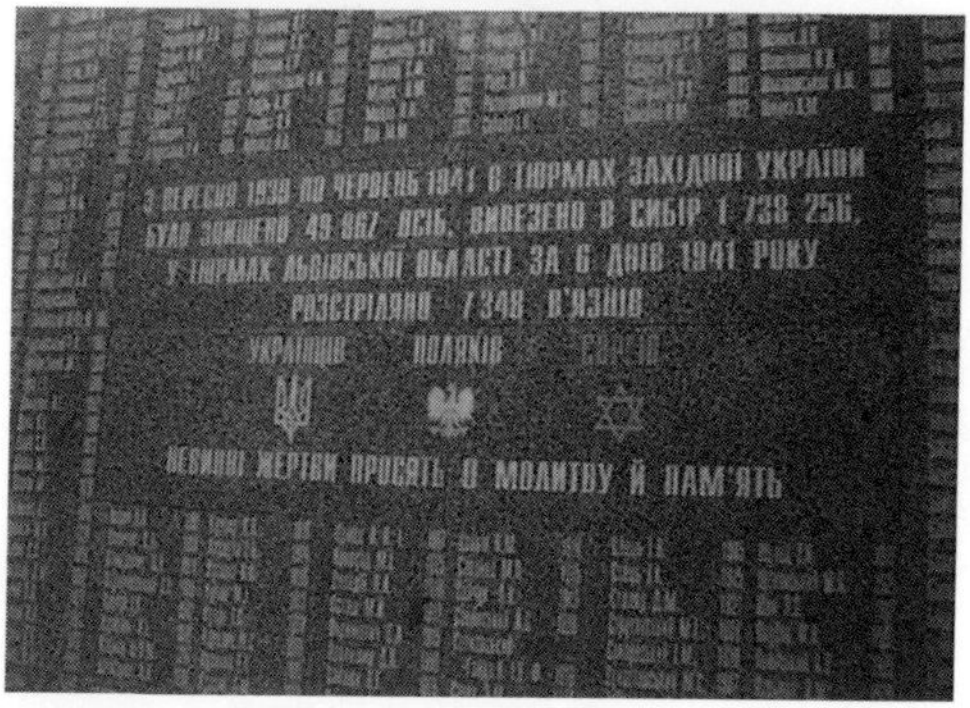


図31　リヴィウ(ルヴフ)のザマルスティノフスカ(ザマルスティニフスィカ)通りの旧監獄跡に立つ碑(写真上)。壁面には「1939年 9 月から1941年 6 月まで,西ウクライナの監獄において 4 万9867人が殺害され,173万8256人がシベリアへ送られた。リヴィウ州の監獄においては,1941年の 6 日間のあいだに,7348人のウクライナ人,ポーランド人,ユダヤ人の囚人が銃殺された」という説明文と犠牲者の名が刻まれている。

説明文で「ユダヤ人」と刻まれたところとダビデの星の印は,何者かによって繰り返し塗り消されたため,変色し,見えにくくなっている(写真下)。2006年,筆者撮影。

［黄金のバラ］」の跡地にはゴミがちらかり、かつてのリヴィウ最古の美しいシナゴーグの来歴を記した説明板には「死ね、ユダヤ人」と大きな落書きが書かれている。一九四一年の囚人殺害の現場のひとつであるザマルスティノフスカ監獄の跡には、殺された者たちのために碑が建てられたが、犠牲者のなかにユダヤ人もいたことを示すダヴィデの星の印は、何者かによって何度も塗り消されるという。これが、いまのウクライナの現実である。ウクライナがナチとソ連の犠牲者を名乗っていればよい時代は終わったはずだが、独立後、いまだに政権の安定しないウクライナは、自国史の過去と行方を検証する重い課題を背負いきれないでいる。

# 注

## 第一部　ポ・リン――ガリツィア・ユダヤ人社会の形成

### はじめに

(1)　Karl Emil Franzos, Aus *Halb-Asien*, Bd. 1, 4. gänzlich umgearbeitete Aufl., Berlin 1901, S. 183.　カフタンは、敬虔な正統派ユダヤ教徒やハシディズムの信奉者が着用する丈の長い上着。ハシディズムは、一八世紀にバアル・シェム・トーブによって創始された宗教運動で、東欧のユダヤ人のあいだに広まった。タルムードの学びより、信仰における歓喜の感情を重視する。

(2)　Joseph Roth, Juden auf Wanderschaft, in: Joseph Roth, *Romane, Erzählungen, Aufsätze*, Köln/Weimar 1964, S. 570.　ヨーゼフ・ロート『放浪のユダヤ人』平田達治、吉田仙太郎訳、法政大学出版局、一九八五年、一九ページ。

### 第一章　貴族の天国・ユダヤ人の楽園・農民の地獄

(1)　一〇九五年の会議は、一般に「クレルモン公会議」と書かれることが多いが、八塚春児『十字軍という聖戦』(日本放送出版会、二〇〇八年)は、公会議という語を用いるのは不適切としている。第一回十字軍とユダヤ人迫害については、八塚、同書のほか、中島健二「第一回十字軍とユダヤ人迫害」(『金沢大学経済論集』第三七号、二〇〇〇年）を見よ。

（2）儀式殺人とは、ユダヤ人がキリスト教徒の子供や処女を殺し、その血をユダヤ教の過越祭等の儀式に使っているという浮説。聖体冒瀆とは、ユダヤ人がキリスト教会のミサでキリストの肉に化体するパンを盗み出し、傷つけ、冒瀆しているという浮説。ともにユダヤ人迫害の口実とされた。西ヨーロッパのユダヤ人をめぐる状況は、十字軍時代以降悪化し始め、とくに一三四七年から一三五一年にかけて黒死病が猛威を振るった時期には、虐殺あるいは追放によって多くのユダヤ人共同体が絶滅した。ユダヤ人が井戸に毒を流したという浮説が流布し、ユダヤ人に黒死病の責任が負わされたのである。同時代人で、ヴュルツブルクの新大聖堂参事会員であったミヒャエル・ドゥ・レオーネの年代記は、ヴュルツブルクのユダヤ人の虐殺について、次のように伝えている。

「一三四九年ユダヤ人は、めらめらと燃え上がる炎のなかで死んでいった。ユダヤ人たちは聖ヴィクトルの日の明け方に死んだ。［引用中略］ユダヤ人は井戸に毒を投げ込んだことでその極悪非道を証明したのだ。であるからユダヤ人は命を失い、ヴュルツブルクの大広場は（今日この頃は）ユダヤ人の業苦の修羅場を見せるところになってしまった。」「ああ、読者よ、気をつけよ。ユダヤ人がわれわれキリスト教徒にしむけた残虐性が、今度は自分たちに火を放ち、炎とともに燃えていったことを。その残虐性のゆえにユダヤ人は井戸に毒を投げ、実際あらゆる町並みで手ずから不埒なことをやってのけた。それゆえにユダヤ人が、みないっしょに責めさいなまれるのも自業自得。この恐ろしい民族は、ヴュルツブルクの地ではすっかり抹殺されたのだ。」（クラウス・ベルクドルト『ヨーロッパの黒死病』宮原啓子、渡邊芳子訳、国文社、一九九七年、二二九―二三〇ページ。）

後述するポーランドの王がユダヤ人に認めた「特権」は、西ヨーロッパの王たちのユダヤ人保護規定に範をとったものである。しかし、この時期の西ヨーロッパでは、もはや王権は民衆によるユダヤ人迫害を阻止することはできなかった。

(3) Heiko Haumann, *Geschichte der Ostjuden*, erweiterte Neuausgabe, 5. Aufl., München 1999, S. 19f.（ハイコ・ハウマン『東方ユダヤ人の歴史』平田達治、荒島浩雅訳、鳥影社、一九九九年、二三―二四ページ。）訳は引用者による。

(4) przywilej kaliski. カリシュは「特権」が発布された都市の名。慣例的に「特権」と訳されるが、日本語でいう優越的な権利ではなく、ポーランド社会におけるユダヤ人のあり方を規定した基本法の性格を持つ。カリシュの特権の成立経緯については、川名隆史「王権とユダヤ人特権」（川越修、植村邦彦、野村真理編『思想史と社会史の弁証法』御茶の水書房、二〇〇七年、所収）を見よ。

(5) ユダヤ人の自治的共同体は、ポーランド語ではグミナあるいはヘブライ語起源の語でカハウまたはケヒラといわれ、ドイツ語ではゲマインデである。

(6) ただしヴィエルコポルスカ、マウォポルスカ、マゾフシェでは、ポーランド・リトアニア国の全国議会（セイム）による禁止措置と、本章第二節で述べるユダヤ人の全国会議であるヴァアドの自粛措置により、一五八一年に、ユダヤ人が大規模な徴税請負や、王室所有の塩鉱など、王国の公的収入源を賃借することが禁じられた。背景には、それまで賃借を独占していたユダヤ人に対抗して賃借業に進出しようとするシュラフタの動きがあった。

(7) Haumann, a. a. O., S. 38. ハウマン、前掲訳書、五二ページ。

(8) Antoni Podraza, Jews and the Village in the Polish Commonwealth, in: Antony Polonsky, Jakub Basista, Andrzej Link-Lenczowski (ed.), *The Jews in Old Poland 1000-1795*, London/New York 1993, p. 303.

(9) ibid., p. 303. 一八世紀ポーランドのユダヤ人口を統計学的に研究したR・マーラーは、一七六四年のユダヤ人口調査には含まれない一歳未満の乳児（六・三五パーセント）を加え、さらにユダヤ人口の約二〇パーセントが調査からもれていると推定して、ポーランドのユダヤ人口は約七五万人であったとする。
(10) ibid., p. 304.
(11) ポーランド産の輸出穀物の約八割はネーデルラント向けであった。バルト海貿易の中心港グダンスクでの穀物価格は、一五五一年から一六〇〇年までの平均でネーデルラントの価格の五三パーセントである。ヴィルヘルム・アーベル『農業恐慌と景気循環』寺尾誠訳、未来社、一九七二年、一三五ページ。
(12) 一五六九年にルブリンで開催された議会で、ポーランド王国とリトアニア大公国の制度的合同が成立した。
(13) 第一次世界大戦後にウクライナ人という呼称が一般化するまで、彼らはルーシン人と名乗り、ガリツィアがオーストリア帝国領となった後、ドイツ語ではルテニア人と呼ばれた。
(14) 伊東孝之、井内敏夫、中井和夫編『ポーランド・ウクライナ・バルト史』山川出版社、一九九八年、一二〇ページ。山田朋子『ポーランドの貴族の町』刀水書房、二〇〇七年、二二ページ。
(15) ユダヤ教の食餌規程については、第一部第四章および第一部第四章の注(1)を見よ。
(16) M.J. Rosman, *The Lords' Jews. Magnate-Jewish Relations in the Polish-Lithuanian Commonwealth during the Eighteenth Century*, Cambridge, Massachusetts 1990, p. 120f. この一族は、一七三一年のシェニアフスキ家のマリア・ゾフィアとチャルトリスキ家のアウグスト・アレクサンデルの結婚により、ウクライナをはじめとして、ポーランド全土に広大な領地を所有することになった。シェニアフスキ＝チャルトリスキ一族の私領都市ミェンジビェシュとその近郊には、一七六五年当時で二〇〇〇人以上のユダヤ人が住み、ほかにもこの一族の所領には、一〇〇〇人以上の構成員を擁するユダヤ人の共同体が少なくとも二〇以上あった (ibid., p. 41.)。
(17) たとえばイディッシュ語の民話集 J.L. Khahan, *yidishe folks=maysies*, Wilno 1940 や Naftoli Gros, *mayselekh un mesholim*, New York 1955 (いずれもイディッシュ語はローマ字に転記してある) を見よ。カ

ハンの民話集の二八番に収録された民話は、ビアトリス・S・ヴァインライヒ編『イディッシュの民話』秦剛平訳（青土社、一九九五年）の第七一話でも読むことができる。アレンダールあるいはレンダールに対して、領主は、イディッシュ語ではポレッツと呼ばれる。

なおイディッシュ語は、ドイツ語圏に定住したユダヤ人のあいだで九世紀から一〇世紀頃誕生したといわれ、音韻や文法構造はドイツ語に似るが、文字はヘブライ文字を用い、右から左に横書きされる。

(18) Haumann, a. a. O., S. 36. ハウマン、前掲訳書、四八—四九ページ。

(19) たとえばガリツィアを舞台とするレーオポルト・フォン・ザッハー＝マゾッホの小説『密使』に登場するユダヤ人レヴィ・モーゼスや、『コロメアのドン・ジュアン』に登場するファクトールを見よ。いずれの作品も種村季弘訳で『ザッヘル＝マゾッホ選集』第四巻の『密使』（桃源社、一九七七年）に収録されているが、訳語には問題点が多い。また (Franz Kratter), *Briefe über den itzigen Zustand von Galizien*, Tl. 2, Leipzig 1786, Neudruck, Berlin 1990, S. 29 および Joseph Rohrer, *Versuch über die jüdischen Bewohner des österreichischen Monarchie*, Wien 1804, S. 85f. も参照。ファクトールは、貴族からすべてを任されている者として振る舞ったという。

(20) John-Paul Himka, Ukrainian-Jewish Antagonism in the Galician Countryside during the Late Nineteenth Century, in: Howard Aster, Peter J. Potichnyj (ed.), *Ukrainian-Jewish Relations in Historical Perspective*, Edmonton 1990, p. 118.

(21) ユダヤ人のアレンダールとルーシン人農民との関係は、緊張をはらんだものにならざるをえなかったが、にもかかわらず都市と農村の仲介者としてのアレンダールは、農民にとっても必要不可欠な存在であった。アレンダールは農民の余剰生産物を買い取って都市で売り、また都市で生産される手工業製品や雑貨を仕入れて農村にもたらし、農民の需要を満たす役割を担った。

(22) Haumann, a. a. O., S. 40. ハウマン、前掲訳書、五五ページ。
(23) 伊東孝之他編、前掲書、一二〇、一四四ページ。山田、前掲書、二三一ページ。アーベル、前掲訳書、二一三ページ。Podraza, op. cit., p. 317.
(24) 伊東孝之他編、同書、一一五ページ。
(25) A. J. Brawer, *Galizien. Wie es an Österreich kam*, Leipzig/Wien 1910, Neudruck, Berlin 1990, S. 35f.
(26) 山田、前掲書、三一ページ。一ワン農民または完全農民とは、家族の生活を維持するに足るとされる一ワンの耕地と家屋、菜園、庭地、家畜を保有する農民をさし、これが一六世紀ポーランドの農民経営の基本であった。しかし、時代が下るにしたがい農民経営は零細化した（山田、同書、三〇ページ以下を見よ）。John-Paul Himka, *Galician Villagers and the Ukrainian National Movement in the Nineteenth Century*, Basingstoke/London 1988, p. 11f.
(27) 小山哲「消滅した国家ポーランド」『岩波講座世界歴史』第一七巻、岩波書店、一九九七年、八一ページ。Podraza, op. cit., p. 319.
(28) 本章の第一節で述べたように、領主が持つ領地や特権の賃借はジェルジャヴァあるいはアレンダと呼ばれたが、第一節注(16)のロスマンの研究によれば、一八世紀のシェニアフスキ＝チャルトリスキ一族の領地経営に関する文書では、ジェルジャヴァは不動産の賃貸借に対して使用され、アレンダは特権の賃貸借に対して使用されるという区別があった。そしてジェルジャフツァ（賃借人）は通例シュラフタであったのに対し、アレンダールは通例ユダヤ人であった。Rosman, op. cit., p. 110 を見よ。
(29) 「ポーランドについて」木庭宏責任編集『ハイネ散文作品集』第二巻、松籟社、一九九〇年、一九一―二〇ページ。
(30) ヘブライ語でヴァアドは会議、アルバは数字の四、アラツォートは国を意味するエレツの複数形である。

したがって「ヴァアド・アルバ・アラツォート」は「四邦会議」とも訳されるが、この名称は、ズィグムント一世老王がポーランド・リトアニア国のユダヤ人を四の行政地域にわけたことに基づいている。ヴァアドはポーランドの国会と類似して、地方会議の代表者によって構成された。ヴァアドの成立経緯や組織、業務に関しては、川名隆史「分割前ポーランドにおけるユダヤ人の自治――全国会議 Waad Arba Aracot の構造と機能」(『東京国際大学論叢経済学部編』第二〇号、一九九九年)を見よ。

(31) 川名、同論文、三四ページおよび三七ページの注(51)。

(32) Majer Bałaban, *Dzieje żydów w Galicyi*, Lwów (1914), s. 4. Vgl. Brawer, a. a. O., S. 96.

(33) Jecheskiel Caro, *Geschichte der Juden in Lemberg von den ältesten Zeiten bis zur Theilung Polens im Jahre 1792*, Krakau 1894.

(34) Ebd., S. 54f. ドイツ語の文献であるため、貨幣単位はグルデンが使用されている。当時のポーランドのズウォティとグルデンの換算率は記されていない。

(35) Ebd., S. 94f.

(36) Ebd., S. 94. カロは一ターラーを七グルデン一五グロッシェンとしている。

(37) 戦乱のたびに繰り返されたユダヤ人からの強奪のみならず、教会や修道会によるユダヤ人攻撃もユダヤ人の状況を悪化させた。ルヴフでは、一六六四年にイエズス会のコレジオ(神学校)の学生がユダヤ人を襲撃し、二〇〇人以上の死者が出た(第一章図5参照)。ユダヤ人が被った被害額は、破壊された家屋を別にしても七〇万グルデン以上におよんだ。Caro, a. a. O., S. 74f.

(38) 詳しくは第一部第四章を見よ。

## 第二章　オーストリア領ガリツィアの誕生

（1）　一七一三年にカール六世によって発せられた国事詔書。ハプスブルク家の領地の永久不可分とその相続順位を女系子孫も含めて法的に確定した。一七一六年に長子が夭折したため、カール六世は、プラグマーティッシェ・ザンクツィオンにもとづき長女マリア＝テレジアがハプスブルク家の全家領を相続することに関してハプスブルク帝国内外の承認を取りつけるべく奔走し、一七二四年に成功へとこぎつけた。ところが一七四〇年にカール六世が死ぬと、バイエルン選帝侯がマリア＝テレジアの相続に異議を唱え、さらにプロイセンのフリードリヒ二世は、相続承認の代償としてシュレージエンの領有を主張した。マリア＝テレジアがプロイセンの要求を拒否すると、プロイセンは大軍を派遣してシュレージエンを占領し、ここにオーストリア継承戦争が始まることになった。

（2）　比較のためにいえば、現在のオーストリア共和国の面積は八万三八五八平方キロメートルである。

ここで、第一次ポーランド分割後のオーストリア領有地の境界線の変化についてまとめておこう。オーストリアは一七九三年の第二次分割には参加しなかったが、一七九五年の第三次分割でクラクフ、ラドム、ルブリン、シェドルツェ各県を獲得する。これによって、第一次分割時に比べ、領有地の面積は約一・六倍に拡大した。しかし、一八〇七年のティルジット条約でフランスの傀儡国家ワルシャワ公国が成立すると、一八〇九年にオーストリアは公国に侵攻したが、かえってポーランドのユゼフ・ポニャトフスキ将軍が率いる軍隊に反撃され、第三次分割で獲得した領土は短期間で失われる。さらにナポレオン失脚後のウィーン会議で、一八一五年五月三日にポーランド王国、プロイセン領ポーゼン（ポズナン）大公国、クラクフ自治共和国が設立されたさい、オーストリアは、第一次ポーランド分割で占領したザモシチもポーランド王国に譲ることになった。しかし、一八四六年二月二〇日に始まるクラクフ蜂起がオーストリア軍によって鎮圧された後、オーストリアは一一月一六日にクラクフ自治共和国を併合し、結局、ガリツィアの面積は約七万八五〇〇平方キロメートルとなる。この時点で確定された境界線が、一九一八年の第一次世界大戦終了まで維持された。

(3) Brawer, a. a. O., S. 18.

(4) Ebd., S. 20. 一八五三年当時のオーストリア領ガリツィアおよびロドメリアでは、一八四六年に併合されたクラクフと一七七五年に併合されたブコヴィナがそれぞれ単一の行政区(クラクフは大公国 Großherzogtum、ブコヴィナは公国 Herzogtum)を構成し、ほかは一八の行政区(Kreis)、すなわちヴァドヴィツェ、ボフニア、ソンチ(ザンデツ)、タルヌフ(タルノフ)、ヤスウォ、ジェシュフ、サノク、プシェミシル、ジュウキェフ、ルヴフ(レンベルク)、ズウォチュフ、サンボル、ブジェジャン、ストルィイ、スタニスワヴフ(スタニスラウ)、コウォムィヤ(コロメア)、タルノポル、チョルトクフに分けられた。ガリツィアに関して、信頼に値する人口統計が作成されるのは一八九〇年以降であるが、参考までに一八五三年に刊行された Hipolit Stupnicki, *Das Königreich Galizien und Lodomerien, sammt dem Grossherzogthume Krakau und dem Herzogthume Bukowina, in geographisch-historisch-statistischer Beziehung*, Lemberg 1853, Neudruck, Berlin 1989, S. 4f. によれば、クラクフおよび一八の行政区の人口および宗派別人口は表のとおりである。表で、クラクフ以下サノクまでの行政区はサン川の西側に位置し、プシェミシル以下はサン川の東側に位置する。表を見れば、サン川をはさんですぐ西に位置する行政区サノクとすぐ東に位置する行政区プシェミシルあたりで、ポーランド人とルーシン人の人口の割合が逆転することがわかる。またユダヤ人口も、全体の七一・四パーセントがサン川以東に集中している。

| 行政区 | 人口 | ローマ・カトリック | ギリシア・カトリック | ユダヤ教 |
|---|---|---|---|---|
| クラクフ | 146,000 | 134,338 | 62 | 10,040 |
| ヴァドヴィツェ | 272,870 | 263,225 | 10 | 7,500 |
| ボフニア | 246,347 | 236,398 | 14 | 9,240 |
| ソンチ | 264,720 | 220,527 | 33,784 | 7,576 |
| タルヌフ | 273,005 | 253,843 | 25 | 18,179 |
| ヤスウォ | 283,341 | 218,430 | 55,062 | 8,821 |
| ジェシュフ | 313,995 | 282,650 | 8,645 | 20,173 |
| サノク | 301,323 | 111,950 | 175,449 | 12,067 |
| 小計 | 2,101,601 | 1,721,361 | 273,051 | 93,596 |
| 小計に占める割合 | | 81.9% | 13.0% | 4.5% |
| プシェミシル | 272,793 | 74,870 | 175,614 | 19,834 |
| ジュウキェフ | 233,899 | 39,850 | 180,852 | 12,337 |
| ルヴフ | 194,292 | 74,289 | 86,950 | 26,634 |
| ズウォチュフ | 258,302 | 51,850 | 170,021 | 33,122 |
| サンボル | 325,827 | 49,283 | 251,880 | 20,586 |
| ブジェジャン | 232,420 | 40,850 | 170,338 | 19,843 |
| ストルィイ | 250,297 | 25,560 | 198,376 | 22,526 |
| スタニスワヴフ | 264,936 | 29,970 | 207,507 | 27,227 |
| コウォムィヤ | 343,116 | 26,910 | 292,410 | 20,994 |
| タルノポル | 222,634 | 66,880 | 136,220 | 19,334 |
| チョルトクフ | 220,184 | 47,260 | 160,003 | 11,693 |
| 小計 | 2,818,700 | 527,572 | 2,030,171 | 234,130 |
| 小計に占める割合 | | 18.7% | 72.0% | 8.3% |
| 総計 | 4,920,301 | 2,248,933(1) | 2,303,222 | 327,726(2) |

(1) 引用文献では2,258,933人となっており，総計と一致しない。
(2) 引用文献では328,026人となっており，総計と一致しない。

(5) Brawer, a. a. O., S. 18.
(6) Ebd., S. 23.

（7） Joseph Karniel, *Die Toleranzpolitik Kaiser Josephs II.*, aus dem Hebräisch übers. v. Leo Koppel, Gerlingen 1985, S. 283.

（8） Ebd., S. 25. 本章の注（4）を見よ。

（9） さしあたり私の手元には、同時代人によって刊行されたガリツィア見聞録として次の三冊がある。

(Franz Kratter), *Briefe über den itzigen Zustand von Galizien*, 2 Tle., Leipzig 1786, Neudruck, Berlin 1990. 匿名の著者フランツ・クラッター（一七五八―一八三〇）は、当時のヨーゼフ主義を代表する著述家の一人。ルヴフ滞在中の見聞をもとに、ガリツィアの惨状とその原因を容赦なく論じた本書を刊行して人びとの注目を集めた。

(Heinrich Alphons Traunpaur), *Dreyßig Briefe über Galizien*, Wien/Leipzig 1787, Neudruck, Berlin o. J. 右のクラッターの著作の成功に続くべく書かれた。著者ハインリヒ・アルフォンス・トラウンパウア（一七三四―?）については、ガリツィアで八年間軍務についたこと以外、詳細は知られていない。

Joseph Rohrer, *Versuch über die jüdischen Bewohner der österreichischen Monarchie*, Wien 1804. 一八〇〇年に警察官僚としてルヴフに赴任した著者ヨーゼフ・ローラー（一七六九―一八二八）は、民族誌的著作を数多く刊行し、一八〇八年にルヴフで統計学の教授になった。同書は、ガリツィアのユダヤ人問題に多くのページを割いている。

（10） Roman Rosdolsky, *Untertan und Staat in Galizien*, hrsg. v. Ralph Melville, aus dem Polnisch übers. v. Hilde Nüerenberger-Mareiner, Mainz 1992, S. 18.

（11） Karniel, a. a. O., S. 289.

（12） (Kratter), a. a. O., Tl. 2, S. 153f.

（13） Karniel, a. a. O., S. 283.

(14) (Kratter), a. a. O., Tl. 2, S. 29.

(15) 『タラバス』(ヨーゼフ・ロート『ヨーゼフ・ロート小説集』第二巻、平田達治、佐藤康彦訳、鳥影社、一九九九年、所収)や『偽りの分銅』(同、第三巻、一九九三年、所収)を見よ。また一九世紀のポーランド文学に描かれたユダヤ人の酒場や酒場経営者に対するイメージを分析した興味深い研究として Magdalena Opalski, *The Jewish Tavern-Keeper and His Tavern in Nineteenth-Century Polish Literature*, Jerusalem 1986 がある。

確かに農村の酒場の多くはユダヤ人の手中にあったが、ルヴフのような都市ではそうではない。カロによれば、一七〇四年にスウェーデン軍によって占領、破壊される以前のルヴフの市内には、キリスト教徒が所有するビール醸造所が六七あり、そのうちの数カ所がユダヤ人に賃貸されていた。蜂蜜酒の販売人は、キリスト教徒が七一人、ユダヤ人が三一人、火酒の販売人は、キリスト教徒が八〇人、ユダヤ人が一六人、ワインの販売人は、キリスト教徒が八人、ユダヤ人は一人であった。Caro, a. a. O., S. 97.

(16) Brawer, a. a. O., S. 41, Anm. 24.

(17) (Kratter), a. a. O., Tl. 1, S. 227f. ポーランド語でも、アレンダは古くは酒場の意味でも使用された。

(18) Rohrer, a. a. O., S. 99.

(19) Brawer, a. a. O., S. 96.

(20) Rosdolsky, a. a. O., S. 64f.

(21) 一七七七年にマリア＝テレジア自身の手で書かれた次の一文は、敬虔なカトリック教徒であったマリア＝テレジアのユダヤ人観を示すものとしてよく知られる。「私は国家にとって、この者たち[Nation]ほどたちの悪いペストを知らない。この者たちは、詐欺、暴利商売、金銭契約を行い、人びとを乞食に貶め、正直者が嫌悪するあらゆる悪しき行為をしている。」(Anton F. Pribram (Hg.), *Urkunden und Akten zur Ge-*

*schichte der Juden in Wien*, Bd. 1, Wien/Leipzig 1918, S. 425f. Nr. 199.)

(22) ガリツィアのユダヤ人にかかわる法令については Michael Stöger, *Darstellung der gesetzlichen Verfassung der galizischen Judenschaft*, 2 Bde., Lemberg/Przemysl/Stanislawow/Tarnow 1833 を見よ。

(23) ユダヤ人総務局は、税金に関してポーランド時代のヴァアドの役割を引き継ぐ機関だった。総務局で働く職員や書記にかかる費用は、税金を取られる側のユダヤ人が負担しなければならなかった。

(24) Bałaban, op. cit., s. 24.

(25) 結婚税の廃止にともない導入された新税は、新しいシナゴーグや新しい墓所の建設にかかる税（die Cameral=Taxe）と、ユダヤ教徒が私的な場所で聖祭を行う場合などにかかる税（die Minjamins=Taxe）である（Stöger, a. a. O., Bd. 2, S. 80）。ミンヤン（Minjan）とは、ユダヤ教において正式な礼拝を挙行するさいに必要な定足数を意味し、正統派ユダヤ教では一三歳以上の成人男子一〇人である。

(26) (Kratter), a. a. O., Tl. 2, S. 47.

(27) Bałaban, op. cit., s. 28.

## 第三章　ヨーゼフ改革とガリツィアのユダヤ人

(1) ただし租税・土地台帳令は、ヨーゼフの死後一七九〇年四月二〇日に廃止された。

(2) ライタ川以西のハプスブルク帝国領で、プロテスタントと正教徒に信仰の自由と同権を認める寛容令は、一七八一年一〇月一三日の日付けを持つが、公表されたのは一〇月二三日であった。ユダヤ教徒に対する寛容令については、本章第二節を見よ。

(3) Wacław Tokarz, *Galicya w początkach ery Józefińskiej w świetle ankiety urzędowej z roku 1783*, Kraków 1909, s. 368-369.

(4) Stöger, a. a. O., Bd. 1, S. 150.
(5) Rosdolsky, a. a. O., S. 84.
(6) Tokarz, op. cit., s. 167-168.
(7) ibid., s. 163.
(8) ガリツィアでは、一九〇〇年当時でなお、何らかのかたちで酒商売にかかわる者の八〇パーセント以上がユダヤ人であった。プロピナツィアの権利は、ガリツィアでは一八八九年に法によって廃止されたが、一九一一年まで完全にはなくならなかった。一九世紀から二〇世紀への世紀転換期に、ガリツィアでは、人口四二〇人につき一軒の割合で一万七二七七軒の酒場があったが、これは一八五〇年代から一八七〇年代にわたって進められた節酒・禁酒運動の成果のひとつであり、それ以前には、人口二〇〇人から三〇〇人につき一軒の割合で酒場があった。(John-Paul Himka, Ukrainian-Jewish Antagonism in the Galician Countryside during the Late Nineteenth Century, in: Aster, Potichnyj (ed.), op. cit., p. 136f.) これを見れば、プロピナツィアの権利の維持は、農民に対して途方もない害悪をおよぼす一方、領主と、とりわけプロピナツィアの権利に生計を依存する多数のユダヤ人にとっては死活問題であったことがわかる。近代ガリツィアのルーシン人(ルテニア人)の民族運動において、ルーシン人農民のあいだで節酒・禁酒運動を進める者たちと、農民に酒を売らなければ生活してゆけないユダヤ人の利害は鋭く対立する。
(9) (Kratter), a. a. O., Tl. 2, S. 43. クラッターは、一七八四年のガリツィアのユダヤ人家族数として三万九八六一という数字をあげている(Ebd., S. 30.)。
(10) Ebd., S. 44f.
(11) Ebd., S. 53. ユダヤ教の定める安息日は金曜日の日没から土曜日の日没までで、この間、ユダヤ教徒はいっさいの労働を控える。そのためクラッターは、土曜日に加えてキリスト教徒の安息日である日曜日の労働も禁止されると、農作業に支障をきたすというのである。

(12) ヨーゼフ二世の下で進められたドイツからガリツィアへの入植事業に関しては、ルートヴィヒ・シュナイダーによる詳細な研究 Ludwig Schneider, *Das Kolonisationswerk Josefs II. in Galizien*, Leipzig 1939, Neudruck, Berlin 1989 がある。

シュナイダーによれば、ヨーゼフは一七七三年の最初のガリツィア視察旅行で、ドイツから手工業者や商人や農民を入植させることに思いいたったという。そして翌一七七四年九月一日にマリア＝テレジアによって、商人、職人、工場主、専門職につく者等を対象とするキリスト教徒の外国人の入植に関する勅令が公布された。(Ansiedlungspatent für die auswärtigen römischkatholischen und griechisch unierten Handelsleute, Künstler, Fabrikanten, Professionisten und Handwerker および Ansiedlungspatent für die auswärtigen protestantischen Handelsleute, Künstler, Fabrikanten, Professionisten und Handwerker.) マリア＝テレジアの勅令では、プロテスタントの移住地はレンベルク(ルヴフ)など四都市に限定されており、プロテスタントのドイツ人農民の入植事業が開始されたのは、ヨーゼフの単独統治が始まってからである。一七八一年九月一七日に外国人プロテスタントの農村への移住を可能にする勅令が発令され、さらに一七八一年一〇月の寛容令によってプロテスタントにもカトリックの信者と同じ権利が認められたことが、ドイツ人農民の入植を容易にした。こうして一七八二年の初めから本格的な入植事業が開始される。

入植者の募集は、フランクフルト・アム・マインをはじめとして、ドイツ各地に開設された事務所で行われた。応募者は、プファルツやヴュルテンブルク、ヘッセンなど、南西ドイツの出身者が多数であった。彼らはいったんウィーンの入植取次機関に集められ、そこでオーストリア国内を移動するための身分証明書と旅費を受け取った後、それぞれの入植地に向かった。ドイツ人農民が誘致されたのは、当時なお人口密度が低く、経済的に未開発であった東ガリツィアである。入植者に与えられたのは、ガリツィア併合後ハプスブルク家がポーランド王から引き継いだ王領地や、教会あるいは修道院から没収された土地、あるいは耕作者のいない荒地や放棄されたままの開墾地であった。ほかに、政府の入植事業に協力する貴族領主の領地に受け入れられた農民もいた。

入植者には、土地のほか、補助金、最初の種まき用の種籾、農具、家畜などが支給されるはずであったが、オーストリアの受け入れ態勢はきわめて不十分であった。入植地に到着しても、職人や建築資材の不足のために入植者が住むべき家も建てられておらず、また入植地も、しばしば狭く不毛であった。そのため劣悪な生活に見切りをつけ、故郷に帰ったり、別の土地へ再移住した入植者も多数いたという。

手工業者や商人、農民など、すべてを合わせてどのくらいのドイツ人がガリツィアに移住したのか、正確に知ることは不可能である。これに関してシュナイダーは、いくつかの数字を紹介しているが、たとえば第一部の第二章でたびたび引用した一七八六年のクラッターは、神聖ローマ帝国からの移住者は約三〇〇〇家族としている（(Kratter), a. a. O., Tl. 2, S. 60.)。これに近い数字をあげているものとして、Friedrich Raimund Kaindl, *Geschichte der Deutschen in den Karpathenländern*, Bd. 3, Gotha 1911 によれば、一七八六年一月三一日までに三一〇八家族、一万二三六五人が移住し、その内訳は、ルター派が一四四四家族、改革派が三九八家族、メノー派が二六家族、ローマ・カトリックが一二四〇家族である。

最初の入植事業は一七九五年に終了し、その後一八〇二年から一八〇五年にかけて二度目の入植が実施された。入植事業は、中断をはさみながら一八二〇年頃まで続けられたようだが、受け入れ態勢の不備は改善されなかったという。

なおシュナイダーの研究は、一九三九年にナチ政権下のライプツィヒで、東方ドイツ研究叢書の第九巻として出版されたことを指摘しておきたい。ヴァイマル共和国時代からナチ時代にかけて、ドイツの保守的な歴史学界には「東方研究」と総称される一連の研究が存在した。その目的は、第一次世界大戦後にドイツが東方で失った領土の回復要求や、東方へのドイツの領土拡張要求に歴史的裏付けを与えることである。バルト三国や東欧諸国家には、中世以来繰り返されたドイツ人の植民活動の結果、ドイツ系少数民族集団が点々と存在した。東方研究に携わった研究者たちは、ドイツが東方に領土を拡大するにあたって、これらドイツ系少数民族こそドイツ帝国の前衛であるとみなし、彼らの歴史や実態を明らかにするための調査や研究が盛んに行われた。シュナイダーの研究もそのひとつである。シュナイダーは、研究書の序文でハンス・コッホとヴァルター・クーンに謝辞を述べているが、両人は、当時の東方研究におけるそれなりの大物研究者であった。

　東方研究とドイツの生命圏を東方に求めるナチとのイデオロギー的、実践的協力関係については、近年、新しい事実が次々に明らかにされている。そのなかでもとくに、第二次世界大戦後の西ドイツ歴史学界をリードしたヴェルナー・コンツェやテオドーア・シーダーらが東方研究をみずからの学問的出発点とし、またナチの党員でもあった事実が明るみに出されたことは、ドイツの歴史研究者のみならず、一般人にも衝撃を与えた。

　以上に関しては、たとえば次の文献がある。Angelika Ebbinghaus, Karl Roth, Vorläufer des „Generalplans Ost“. Eine Dokumentation über Theodor Schieders Polendenkschrift vom 7. Oktober 1939, in: *1999. Zeitschrift für Sozialgeschichte des 20. und 21. Jahrhunderts*, H. 1, 1992. Götz Aly, Susanne Heim, *Vordenker der Vernichtung*, Frankfurt a. M. 1993. Götz Aly, *Endlösung*, Frankfurt a. M. 1995.（ゲッツ・アリー『最終解決』山本尤、三島憲一訳、法政大学出版局、一九九八年。）Ders. *Macht-Geist-Wahn*, Berlin 1997. Peter Schöttler (Hg.), *Geschichtsschreibung als Legitimationswissenschaft 1918-1945*, Frankfurt a. M. 1997.（ペーター・シェットラー編『ナチズムと歴史家たち』木谷勤、小野清美、芝健介訳、名古屋大学出版会、二〇〇一年。）木谷勤「ナチズムと歴史家たち——一九九八年ドイツ歴史家大会の話題をめぐって」

『ドイツ研究』第二九号、一九九九年。野村真理「歴史叙述の主体性と責任――ナチズムとドイツの歴史家たち」森明子編『歴史叙述の現在』人文書院、二〇〇二年、所収。

最後に、東ガリツィアのドイツ人入植者たちのその後の運命について述べておきたい。東ガリツィアは、ハプスブルク帝国崩壊後はポーランドに帰属し、第二次世界大戦後はソ連のウクライナの一部となった。この過程で東ガリツィアのドイツ人の運命を大きく変えたのは、一九三九年八月にドイツとソ連のあいだで交わされたポーランド分割に関する秘密議定書である。これによって一九三九年九月にドイツ軍がポーランドに侵攻すると、東ガリツィアはソ連の支配下に入った。そのさい議定書における合意にもとづき、東ガリツィアのほとんどのドイツ人がガリツィアを去ってドイツへ移住し、ガリツィアのドイツ人少数民族の歴史は幕を閉じた。その人数は約六万人であったという。

(13) Karniel, a. a. O., S. 469. Bałaban, op. cit., s. 39. Schneider, a. a. O., S. 52.
(14) Karniel, a. a. O., S. 467, S. 469.
(15) Bałaban, op. cit., s. 40. Karniel, a. a. O., S. 471.
(16) Bałaban, op. cit., s. 41.
(17) ibid., s. 42. マイエル・バワバンによると、レジャイスクやザレシチキのユダヤ人のその後の運命を明らかにする史料は残されておらず、「新バビロン」のユダヤ人についても、これを紹介したバワバンの研究書からは、追放が実施されたのかどうか不明である。新バビロンのユダヤ人について、バワバンは A. J. Brawer の一九一〇年の論文 Józef II i Żydzi galicyjscy に依拠しているが、残念ながら私はこの文献をまだ入手していない。
(18) Bałaban, op. cit., s. 43. Karniel, a. a. O., S. 472.
(19) Rosdolsky, a. a. O., S. 86, Anm. 126. ユダヤ人の賃借人と利害を共有する貴族領主から中央政府に対し、このような法令の廃止を求める請願書が提出されている。

(20) 一七八五年の調査によれば、ベーメンには四万二二二九人のユダヤ人がおり、総人口の一・六パーセントを占めていた (Ferdinand Seibt (Hg.), *Die Juden in den böhmischen Ländern*, München/Wien 1983, S. 325.)。

(21) ベーメンのユダヤ人に対する寛容令の正式のタイトルは Verordnung die bessere Bildung und Aufklärung der Juden betreffend である。ベーメンの寛容令と、寛容令がベーメンで最初に発令された背景については、Karniel, a. a. O., S. 574f. の Appendix 10 および S. 399f. を見よ。ベーメン以後、寛容令は各領邦に対して次の順序で発令された。ただしオーストリア領イタリアのユダヤ人については、すでにイタリア語社会への文化的同化が進み、また彼らが内容的に寛容令を上回る権利を享受していたため、寛容令は発令されず、一七八一年末に既得の権利が更新されるにとどめられた (Ebd., S. 402f.)。

一七八一年一二月一五日　Das Patent für die Juden Österreich-Schlesiens
一七八二年　一月　二日　Das Toleranzpatent für die Juden Wiens und Niederösterreichs
一七八二年　二月一三日　Das Toleranzpatent für die Juden Mährens
一七八三年　三月三一日　Das Toleranzpatent für die Juden Ungarns
一七八九年　九月三〇日　Die Judenordnung für Galizien

(22) ウィーンおよびニーダーエスターライヒの寛容令については、Pribram (Hg.), a. a. O., Bd. 1, S. 494f. を見よ。

(23) 一七八一年五月一三日付けの覚書については、Ebd., S. 440f. を見よ。

(24) 覚書では die gerichtsübliche Sprache jeden Landes と、ベーメンの寛容令では die Landsprache と書かれている。ちなみにヨーゼフは一七八四年の言語令によって、ロンバルディアとネーデルラントを除くオーストリア全体で、官公庁で使用される言語をドイツ語に限定した。ヨーゼフの言語令は、民族語の排除ではなく、行政の効率化を目的とする合理的配慮から出たものであったが、伝統的にラテン語を公用語としてきたハンガリーでは、ドイツ語の強制がハンガリー人意識を刺激することになり、激しい反発を引き起こした。そのためヨーゼフの帝位継承者レオポルト二世により、ハンガリーに対する強制措置は撤回された。他方、すでに一七世紀半ばから上流階層のあいだにドイツ語が浸透していたベーメンでは、大きな抵抗は受けなかった。

(25) 第一部第二章の注(25)を見よ。

(26) Karniel, a. a. O., S. 399f.

(27) Ebd., S. 285f.

(28) Ebd., S. 288.

(29) Ebd., S. 440f., S. 446f., S. 448.

(30) Bałaban, op. cit., s. 10.

(31) Karniel, a. a. O., S. 447.

(32) Ebd., S. 449. ガリツィアでは一七八四年末からユダヤ人税が改定され、ユダヤ人は保護・寛容税に加えて、さらに一家族につき一グルデンの一種の地方税 der Landes=Domestical=Beitrag が追加徴収されることになった。一七八九年の寛容令の発令にともなう再度の税改定で、この追加税は、ユダヤ人の子供の学校にかかる費用に回されることになった (Stöger, a. a. O., Bd. 2, S. 80.)。

(33) ホンベルクはオーストリア政府の依頼で、ユダヤ人の子供のため、一八一二年にドイツ語で *Bnei Zion, ein religiös moralisches Lehrbuch für die Jugend israelitischer Nation,* von Herz Homberg, einem Schüler Mendelssohns (メンデルスゾーンの弟子ヘルツ・ホンベルク著『シオンの子、イスラエルの民の子供たちのための宗教・道徳教本』) を出版した。後述するように、ガリツィアではユダヤ人のためのドイツ語教育校は一八〇六年に閉鎖されたため、その後は、ホンベルクのこの教科書が、正式な結婚資格を得るためのドイツ語の試験に使用されるようになった。結婚を希望するユダヤ人は、教科書を買わされた上、その内容を理解しているかどうか試験されるのだが、彼らの半分か、それ以上の者たちが教科書の内容を理解できず、試験はユダヤ人にたいへんな恐怖を与えたという。そのため、多くのユダヤ人が正式の手続きを踏まずに結婚した。バワバンによれば、ガリツィアのユダヤ人家族数は一八二五年から一八二六年のあいだに四万四四八八から四万六六一〇へと増加したが、増加した二一二二家族のうち、正式な結婚による家族は一三七にすぎない (Bataban, op. cit., s. 75)。正式な結婚によらない子供は私生児として扱われ、相続権を持つこともできなかった。このような事態が異常であることは政府もよく承知していたが、一八四八年革命まで根本的には改善されなかった。

(34) Karniel, a. a. O., S. 453f.

(35) Bataban, op. cit., s. 44. ユダヤ人がドイツ語の姓名を持たされたことにより、ガリツィアでは、スラヴ語の名前を持つポーランド人やルーシン人とユダヤ人のあいだに、名前によってもひとつのくさびが打ち込まれることになる。

なお、ユダヤ人の姓名の確定と人名登録簿の整備は、ユダヤ人に対しても徴兵制を導入するため、ぜひとも済ませておかなければならない作業のひとつであった。ユダヤ人の徴兵に関しては、それをユダヤ人の国家への統合の一手段と考える政府と、また義務の平等は権利の平等につながると考えるユダヤ人啓蒙主義者のあいだに積極的な推進論者がいた反面、敬虔なユダヤ教徒は、軍隊ではユダヤ教の戒律が守れないことを恐れて徴兵に抵抗し、またキリスト教徒のあいだにも、そのようなユダヤ人と行動をともにすることに対して根強い不快感と不信感があった。ユダヤ人の徴兵をめぐる議論については、Erwin A. Schmidl, *Juden in der k. (u.) k. Armee 1788-1918*, Eisenstadt 1989 を見よ。

ヨーゼフ自身は推進論者として、ユダヤ人兵士をまずは輜重隊あたりで使うことが可能と考えていた。ヨーゼフは、一七八九年のガリツィアの寛容令でユダヤ人に対する兵役義務を明記したが、すでに一七八八年の対トルコ戦争では、オーストリアの兵員不足のため、ユダヤ人も兵士として動員されている。しかしヨーゼフの死後、一七八九年の寛容令の兵役規定は、まったくないがしろにされることになった。

(36) 野村真理「ウィーンのユダヤ人――同化と異化のはざまで」『歴史学研究』第七五五号、二〇〇一年。また伊狩裕「啓蒙と『半アジア』――カール・エーミール・フランツォース試論(一)」(同志社大学『言語文化』第三巻第二号、二〇〇〇年)を見よ。ガリツィアのハスカラ運動については、Raphael Mahler, The social and political aspects of the Haskalah in Galicia, in: *YIVO Annual*, vol. 1 (1946) を見よ。

## 第四章 ヨーゼフ没後のガリツィアのユダヤ人

(1) カシェルの原義は、ユダヤ教の法にかなって「適正」であることで、カシュルートは適正性を意味する。食物以外の物品についてもカシェルか否かの区別がある。

(2) ここで、ヨーゼフ時代のガリツィアのユダヤ人税の改定についてまとめておきたい。マリア゠テレジアは一七七六年のユダヤ人条令で、ガリツィアのユダヤ人に対し、保護・寛容税、営業・財産税、結婚税の三税を課したが、一七八四年末からヨーゼフは、それらユダヤ人税の最初の改定に着手した。そのさい保護・寛容税はそのまま残され、さらに保護・寛容税と同時に支払われるべき税金として、一家族につき一グルデンの der Landes=Domestical=Beitrag が追加された(第一部第三章の注(32)を見よ)。また本文で述べたように、営業・財産税は廃止され、かわりに導入されたのが清浄肉消費税である。結婚税は廃止されなかったが、結婚しようとする者の職業を三クラスにわけ、職業と所得に応じて納税額に差が設けられた。

ヨーゼフによる次の税改定は、一七八九年の寛容令の発令にともなうものである。この改定で、保護・寛容税、der Landes=Domestical=Beitrag、清浄肉消費税はそのまま残されたが、結婚税は廃止される。かわりに導入されたのが die Cameral=Taxe と die Minjamins=Taxe である（第一部第二章の注(25)を見よ）。

(3) 分割前のポーランドでは、一ポンドの重さは地域や量る物品によって異なったが、ほぼクラクフの三九八グラムとシュチェチンの四五三グラムのあいだにおさまるようである。オーストリアでは、一ウィーン・ポンドは五六〇グラムであった。マリア＝テレジアによって国内の度量衡の統一が進められ、十進法が導入されるまで、ガリツィアでは、日常生活ではまだポーランド・ポンドが通用していた可能性があるが、その点を別にしても、政府にとってはポーランド・ポンドを課税単位とした方が徳だっただろう。同じ肉一ポンドでも、ポーランド・ポンドの方がウィーン・ポンドより量が少なく、それだけ消費税率は高くなるからである。

(4) Balaban, op. cit., s. 76.

(5) 保護・寛容税と同時に der Landes=Domestical=Beitrag も廃止された。

(6) Balaban, op. cit., s. 77. 皇帝に対してホンベルクは、安息日にロウソクを灯す習慣はユダヤ教に深く根づいたものではない、とも応えたようだ（Menasche Josef Friedler, *Die Galizischen Juden von wirtschaftlichem, kulturellem und staatsbürgerlichem Standpunkte, 1815-1848*, Diss. Wien 1923, S. 7 を見よ）。

(7) 一八五八年に十進法が導入されるまで、オーストリアでは一グルデンは六〇クロイツァーである。

(8) ただし一八一六年から、強制ロウソクの決まりは安息日のみに適用され、同じ週に祝日があっても祝日には適用されなくなる。

(9) ハヌカは「奉献」を意味する。ハヌカ祭はロウソクを灯すために「灯明祭」ともいわれ、キリスト教のクリスマスに近い時期に祝われる。祭の由来は次のとおりである。紀元前二世紀にマカベア一族が、当時パレスティナを支配していたギリシア系のセレウコス朝シリアのアンティオコスに対して反乱を起こし、ギリシアの神々に汚されていたエルサレムの神殿を奪還した。神殿を清めたとき、封印されたまま汚されていない小さな油壺が見つかったので、その油を七枝の燭台（メノラと呼ばれ、ユダヤ教の象徴）に注いで灯を灯したところ、油は一日分しかなかったにもかかわらず、灯明は八日間燃え続けた。そこでハヌカ祭では、八枝の燭台（ハヌキヤと呼ばれる）に立てたロウソクに毎夕一本ずつ灯を灯し、八日目に八本すべてのロウソクに灯を灯すことにより、古代エルサレムの神殿の清めを記念する。

(10) 一八四八年三月革命前期のオーストリアで、実際に民衆のあいだで通用していたのは協定貨幣ではなく、各地でさまざまに発行された価値の低い貨幣であった。良知力「貨幣の表情」（良知力『一八四八年の社会史』影書房、一九八六年、所収）を見よ。

(11) 一八一一年については、回収紙幣で清浄肉消費税が九〇万八五〇〇グルデン、ロウソク税が五八万二六七九グルデンである。協定貨幣への切り替え後、一八一七年については、清浄肉消費税とロウソク税とを合わせて一四〇万グルデンである（Friedler, a. a. O., S. 9, S. 32)。

(12) 補足税は一八二九年に廃止された。

(13) Friedler, a. a. O., S. 34. 政府は一八一九年から、徴税権の競売を行政区単位のほか、カハウ単位でも行うようにした。

(14) Balaban, op. cit., s. 77. ただしバワバンは、年間を通じてロウソク四本のところを三本と誤記している。一八一〇年から同様にして、ロウソクを四本以上灯す家族にはロウソク一本につき四枚の救貧カードが渡された。ただし一八三三年当時になると、救貧カードは制度としては残っていたものの、実際にはもはや配られていなかったようだ。Stöger, a. a. O., Bd. 2, S. 105f. を見よ。

(15) Stöger, a. a. O., Bd. 2, S. 103f.

(16) Friedler, a. a. O., S. 32.

(17) *Oesterreichisches Central=Organ für Glaubensfreiheit, Cultur, Geschichte und Literatur der Juden*, Nr. 7, Wien 13. Mai 1848. 一八四八年のオーストリアでは、三月一四日に検閲が廃止されると、堰を切ったように数多くのパンフレットや新聞が発行された。四月四日にウィーンで第一号が出た同紙も、そのような新聞のひとつである。発行者はイージドール・ブッシュで、一八四八年一〇月二五日に発行を停止するまで、ユダヤ人解放問題を中心に、オーストリア各地のユダヤ人の状況について豊富な情報を提供した。

おわりに

(1) *Oesterreichisches Central=Organ*, Nr. 36, Wien 13. September 1848. 太字は、原文では隔字体で強調されている。

(2) Ebd., Nr. 45 u. 46, Wien 11. Oktober 1848.

(3) Himka, *Galician Villagers and the Ukrainian National Movement in the Nineteenth Century*, p. 32.

第二部　両大戦間期東ガリツィアのポーランド人・ユダヤ人・ウクライナ人

はじめに

(1) Alexander Granach, *Da geht ein Mensch*, München 1982, S. 404. ドイツ語およびイディッシュ語俳優として知られたユダヤ人アレクサンダー・グラナハは、一八九〇年に東ガリツィアの村で生まれた。オーストリア＝ハンガリー帝国軍の一兵士として第一次世界大戦に従軍した後、戦後、東ガリツィアの領有をめぐってポーランド軍とウクライナ軍のあいだで発生した戦闘に遭遇し、自伝『人間が行く』で次のように書いている。「これまで平和に暮らしてきたガリツィアのユダヤ人は、即座に気づいた。オーストリアとともに自分たちもまた戦争に負けたのだと。なぜなら、どちらの軍隊も同じスローガンを叫んでいたのだから。ユダヤ人をたたき出せ！　ユダヤ人をたたき出せ！」

（2）「ポグロム」は打ち壊しを意味するロシア語だが、現在は、とくにユダヤ人に対する集団的暴力や略奪、虐殺を意味する歴史用語として使用される。

## 第一章　一九一八年ルヴフ

（1） Adam Wandruszka, Peter Urbanitsch (Hg.), *Die Habsburgermonarchie 1848-1918*, Bd. 3, Tl. 1, Wien 1980, S. 561.

（2） 長窪専三翻訳監修『タルムード・アヴォート篇』三貴、一九九四年、一三二ページ。

（3） Moshe Waldmann, Die letzten Tage des oesterreichischen Lembergs, in: *Juedische Rundschau Maccabi*, Basel, Jg. 10, Nr. 36, 1951, S. 8.

（4） Ebd.

（5） カハウ（ゲマインデ）が担ったさまざまな機能については、第一部で述べた。オーストリア帝国時代、一八九〇年三月二一日の法律により、オーストリアのユダヤ教徒は、本籍権や国籍の有無にかかわりなく、全員が、それぞれの居住地のカハウに所属することを義務づけられた。カハウは、その構成員からカハウ税や各種の手数料を徴収して、構成員の宗教、文化、福祉にかかわる事柄を自治的に執行する権利を持ち、国家に対しては、構成員の出生、死亡、結婚など、身分の変更にかかわる事柄を記録し、事業・会計報告を行う義務を負っていた。

（6） Josef Bendow, *Der Lemberger Judenpogrom*, Wien/Brünn 1919, S. 14f.

（7） Josef Bendow, *Der Lemberger Judenpogrom*, Wien/Brünn 1919. Israel Cohen, *A Report on the Pogroms in Poland*, Piccadilly 1919. (Julius Eisler), *Die jüdische Miliz in Lemberg 1-21/XI und Der Lemberger Pogrom 22. bis 25. November 1918*, o. O., o. J. *Evidence of Pogroms in Poland and Ukrainia* (*sic*), issued by Information Bureau of the Committee for the Defense of Jews in Poland and Other East European Countries, New York 1919. このほかに、自警団の指揮官の一人であったイスラエル・ヴァルトマンの弟モーシェ・ヴァルトマンによる回想録があり、一九五一年から一九五二年にかけて、四回にわたり、シオニストの新聞『ユーディッシェ・ルントシャウ』に連載された。Moshe Waldmann, Die letzten Tage des oesterreichischen Lembergs, in: *Juedische Rundschau Maccabi*, Basel, Jg. 10, Nr. 36, 1951-Jg. 11, Nr. 15, 1952.

(8) Raport delegacji ministerstwa spraw zagranicznych R. P. w sprawie wystąpień antyżydowskich we Lwowie, Archiwum Akt Nowych, Komitet Narodowy Polski, nr 159, k. 103-108, in: Jerzy Tomaszewski, Lwów, 22 listopada 1918, in: *Przegląd Historyczny*, Warszawa, tom LXXV, zesz. 2, 1984. レオン・フシャノフスキは、外交関係の仕事に従事する党派とは無関係の専門官であり、ヴァセルツクは、フシャノフスキ報告を紹介したイェジ・トマシェフスキの推測によれば、ワルシャワの週刊紙『イズラエリータ』の元編集者で、ジャーナリストのユゼフ・ヴァセルツクである。ヴァセルツクはポーランドの民主的な人々と交友関係があり、またユダヤ人であったため、ヴァセルツクの派遣についてトマシェフスキは、彼の報告であれば国際的な信用が得られると考えられた、と推測している。Tomaszewski, Lwów, 22 listopada 1918, s. 281.

(9) Bendow, a. a. O., S. 34.

(10) Ebd., S. 158.

(11) Ebd., S. 161f.

(12) Raport delegacji ministerstwa spraw zagranicznych R. P. w sprawie wystąpień antyżydowskich we Lwowie, s. 284.

(13) Bendow, a. a. O., S. 107.

## 第二章　ポーランド人とユダヤ人

(1) Karl Emil Franzos, *Der Pojaz. Eine Geschichte aus dem Osten*, Frankfurt a. M. 1988, S. 6.

(2) Franzos, *Aus Halb-Asien*, Bd. 1, S. XV.

(3) ハシディズムについては、第一部「はじめに」の注(1)を見よ。

(4) Ezra Mendelsohn, From Assimilation to Zionism in Lvov: The Case of Alfred Nossig, in: *Slavonic and East European Review*, No. 49, 1971, p. 523.

(5) Wandruszka, Urbanitsch (Hg.), *Die Habsburgermonarchie 1848-1918*, Bd. 3, Tl. 1, S. 527.

(6) ノシヒについては Mendelsohn の前掲論文のほか、Haumann, a. a. O., S. 171（ハウマン、前掲訳書、二五七―二五八ページ）を見よ。

(7) ノシヒのその後について、彼は第二次世界大戦中、ナチ・ドイツ占領下のポーランドで、ワルシャワ・ゲットーのユダヤ評議会の一員として、ナチのユダヤ人絶滅政策に協力を強いられる立場にあった。ゲットー内のユダヤ人の対ナチ抵抗組織は、ノシヒに裏切り者として死刑判決を下し、一九四三年二月二二日に射殺した。イツハク・カツェネルソン『滅ぼされたユダヤの民の歌』飛鳥井雅友、細見和之訳（みすず書房、一九九九年）の八五ページを見よ。

(8) Waldmann, a. a. O., Jg. 10, Nr. 36, 1951, S. 8.

(9) Bendow, a. a. O., S. 159.

(10) Cohen, op. cit., p. 30. Frank Golczewski, *Polnisch-jüdische Beziehungen 1881-1922*, Wiesbaden 1981, S. 200.

(11) トマシェフスキは、これに該当する報告書は発見できなかったとしている。

(12) Joseph Rothschild, *East Central Europe between the Two World Wars*, Seattle/London 1974, p. 36.（ジョセフ・ロスチャイルド『大戦間期の東欧』大津留厚監訳、刀水書房、一九九四年、三六ページ。）一九二一年の人口調査の民族区分は回答者の自己申告による。ただし、本文で示したユダヤ人口はユダヤ教徒の数である。

(13) ユダヤ人に比べれば規模は小さいが、当時の東ヨーロッパでユダヤ人と同様、各国に分散して存在していたのがドイツ人――ドイツ語の使用者――である。一九二一年のポーランドには、ドイツと接する西部を中心に約一〇六万人（総人口の四パーセント）のドイツ人がおり、同じく一九二一年に総人口約一三四〇万人であったチェコスロヴァキアには、ドイツ、ポーランドと接するスデーティ（ズデーテン）地方を中心に約三〇〇万ものドイツ人がいた。リトアニアでは、東プロイセンと接するクライペダ（メーメル）にまとまったドイツ人口が存在した。ナチ・ドイツは彼らを民族ドイツ人と呼び、彼らの居住地をドイツ帝国に併合、ないしは彼らをドイツ帝国領に回収することにより、ナチがいうところのドイツ人少数民族問題の解決を図る。

(14) Joseph Marcus, *Social and Political History of Jews in Poland, 1919-1939*, Berlin/New York/Amsterdam 1983, p. 437.

(15) François Guesnet, *Polnische Juden im 19. Jahrhundert*, Köln/Weimar/Wien 1998, S. 34f.

(16) Marcus, op. cit., p. 437.

(17) Paul Robert Magocsi, *Galicia: A Historical Survey and Bibliographic Guide*, Toronto/Buffalo/London 1983, p. 231.

(18) Rothschild, op. cit., p. 36.（ロスチャイルド、前掲訳書、三六ページ。）ヘブライ語は古代ユダヤ人の言語であったが、ローマ時代にユダヤ人の離散が本格化した後、紀元二世紀頃、話し言葉としての機能を失った。以後ヘブライ語は、ユダヤ教の聖典や典礼の言語として学ばれ、伝えられたが、各地に離散したユダヤ人にとっては唯一の共通語でもあった。これは、近代以前のヨーロッパでラテン語が共通語の役割を果たしていたのと似る。このヘブライ語をユダヤ人の日常言語として現代に復活させ、その普及を推し進めたのがシオニストである。ヘブライ語の近代化において、一八八一年にパレスティナに移住したリトアニア出身の言語学者エリエゼル・ベン・イェフダの功績はよく知られる。ヘブライ語こそユダヤ人の民族言語であると主張するシオニストは、イディッシュ語は、ユダヤ人が離散を余儀なくされた結果誕生した屈辱の言語であるとし、イディッシュ語にユダヤ人の民族言語を求めるイディッシュ語主義者と激しく対立した。

(19) マイノリティ保護をめぐる当時の議論については、水野博子「『マイノリティ』を『保護』するということ」(高橋秀寿、西成彦編『東欧の二〇世紀』人文書院、二〇〇六年、所収)を見よ。

(20) *The Peace Conference Paris, 1919. Report of the Delegation of the Jews of the British Empire*, London 1920, p. 89f.

(21) ただしユダヤ人が土曜日に営業を行わない場合でも、ユダヤ人は日曜日に営業を禁止する法律の例外とはされなかったため、経済的な不利益は避けがたい。

一九一九年のパリ講和会議にさいして、本文で述べたように、世界シオニスト機構の代表者をはじめ、アメリカのユダヤ人会議やイギリスのユダヤ人合同外交委員会、フランスに本部をおく万国イスラエル連合のほか、東ヨーロッパ各国に存在するさまざまなユダヤ人団体の代表がパリに集まった。シオニストは、ユダヤ人は少数民族であると規定し、教育や社会的、文化的活動における自治権にとどまらず、国会においてユダヤ民族にも比例代表権が認められるべきとの立場を主張したが、イギリスやフランスのユダヤ人は、ユダヤ人はたんなる宗教的マイノリティであるとの立場を主張し、両者は最後まで折り合わなかった。後者によれば、ユダヤ人の文化的、社会的同化が進んだ西ヨーロッパでは、国内政治においていまさらユダヤ人を民族として区別することは、かえって差別につながるというのである。実際、たとえばドイツ語文化に同化したベルリンやウィーンのユダヤ人にとって、法の下で信仰の自由と平等な市民権が保障されているかぎりで、その上、ドイツやオーストリア国家の少数民族と認められても何の利点もなかった。イディッシュ語が死語となった二〇世紀のドイツやオーストリアでは、ユダヤ人の子供にイディッシュ語で世俗教育を受けさせる権利など、無意味であったばかりではない。いまさらユダヤ人の民族的区別を言い立てることは、たとえば大学の入学者においてユダヤ人にはその人口比に対応した入学者数しか割り当てないといった具合に、反ユダヤ主義者のユダヤ人差別政策に根拠を与えかねない危険さえあった。

本文で述べたウィルソンの提案通り、加盟国全体を拘束する国際連盟規約にマイノリティ保護規定が入るとなれば、ユダヤ人はいかなる意味でマイノリティなのか、加盟国に一般的に通用する定義が問題となる。しかし、東西ヨーロッパのユダヤ人の状況のあまりにも大きな相違ゆえに、定義に関して、ユダヤ人自身のあいだで合意が成立しなかったであろう。結局、連盟規約にはマイノリティ保護条項が含まれなかったため、ユダヤ人は民族か否かという、ユダヤ人自身にとってきわめて厄介な議論は回避された。

(22) 伊東、井内、中井編、前掲書、二五七ページ。
(23) 吉野悦雄編著『ポーランドの農業と農民』木鐸社、一九九三年、四六八ページ。
(24) Marcus, op. cit., p. 392.
(25) ibid.
(26) Mieczysław B. Lepecki, *Madagaskar*, Warszawa 1938, s. 228-233.
(27) Marcus, op. cit., p. 343, p. 356.

## 第三章　ウクライナ人とユダヤ人

(1) 佐藤勝則『オーストリア農民解放史研究』多賀出版、一九九二年、三四三ページ。

(2) 同書、三四五ページ。

(3) Wandruszka u. Urbanitsch (Hg.), a. a. O., Bd. 3, Tl. 1, S. 540f.

(4) Karl R. v. Englisch, Die österreichische Auswanderungsstatistik, in: *Statistische Monatschrift*, Bd. 39, 1913, S. 154. また Wandruszka u. Urbanitsch (Hg.), a. a. O., Bd. 3, Tl. 1, S. 542, S. 561 によれば、同期間にガリツィアから流出した人口は、推定でポーランド人約六〇万五〇〇〇人、ウクライナ人約二五万二〇〇〇人、ユダヤ人約二三万九〇〇〇人である。この時期のオーストリア帝国からの移出民に関する統計上の問題点については、野村真理「ガリツィア・ユダヤ人の窮乏」(『金沢大学経済学部論集』第二三巻第一号、二〇〇二年)の第一章を見よ。

(5) **Іван Франко, Перехресні стежки: Повість. Кіровоград, 2000. С. 164.**

(6) **Там само. С. 471.**

(7) Anna-Halja Horbatsch, Polnische Stadt und ukrainische Minderheit, in: Peter Fäßler, Thomas Held, Dirk Sawitzki (Hg.), *Lemberg-Lwów-Lviv*, Köln/Weimar/Wien 1993, S. 101.

(8) *Encyclopedia of Ukraine*, Vol. 4, Toronto/Buffalo/London 1984-93, p. 657f. 協会がその名を冠するタラス・シェフチェンコ(一八一四―六一)は、ウクライナの国民詩人である。

(9) *Encyclopedia of Ukraine*, Vol. 3, p. 708.

(10) ポーランドによる暴力的鎮圧を非難するイギリス、アメリカ等の新聞報道については、Roman Ilnytzkyj, *Deutschland und die Ukraine 1934-1945*, 2. Aufl., Bd. 1, München 1958, S. 346f. を見よ。

(11) この「合意」について詳しくは、安井教浩「一九二五年の『ウゴダ』(合意)――ポーランド政府の論理とユダヤ議員団の論理」(『現代史研究』第四七号、二〇〇一年)を見よ。

おわりに

(1) 一九三一年の統計で三一万二二〇〇人であったルヴフの人口は、第二次世界大戦が始まると、ナチ・ドイツの侵攻に追われて東に向かった避難民の流入により、推定五〇万人ぐらいに膨れ上がった。避難民の多くはユダヤ人であったが、ユダヤ人避難民の多くは東ガリツィアにとどまることを許されず、このとき、ポーランド人と同じくソ連奥地の収容所へと移送される。収容所の過酷な生活に耐えられず、少なからぬ者が命を落としたといわれるが、それでも独ソ戦以前に東ガリツィアを離れることができたユダヤ人は幸運であった。

(2) 早くからソ連は、東ガリツィアのウクライナ民族運動がソ連のウクライナ共和国に波及することを警戒しており、OUNの指導者コノヴァレッツは、一九三八年、ソ連の秘密情報員により、亡命地のロッテルダムで暗殺された。

(3) Thomas Held, Vom Pogrom zum Massenmord, in: Fäßler, Held, Sawitzki (Hg.), a. a. O., S. 119.

(4) 第一次世界大戦期のガリツィアのユダヤ人の状況については、野村真理『ウィーンのユダヤ人』(御茶の水書房、一九九九年)の第二部を見よ。

(5) Sepp Müller, *Von der Ansiedlung bis zur Umsiedlung. Das Deutschtum Galiziens, insbesondere Lemberg 1772-1940*, Marburg/Lahn 1961, S. 218.

## 第三部　失われた世界――ガリツィア・ユダヤ人社会の消滅

### はじめに

（1）　西ウクライナがカバーする領域は、歴史的、地理的文脈に応じて異なる。西ウクライナは、はじめ、一九一八年一一月に独立を宣言した西ウクライナ人民共和国の領域をさす語として登場し、その場合、地理的には、オーストリア帝国領ガリツィアのサン川以東の東ガリツィアとほぼ重なる。しかし一九三九年九月以後、第二次世界大戦中の西ウクライナは、多くの場合、すでにソ連のウクライナ共和国の領土であった中央ウクライナおよび東ウクライナと区別して、独ソによるポーランド分割で新たにウクライナ共和国に併合された地域をさした。これに対して第二次世界大戦後のウクライナでは、西ウクライナは、地理的にジトミル州およびフメリニツキ州より西に位置する諸州をさす。

（2）　ナチ・ドイツ占領下のウクライナに関する文書館史料や回想録その他の所在については、Karel C. Berkhoff, Ukraine under Nazi Rule (1941-1944) : Sources and Finding Aids, Part I, II, in: *Jahrbücher für Geschichte Osteuropas,* Neue Folge, Bd. 45, Heft 1, 2, 1997 を見よ。

### 第一章　独ソ戦前夜のＯＵＮの戦略

（1）　一九四一年七月三一日付けの特別行動隊の「活動ならびに状況報告」第一号によれば、バンデラの出獄は一九三九年九月一三日である。（Peter Klein (Hg.), *Die Einsatzgruppen in der besetzten Sowjetunion 1941/42,* Berlin 1997, S. 128.）またＯＵＮのメンバーであったペトロ・ドゥジイの Петро Дужий. Степан Бандера-символ нацiї. Частина перша. Львiв, 1996. C. 174 も見よ。

（2）　Українське державотворення : Акт 30 червня 1941 : Збiрник документiв i матерiалiв. Львiв-Київ, 2001,

C. 5.

（3） Там само. С. 16.

（4） ナハティガルはナイチンゲール。ローラントは、中世フランスの武勲詩「ローランの歌」に謳われたカール大帝の武将ローランに因んでいる。ウクライナ軍団の創設と行動、およびバンデラ派とナチ・ドイツの対立が明確になった後の軍団の運命については、Ilnytzkyj, a. a. O., Bd. 2, S. 139f. および S. 195f. を見よ。軍団は一九四二年一二月一日に正式に解体された。

　なおナハティガルのドイツ人司令官となったのが、この時期、ドイツ軍の将校だったテオドーア・オーバーレンダーである。オーバーレンダーは、ナチ政権下で東ヨーロッパの経済事情に通じた学者の一人であり、一九三五年の著作『ポーランドの農業過剰人口』で、東ヨーロッパの近代化にはユダヤ人の排除が必要であると唱えていた。オーバーレンダーは、ナハティガルとともに六月三〇日にルヴフ入りしたが、その後に発生したユダヤ人虐殺への関与は不明である。オーバーレンダーは、戦後、ドイツ連邦共和国（旧西ドイツ）のアデナウアー内閣で難民問題担当相となったが、一九六〇年、ドイツ民主共和国（旧東ドイツ）の最高裁判所により、ウクライナでの一連の大量虐殺への関与を理由に、本人不在のまま終身刑の判決を下された。シェットラー編、前掲訳書の二一九および二六二ページを見よ。

**第二章　一九四一年ルヴフ**

（1） Leon Weliczker Wells, *The Janowska Road*, Washington D. C. 1999, p. 42. 別の回想録によれば、ルヴフ郊外の空港への爆撃が始まったのは四時頃であった。Stefan Szende, *Der letzte Juden aus Polen*, Zürich/New York 1945, S. 170. Jerzy Wegierski, *Lwów pod okupacja 1939-1941*, Warszawa 1991, s. 268.

（2） Wells, op. cit., p. 43. 以下、ドイツ人によって作成された文書がＭＥＺ（中部ヨーロッパ標準時）と明記している場合を除き、六月二二日から七月の初めまで、同時代人の回想録に登場する時刻が何によるのか判断がつかない。

（3） Szende, a. a. O., S. 169f. 第二次世界大戦の開戦前から一九四三年七月一五日までルヴフにいたユダヤ人フォルクマンの回想は、シュテファン・センデによって記録され、一九四四年にスウェーデン語で公刊された。本書では、本章の注（1）にあげたドイツ語版を使用する。

（4） Wells, op. cit., p. 43. Węgierski, op. cit., s. 270. Klein (Hg.), a. a. O., S. 129.

（5） Szende, a. a. O., S. 171f.

（6） Węgierski, op. cit., s. 270.

（7） Zygmunt Sobieski, Reminiscences from Lwów, 1939-1946, in : *Journal of Central European Affairs*, Vol. 6, 1947, p. 359. 一九三一年当時のルヴフの人口構成については、第二部の表3を見よ。第二次世界大戦が始まった後、ドイツ占領下のポーランドからユダヤ人難民が流れ込み、また、ソ連支配時代に村落のユダヤ人が都市へと移動したため、独ソ戦前夜のルヴフのユダヤ人口は一三万五〇〇〇人という、かつてない規模に膨れ上がっていたという (David Kahane, *Lvov Ghetto Diary*, translated by Jerzy Michalowicz from Hebrew, Amherst 1990, p. 6.)。

（8） 六月二二日のうちに八〇〇人の囚人の移送が実施されたという。また、ポーランド人の戦争捕虜も移送の対象とされた。Węgierski, op. cit., s. 269.

（9） Thomas Sandkühler, *»Endlösung« in Galizien*, Bonn 1996, S. 487, Anm. 11. Bogdan Musial, *„Konterrevolutionäre Elemente sind zu erschießen"*, Berlin/München 2000, S. 103f. ガリツィアでは、ルヴフのほかにもタルノポル、サンボル、ドブロミル、ズウォチュフ、チョルトクフ、ドロホーブィチ等で同様の囚人の殺害が行われた。

(10) ドイツ当局によって作成された記録であるが、信憑性は高い。Alfred M. de Zayas, *Die Wehrmacht-Untersuchungsstelle. Deutsche Ermittlungen über alliierte Völkerrechtsverletzungen im Zweiten Weltkrieg*, 3. ergänzte Aufl., München 1980, S. 17f. を見よ。

(11) Ebd., S. 340.

(12) Ebd., S. 341.

(13) Węgierski, op. cit., s. 270-272. その他、囚人の殺害について、一九四一年秋に記されたズィグムント・ツィブルスキの証言（Musial, a. a. O., S. 106f.）も見よ。日付けに関して、ヴェンギェルスキとのあいだで多少のずれが認められる。

(14) Sandkühler, a. a. O., S. 113.

(15) Węgierski, op. cit., s. 273.

(16) Zayas, a. a. O., S. 342. ほかにも Węgierski, op. cit., s. 275 の A. Rzepicki の回想を見よ。

(17) Zayas, a. a. O., S. 341.

(18) Szende, a. a. O., S. 172. Z „Teki Lwowskiej“, in: *Biuletyn Żydowskiego Instytutu Historycznego w Polsce*, H. 114/115, 1980, s. 143.

(19) Ilnytzkyj, a. a. O., Bd. 2, S. 170.

(20) Zayas, a. a. O., S. 335f.

(21) Ebd., S. 334.

(22) Klein (Hg.), a. a. O., S. 118.

(23) Ilnytzkyj, a. a. O., Bd. 2, S. 167f.

(24) Musial, a. a. O., S. 105, S. 113.

(25) Hannes Heer, Lemberg 1941: Die Instrumentalisierung der NKVD-Verbrechen für den Judenmord, in: Wolfram Wette, Gerd R. Ueberschär (Hg.), *Kriegsverbrechen im 20. Jahrhundert*, Darmstadt 2001, S. 167. また Zayas, a. a. O., S. 334 の第四九軍団の一九四一年六月三〇日付けの報告を見よ。証言者は、ほぼ一致して無惨に痛めつけられた死体を目撃しているが、それとは別に、ボリシェヴィキの残酷さを証明するため、発見後に死体の損傷が行われ、ナチ・ドイツとウクライナ民族主義者の双方によって宣伝材料として利用された可能性も指摘されている。Musial, a. a. O., S. 262f. を見よ。

(26) Ilnytzkyj, a. a. O., Bd. 2, S. 174f.

(27) 本章の第四節および注(37)を見よ。

(28) Ilnytzkyj, a. a. O., Bd. 2, S. 173f. 独立宣言は、東ガリツィアの諸都市に波及した。七月二日のブローディの街頭には、次のような告知書が張り出された。同史料は、現在、ブローディの歴史博物館に展示されている。

指令　第一号

ブローディ市およびブローディ地区の市民に告ぐ!

国家における秩序は、ウクライナ民族主義者組織（ＯＵＮ）が掌握しステパン・バンデラの指導の下にある。

ブローディ市と諸地区の権力は［ブローディ］地区の革命的指導者が掌握した。

一　市と地区のすべての市民は、最高度の平穏を保つように訴える。

二　すべての法令と措置に異議ある者は、時をおかず、現在のみずからの職場にその旨を必ず通告すること。

三　国家財産、私有財産の略奪は、銃殺刑をもって処罰する。

四　武器はＮＫＶＳ（旧市庁舎）に四八時間以内に引き渡すこと。この指示に従わない者は、銃殺刑をもって処罰する。

後述するように、ウクライナ独立の試みは挫折するが、一九四一年七月三一日付けの特別行動隊の「活動ならびに状況報告」第一号は、東ガリツィアにおけるＯＵＮの影響力について、次のように述べている。「バンデラ派による独立のプロパガンダは、部分的にはなお続いており、影響がないとは言いがたい。あらゆる階層で、とくに都市部のウクライナ人住民のあいだには、どこでも、独立に向かおうとする明白な意思が認められる。多くの都市で独立宣言が発せられ、独断で、ドイツ当局の了解を得ることなく、行政機関（町長や区長）が設立された。そのさい、非合法新聞がばら撒かれ、そこで、ルヴフのラジオ局から流された声明（ウクライナ政府の宣言）が公表された。特別行動隊は、繰り返し、このようなＯＵＮの新聞の流布を阻止しなければならなかった。ルヴフ占領直後にバンデラ派が占拠した約二〇カ所の印刷所は没収された。」(Klein (Hg.), a. a. O., S. 129.)

(29)　Musial, a. a. O., S. 278.

(30)　Z „Teki Lwowskiej“, s. 143.

(31)　引用は Dieter Pohl, *Nationalsozialistische Judenverfolgung in Ostgalizien 1941-1944*, München 1997, S. 61 による。Heer, a. a. O., S. 167 によれば、第四九軍団の戦時日誌で、六月三〇日の一三時から一六時までの出来事が記されていたはずの一七三から一七四ページは失われており、ポールが自著で引用しているテキストは一七六ページから取られたものである。また、第八〇〇連隊大隊の報告（Musial, a. a. O., S. 244）も見よ。

(32) Heer, a. a. O., S. 166.

(33) Szende, a. a. O., S. 174.

(34) ヴェルスが自宅でウクライナ人によるポグロムの噂を聞いたのは七月一日であった（Wells, op. cit., p. 45.)。ほかに七月一日の出来事にかかわる証言として Musial, a. a. O., S. 176f. および Kazimiera Poraj, Dziennik Lwowski, in: *Biuletyn Żydowskiego Instytutu Historycznego w Polsce*, H. 52, 1964, s. 79-80 を見よ。後者の日記の作者は、七月一日のリヴィウで、襟にSSの徽章をつけたドイツ人とそのウクライナ人協力者たちによる暴行を目撃した。状況から、暴行を受けているのはユダヤ人だと判断されるが、日記では明記されていない。またドイツ兵による暴行として、Ernst Klee, Willi Dreßen, Volker Rieß (Hg.), *»Schöne Zeiten.« Judenmord aus der Sicht der Täter und Gaffer*, Frankfurt a. M. 1988, S. 90 に収録された出動コマンド隊員フェーリクス・ランダウの日記を見よ。

(35) Eliyahu Yones, *Die Straße nach Lemberg*, Frankfurt a. M. 1999, S. 18f. 引用の最後で語られるラビ、レヴィンの悲劇に関しては、当時一六歳であったレヴィンの息子による回想が存在している。それによると、ドイツ軍到着の翌日、すなわち七月一日の早朝、ウクライナ人がユダヤ人を襲撃しているという知らせを聞いたレヴィンは、ルヴフのカハウの代表二人を連れ、ギリシア・カトリック教会の府主教シェプティツキイのもとを訪れた。目的は、ウクライナ人に対してポグロムの停止を呼びかけてもらうことであった。シェプティツキイはラビの要請に応じるとともに、ポグロムの危険を避け、しばらく自分のもとにとどまるように勧めた。しかし、ラビはそれを断り、自宅に戻ったところでウクライナ人の民警の手に落ちたという。父が府主教のもとへ出かけていたあいだに、すでにブリギトキへと連行されていた息子は、監獄の中庭で父の姿を認めることになる。午前一〇時頃のことだった。その出会いの直後に、父たちがいる方向に向かってドイツ人が構えた銃口が火をふき、息子は、このとき父の死を確信した（Kurt I. Lewin, *A Journey through*

*Illusions*, Santa Barbara 1994, p. 35f. および Kahane, op. cit., p. 154f.)。

同時代の日記史料には、レヴィンの府主教訪問と死の事実が七月一日のうちに街に伝わったことを推測させる記述がある（Z „Teki Lwowskiej", s. 145.)。それゆえ、ブリギトキでのヨネスとレヴィンの出会いは、真実であれば七月一日のはずであり、ヨネスの回想録には明記されていない彼の体験の日付を特定する手がかりとなる。しかし、レヴィンの最期に関して、息子の記憶とヨネスの回想には食い違いがあり、いまとなってはこれ以上確認のしようがない。

なお息子のレヴィンは、彼の回想録の本文ではドイツ軍の侵入を七月の朝とし、父とシェプティツキイとの会見を翌朝と記しているが、彼自身による注記（p. 450）では、ブリギトキでの体験を七月一日と明記している。シェプティツキイについては、リヴィウのウクライナ国立中央歴史文書館により、一八九九年から一九四四年まで、彼の文書を収録した史料集（**Митрополит Андрей Шептицький : Життя і Діяльність : Документи і матеріали 1899-1944. Львів**）が刊行されている。二〇〇六年八月に同文書館で面会したこの史料集の編集者の一人であるオクサーナ・ガイオヴァ女史によれば、七月一日時点でのレヴィンの要請に対応するシェプティツキイの文書は発見されていない。

（36） **Володимир Сергійчук, ОУН-УПА в роки війни : Нові документи і матеріали. Київ, 1996, С. 239.**

（37） **Митрополит Андрей Шептицький : Життя і Діяльність : Документи і матеріали 1899-1944. Том II, Кн. 1, Львів, 1998. С. 517. С. 518.**

さらに一九四一年七月五日付けの書簡は、以下のとおりである。

府主教管区の聖職者と信者たちに告ぐ

全能にして慈しみ深い神の御心により、われらが祖国の新しい時代が始まった。

連戦連勝のドイツ軍は、すでにほぼ全国土を占拠しているが、これを喜びと敵からの解放に対する感謝の念を持って迎えようではないか。

この重大な歴史的時機にあたって、汝ら同胞たちに呼びかける。神に感謝し、神の教会を信じ、その権威に服従し、祖国の福利のために働け。

みずからをウクライナ人と感じ、ウクライナの福利のために働くことを欲する者はすべて、いかなる党派的な反目も忘れ、ボリシェヴィキによって零落させられたわれらの経済と文化を立て直すために、団結、協調して働け。

そのときには、連帯とすべてのウクライナ人の集中的な仕事の基礎の上に、統一ウクライナが建設されることを神に期待しよう。それは、大いなる言葉と理念であるだけでなく、生きた、命をもった、健全で、力強い国家機構なのであり、その機構は、一方では人びとの犠牲によって、他方では蟻のような仕事と、強靱な労働によって築かれたものなのである。

至上の神が与え給うたすべてに対して感謝しよう。そして、信徒の一人一人が、将来、毎日曜日の感謝のミサにおける「神よ、汝を讃えん」の聖歌のさい、連戦連勝のドイツ軍とウクライナ人民の末永き繁栄を祈ろうではないか。

府主教アンドレイ

(38) 独ソ戦直前の一九四一年六月一七日、帝国保安本部長官ハイドリヒが特別行動隊の四人の隊長に対して口頭で与えた指示は、共産主義者とユダヤ人の掃討を、ドイツ人の手によらず、あくまでも現地人による自己浄化運動として始動させせよ、ということであった。この指示は、六月二九日付けの書面でも繰り返された。すなわち「あらたに占領さるべき地域の反共産主義的あるいは反ユダヤ的集団による自己浄化運動は、これを妨げてはならない。それどころか、必要であればそのような運動を、それと気づかれぬように誘発し、強化し、正しい方向へと導かねばならない。ただし、そのさい、それら現地の『自警団』が、あとになって何らかの指示や政治的確約の付与をたてに取るようなことが起こってはならない」とされる。さらに、現地住民によるポグロムの挑発は占領直後にのみ可能であり、それゆえ特別行動隊が、実際の戦闘行動を行うドイツ国防軍の了解をえて、できるだけ早く占領地に入ることの必要性が認識されていた（Klein (Hg.), a. a. O., S. 319.）。

このハイドリヒの指示との関連でルヴフの参考になるのは、ドイツ軍による占領後まもなく、リトアニア人を主体とする大規模なポグロムが発生したカウナスの事例である。バルト方面に展開した特別行動隊Aの隊長フランツ・ヴァルター・シュタールエッカーは、カウナスのポグロムにおいて、特別行動隊の操作によってハイドリヒの指示が実現されたことを示唆している。しかし、特別行動隊の隊長として任務の全うを強調するシュタールエッカー報告に対して、ドイツ軍の到着以前にリトアニア人によるポグロムが発生したとする証言もあり、歴史家の見解は必ずしも一致していない。詳しくは、野村真理「自国史の検証――リトアニアにおけるホロコーストの記憶をめぐって」（野村真理、弁納才一編『地域統合と人的移動――ヨーロッパと東アジアの歴史・現状・展望』御茶の水書房、二〇〇六年、所収）を参照。

(39) ハンネス・ヘール（Hannes Heer, Lemberg 1941: Die Instrumentalisierung der NKVD-Verbrechen für den Judenmord, in: Wolfram Wette, Gerd R. Ueberschär (Hg.), *Kriegsverbrechen im 20. Jahrhundert*, Darmstadt 2001.）は前者の立場に立ち、トーマス・ザントキューラー（Thomas Sandkühler, *»Endlösung« in Galizien*, Bonn 1996.）とディーター・ポール（Dieter Pohl, *Nationalsozialistische Judenverfolgung in Ostgalizien 1941-1944*, München 1997.）は後者の立場に立つ。ヘールは、パネル展「絶滅戦争　国防軍の犯罪　一九四一――一九四四」の企画者である。このパネル展は、一九九五年三月以降、ドイツ、オーストリアの各地で開催され、反響を巻き起こした。三者の推論の疑問点については、野村真理「検証　一九四一年

リヴィウのポグロム」（川越修、植村邦彦、野村真理編『思想史と社会史の弁証法』御茶の水書房、二〇〇七年、所収）を見よ。

(40) Zayas, a. a. O., S. 346f. Z „Teki Lwowskiej", s. 145.

(41) **Українське державотворення: Акт 30 червня 1941, С. 11.**

(42) Musial, a. a. O., S. 75f. 革命後のソ連では、差別的なニュアンスを持つジード（ユダヤ人、ユダ公）にかえてヘブライ人という呼称が採用され、迂闊にジード呼ばわりすると警察に引っ張られた。

(43) Andrzej Żbikowski, Lokalne pogromy żydów w czerwcu i lipcu 1941 roku na wschodnich rubieżach II Rzeczypospolitej, in: *Biuletyn Żydowskiego Instytutu Historycznego*, H. 162/163, 1992, s. 11. ルヴフで発行されたドイツ語新聞 *Lemberger Zeitung*, Jg. 4, Nr. 135 (10. Juni 1942) の「ボリシェヴィキとポーランド・ユダヤ人」と題する論説（S. 3）は、当地における反ユダヤ感情は、ドイツ軍によってもたらされたものではないとし、独ソ戦開始から二日後には、街に「おまえたちは花束でスターリンを歓迎した。われわれは、おまえたちの頭を足もとにおき、ヒトラーへの挨拶とするだろう」と書かれたビラがまかれたと記している。ただし、信憑性については検証が必要だろう。ほかにも Musial, a. a. O., S. 57f., S. 191f. を見よ。

(44) ウクライナ独立宣言に対するナチ・ドイツの対応については Wolodymyr Kosyk, Germany and the Act of June 30, 1941, in: *The Ukrainian Review*, No. 39, Autumn 1991 を見よ。

(45) 〈 〉内は原文で追加記入された文章を、傍線は原文で下線をほどこされた語をさす。ウクライナ語のテキストおよびドイツ当局によって作成されたドイツ語訳の全文については、Karel C. Berkhoff, Marco Carynnyk, The Organization of Ukrainian Nationalists and Its Attitude toward Germans and Jews: Iaroslav Stets'ko's 1941 *Zhyttiepys*, in: *Harvard Ukrainian Studies*, XXIII (3/4), 1999, p. 158f. を見よ。

(46) Pohl, a. a. O., S. 48f. 同書でポールが依拠した文書館史料、すなわち一九四一年七月中旬と推定されるO

UNのメンバーらによる会議の速記録は、現在OUNの史料集で読むことができる。会議の席上、ウクライナ国家における少数民族の処遇が問題になったさい、OUNバンデラ派の宣伝活動を担うステパン・レンカウシキイは、「ユダヤ人に関しては、彼らを絶滅に導くすべての手段を講じようではないか」と発言した（Українське державотворення：Акт 30 червня 1941, С. 190.)。

## 第三章　ルヴフのユダヤ人社会の消滅

（1）Pohl, a. a. O., S. 60. 東ガリツィアでは、少なくとも二二カ所でルヴフと同様にNKVDによる囚人殺害が行われ、犠牲者は一万人ともいわれる（Ebd., S 55.)。囚人殺害が行われたところでは、ポグロムはNKVDの犯罪に対する報復の名のもとに執行されたが、他方で、都市部のポグロムの約半数、村落部のポグロムのほとんどすべてにおいて、ポグロムに先んじてNKVDの犯罪の発見があったわけではない。

（2）Wells, op. cit., p. 52. Sandkühler, a. a. O., S. 117.

（3）Wells, op. cit., p. 50f.

（4）Pohl, a. a. O., S. 69.

（5）Pohl, a. a. O., S. 61. Held, a. a. O., S. 122 u. Anm. 52.

（6）一九一八年から一九二〇年にかけてウクライナでは、ペトリューラに率いられたウクライナ民族派の軍隊とボリシェヴィキの赤軍とが血みどろの戦いを繰り広げるあいだ、各地で残忍なポグロムが発生した。そのさいペトリューラは、指導者としてポグロムを阻止しようとせず、これを理由にユダヤ人によって暗殺された。

ルヴフで七月二五日に始まったポグロムでは、ペトリューラ暗殺が口実とされたが、東ガリツィアのOUNとペトリューラの関係には微妙なものがある。第一次世界大戦終了後、一九一八年末にキエフで樹立されたディレクトーリア政権は、東ガリツィアで呱々の声をあげた西ウクライナ人民共和国に対し、ウクライナ人民共和国と西ウクライナ人民共和国との将来的合併を約束する。ペトリューラは、この中央ラーダの流れをくむディレクトーリア政権の指導者の一人であった。ところが一九一九年七月にポーランドが東ガリツィアのほぼ全域を制圧し、西ウクライナ人民共和国の命運がつきかけると、ペトリューラは、モスクワのボリシェヴィキとの戦闘を有利に進めるため、ポーランドに軍事援助を求め、代償としてポーランドの東ガリツィア領有に同意した。こうしてペトリューラが西ウクライナ人民共和国を見捨てたことに対し、この国のためにポーランドと戦った東ガリツィアのウクライナ民族主義者のあいだには、苦々しい怒りが残ることになった。

(7) Pohl, a. a. O., S. 46. Kahane, op. cit., p. 25. とりあえず八人からなるユダヤ評議会が発足したのは七月二二日である (Held. a. a. O., S. 127. Pohl, a. a. O., S. 46.)。また Kahane, op. cit., p. 14 によれば、ドイツ当局が街角に張り出した告知書でユダヤ評議会の発足が告げられたのは、民政への移行後、八月初めである。ドイツ側が任命した最初の議長はヨセフ・パルナスだった。残念ながら Kahane の回想録は、『ゲットー日記』というタイトルにもかかわらず、ヘブライ語で出版された原書の英訳を見るかぎり、記された日付けの多くが不正確である。

(8) Pohl, a. a. O., S. 159. 日付けは Held, a. a. O., S. 128 によれば一一月一五日だが、Yones, a. a. O., S. 32 から推測して、張り出されたのは一一月一二日より前であろう。

(9) Pohl, a. a. O., S. 159. ユダヤ人居住区に指定された地域には、もとから二万五〇〇〇人のユダヤ人が居住していた。独ソ戦が始まった当時の街のユダヤ人口が一三万五〇〇〇人あったとすると (第三部第二章の注(7)を見よ)、すでにこの時点で、少なくとも三万人のユダヤ人が姿を消したことになる。

(10) Pohl, a. a. O., S. 160.

(11) Pohl, a. a. O., S. 332f. Helene C. Kaplan, *I never left Janowska*, New York, 1990, p. 41f. Dokumentationsarchiv des österreichischen Widerstandes (DÖW), Sg. 21803, Arbeitsmanuskript Nr. 1 von Rolf Sichting, 18. Juni 1980, S. 10f.

(12) Pohl, a. a. O., S. 258. Wells, op. cit., p. 146.

(13) Pohl, a. a. O., S. 359. Wells, op. cit., p. 230.

(14) Pohl, a. a. O., S. 338.

(15) UPAは、一九四二年の春からヴォリニア西部でそれぞれ別個に活動を開始していたウクライナ人のパルチザンが、一九四三年夏に統合あるいは吸収されることで成立した組織である。

(16) Pohl, a. a. O., S. 385.

## おわりに

(1) Kahane, op. cit., p. 150.

(2) Wells, op. cit., p. 266.

(3) ibid., p. 267f.

(4) DÖW, Sg. 21830, S. 13. ヴェルスもポーランドに向かったユダヤ人の一人である。一九三九年にソ連によって東ガリツィアからソ連奥地へ移送されたポーランド・ユダヤ人避難民も、戦後、多くはソ連からポーランドへと帰還した。

(5) Wells, op. cit., p. 308.

(6) 第二次世界大戦後のポーランドの民族純化政策につては、吉岡潤「ポーランド『人民政権』の支配確立と民族的再編」(『史林』第八〇巻第一号、一九九七年)を見よ。

(7)　ソ連時代には、バンデラではなくベンデラといわれたが、その理由を明らかにすることはできなかった。

# 史料・文献目録

この目録に収められているのは、本書で私が引用あるいは参考にしたおもな史料と文献である。文献の版や出版年は、原則として私が使用した文献のものである。イディッシュ語はローマ字に転記した。

## 文書館史料


Dokumentationsarchiv des österreichischen Widerstandes (DÖW), Sg. 21803, Arbeitsmanuskript Nr. 1 von Rolf Sichting, 18. Juni 1980.

DÖW, Sg. 05931, Lemberg.

Poraj, Kazimiera, Dziennik Lwowski, in: *Biuletyn Żydowskiego Instytutu Historycznego w Polsce*, H. 52, 1964.

Raport delegacji ministerstwa spraw zagranicznych R.P. w sprawie wystąpień antyżydowskich we Lwowie, Archiwum Akt Nowych, Komitet Narodowy Polski, nr 159, k. 103-108, in: Jerzy Tomaszewski, Lwów, 22 listopada 1918, in: *Przegląd Historyczny*, Warszawa, tom LXXV, zesz. 2, 1984.

Rubinsteinowi, Pamiętnik ze Lwowa, in: *Biuletyn Żydowskiego Instytutu Historycznego w Polsce*, H. 61, 1967.

Z „Teki Lwowskiej", in: *Biuletyn Żydowskiego Instytutu Historycznego w Polsce*, H. 114/115, 1980.

## 文書館史料集

Klee, Ernst, Willi Dreßen, Volker Rieß (Hg.), *»Schöne Zeiten.« Judenmord aus der Sicht der Täter und Gaffer*, Frankfurt a. M. 1988.

Klein, Peter (Hg.), *Die Einsatzgruppen in der besetzten Sowjetunion 1941/42*, Berlin 1997.

Pribram, Anton F. (Hg.), *Urkunden und Akten zur Geschichte der Juden in Wien*, 2 Bde., Wien/Leipzig 1918.

Zayas, Alfred M. de, *Die Wehrmacht-Untersuchungsstelle. Deutsche Ermittlungen über alliierte Völkerrechtsverletzungen im Zweiten Weltkrieg*, 3. ergänzte Aufl., München 1980.

Митрополит Андрей Шептицький : Життя і Діяльність : Документи і матеріали 1899-1944. Львів.

Українське державотворення : Акт 30 червня 1941 : Збірник документів і матеріалів. Львів-Київ, 2001.

## 百科事典

*Encyclopaedia Judaica*, Fred Skolnik, Michael Berenbaum (ed.), 2nd ed., New York etc. 2007.

*Encyclopedia of the Holocaust*, Israel Gutman etc. (ed.), 5 vols., New York/London 1990.

*Encyclopedia of Ukraine*, Volodymyr Kubijovyč (ed.), Toronto/Buffalo/London 1984-93.

*Polski słownik judaistyczny*, Zofia Borzymińska, Rafał Żebrowski (ed.), Tom 1, 2, Warszawa 2003.

## ロシア語およびウクライナ語文献

Всесоюзная перепись населения 1939 года : Основные итоги/Под ред. Ю. А. Полякова. Москва, 1992.

Дужий, Петро, Степан Бандера-символ нациіі. Частина перша. Львів, 1996.

Меламед, В. М., Евреи во Львове (XIII-первая половина XX века) : События. Общество. Люди. Львов, 1994.

Сергійчук, Володимир, ОУН-УПА в роки війни : Нові документи і матеріали. Київ, 1996.
Франко, Іван, Перехресні стежки : Повість. Кіровоград, 2000.
Хонигсман, Я. С., Катастрофа еврейства Западной Украины : Евреи восточной Галиции, Западной Волыни, Буковины и Закарпатья в 1933-1945 гг. Львов, 1998.

### イディッシュ語文献

Gros, Naftoli, *mayselekh un mesholim*, New York 1955.
Khahan, J. L., *yidishe folks=maysies*, Wilno 1940.

### 欧語文献

Abramsky, Chimen, Maciej Jachimczyk, Antony Polonsky (ed.), *The Jews in Poland*, Oxford/New York 1986.
Aster, Howard, Peter J. Potichnyj (ed.), *Ukrainian-Jewish Relations in Historical Perspective*, Edmonton 1990.
Bałaban, Majer, *Dzieje żydów w Galicyi*, Lwów (1914).
Bendow, Josef, *Der Lemberger Judenpogrom*, Wien/Brünn 1919.
Berkhoff, Karel C., Ukraine under Nazi Rule (1941-1944) : Sources and Finding Aids, Part I, II, in : *Jahrbücher für Geschichte Osteuropas*, Neue Folge, Bd. 45, Heft 1, 2, 1997.
Berkhoff, Karel C., Marco Carynnyk, The Organization of Ukrainian Nationalists and Its Attitude toward Germans and Jews : Iaroslav Stets'ko's 1941 *Zhyttiepys*, in : *Harvard Ukrainian Studies*, XXIII (3/4), 1999.
Brawer, A. J., *Galizien. Wie es an Österreich kam*, Leipzig/Wien 1910, Neudruck, Berlin 1990.
Buzek, Józef, *Wpływ polityki żydowskiej rządu austryackiego w latach 1772 do 1788 na wzrost zaludnienia*

*żydowskiego Galicyi*, Kraków 1903.

Caro, Jecheskiel, *Geschichte der Juden in Lemberg von den ältesten Zeiten bis zur Theilung Polens im Jahre 1792*, Krakau 1894.

Cohen, Israel, *A Report on the Pogroms in Poland*, Piccadilly 1919.

Czaplicka, John (ed.), *Lviv. A City in the Crosscurrents of Culture*, Cambridge, Massachusetts 2005.

Demant, S., *Briefe aus Galizien*, Stryj 1888.

Eidintas, Alfonsas, *Jews, Lithuanians and the Holocaust*, Vilnius 2003.

(Eisler, Julius), *Die jüdische Miliz in Lemberg 1-21/XI und Der* (*sic*) *Lemberger Pogrom 22. bis 25. November 1918*, o. O., o. J.

Englisch, Karl R. v., Die österreichische Auswanderungsstatistik, in : *Statistische Monatschrift*, Bd. 39, 1913.

*Evidence of Pogroms in Poland and Ukrainia* (*sic*), issued by Information Bureau of the Committee for the Defense of Jews in Poland and Other East European Countries, New York 1919.

Ezergailis, Andrew, *The Holocaust in Latvia 1941-1944*, Riga 1996.

Fäßler, Peter, Thomas Held, Dirk Sawitzki (Hg.), *Lemberg-Lwów-Lviv*, Köln/Weimar/Wien 1993.

Franzos, Karl Emil, *Aus Halb-Asien*, Bd. 1, 4. gänzlich umgearbeitete Aufl., Berlin 1901.

Franzos, Karl Emil, *Der Pojaz. Eine Geschichte aus dem Osten*, Frankfurt a. M. 1988.

Friedländer, M., *Aus Galizien. 1. Reise-Erinnerungen*, Wien/Leipzig 1900.

Friedler, Menasche Josef, *Die Galizischen Juden von wirtschaftlichem, kulturellem und staatsbürgerlichem Standpunkte, 1815-1848*, Diss. Wien 1923.

Friedman, Philip, Ukrainian-Jewish Relations during the Nazi Occupation, in : *YIVO Annual*, Vol. 12, 1958/59.

Friedman, Philip, *Road to Extinction : Essays on the Holocaust*, New York/Philadelphia 1980.
Golczewski, Frank, *Polnisch-jüdische Beziehungen 1881-1922*, Wiesbaden 1981.
Granach, Alexander, *Da geht ein Mensch*, München 1982.
Greenbaum, Masha, *The Jews of Lithuania*, Jerusalem 1995.
Grelka, Frank, *Die ukrainische Nationalbewegung unter deutscher Besatzungsherrschaft 1918 und 1941/42*, Wiesbaden 2005.
Gruiński, Stanisław, *Materyały do kwestyi żydowskiej w Galicyi*, Lwów 1910.
Guesnet, François, *Polnische Juden im 19. Jahrhundert*, Köln/Weimar/Wien 1998.
Guttry, A. v., *Galizien. Land und Leute*, 2. Aufl., München/Leipzig 1916.
Häusler, Wolfgang, *Das galizische Judentum in der Habsburgermonarchie*, Wien 1979.
Haumann, Heiko, *Geschichte der Ostjuden*, erweiterte Neuausgabe, 5. Aufl., München 1999.（ハイコ・ハウマン『東方ユダヤ人の歴史』平田達治、荒島浩雅訳、鳥影社、一九九九年。）
Heer, Hannes, Lemberg 1941 : Die Instrumentalisierung der NKVD-Verbrechen für den Judenmord, in : Wolfram Wette, Gerd R. Ueberschär (Hg.), *Kriegsverbrechen im 20. Jahrhundert*, Darmstadt 2001.
Held, Thomas, Vom Pogrom zum Massenmord, in : Fäßler, Held, Sawitzki (Hg.), *Lemberg-Lwów-Lviv*.
Himka, John-Paul, *Galician Villagers and the Ukrainian National Movement in the Nineteenth Century*, Basingstoke/London 1988.
Himka, John-Paul, Ukrainian-Jewish Antagonism in the Galician Countryside during the Late Nineteenth Century, in : Aster, Potichnyj (ed.), *Ukrainian-Jewish Relations in Historical Perspective*.
Honigman, Jakov, *Janower Lager*, Lemberg 1996.

Honigman, Jakov, *The Catastrophy (sic) of Jewry in Lvov*, Lvov 1997.

Horbatsch, Anna-Halja, Polnische Stadt und ukrainische Minderheit, in: Fäßler, Held, Sawitzki (Hg.), *Lemberg-Lwów-Lviv*.

Hundert, Gershon David, *The Jews in a Polish Private Town. The Case of Opatów in the Eighteenth Century*, Baltimore/London 1992.

Ilnytzkyj, Roman, *Deutschland und die Ukraine 1934-1945*, 2 Bde., 2. Aufl., München 1958.

*Die Juden Oesterreich*, hrsg. v. Bureau für Statistik der Juden, Berlin-Halensee 1908.

Kahane, David, *Lvov Ghetto Diary*, translated by Jerzy Michalowicz from Hebrew, Amherst 1990.

Kaindl, Friedrich Raimund, *Geschichte der Deutschen in den Karpathenländern*, Bd. 3, Gotha 1911.

Kaplan, Helene C., *I never left Janowska*, New York, 1990.

Karniel, Josef, *Die Toleranzpolitik Kaiser Josephs II*, aus dem Hebräisch übers. v. Leo Koppel, Gerlingen 1985.

Kosyk, Wolodymyr, Germany and the Act of June 30, 1941, in: *The Ukrainian Review*, No. 39, Autumn 1991.

(Kratter, Franz), *Briefe über itzigen Zustand von Galizien*, 2 Tle., Leipzig 1786, Neudruck, Berlin 1990.

*Die Lage der Juden in der Ukraine. Eine Dokumentensammlung*, hrsg. v. Ukrainischen Pressedienst, Berlin 1920.

*Lemberger Zeitung*, Jg. 4, Nr. 135 (10. Juni 1942).

Lepecki, Mieczysław B., *Madagaskar*, Warszawa 1938.

Levin, Dov, *The Litvaks. A Short History of the Jews in Lithuania*, Jerusalem 2000.

Lewin, Kurt I., *A Journey through Illusions*, Santa Barbara 1994.

Löwe, Heinz-Dietrich, *The Tsars and the Jews. Reform, Reaction and Anti-Semitism in Imperial Russia 1772-*

*1917*, Chur etc. 1993.

Lower, Wendy, *Nazi Empire-Building and the Holocaust in Ukraine*, Chapel Hill 2005.

Magocsi, Paul Robert, *Galicia: A Historical Survey and Bibliographic Guide*, Toronto/Buffalo/London 1983.

Mahler, Raphael, The Social and Political Aspects of the Haskalah in Galicia, in: *YIVO Annual*, Vol. 1, 1946.

Marcus, Joseph, *Social and Political History of Jews in Poland, 1919-1939*, Berlin/New York/Amsterdam 1983.

*Material Concerning Ukrainian-Jewish Relations during the Years of the Revolution* (*1917-1921*), Munich 1956.

Mendelsohn, Ezra, From Assimilation to Zionism in Lvov: The Case of Alfred Nossig, in: *Slavonic and East European Review*, No. 49, 1971.

Müller, Sepp, *Von der Ansiedlung bis zur Umsiedlung. Das Deutschtum Galiziens, insbesondere Lemberg 1772-1940*, Marburg/Lahn 1961.

Musial, Bogdan, *„Konterrevolutionäre Elemente sind zu erschießen"*, Berlin/München 2000.

*Oesterreichisches Central=Organ für Glaubensfreiheit, Cultur, Geschichte und Literatur der Juden*, Wien 1848.

Opalski, Magdalena, *The Jewish Tavern-Keeper and His Tavern in Nineteenth-Century Polish Literature*, Jerusalem 1986.

*The Peace Conference Paris, 1919. Report of the Delegation of the Jews of the British Empire*, London 1920.

Petersen, Heidemarie, *Judengemeinde und Stadtgemeinde in Polen. Lemberg 1356-1581*, Wiesbaden 2003.

Podraza, Antoni, Jews and the Village in the Polish Commonwealth, in: Antony Polonsky, Jakub Basista, Andrzej Link-Lenczowski (ed.), *The Jews in Old Poland 1000-1795*, London/New York 1993.

Pohl, Dieter, *Nationalsozialistische Judenverfolgung in Ostgalizien 1941-1944*, München 1997.

Prusin, Alexander Victor, *Nationalizing a Borderland. War, Ethnicity and Anti-Jewish Violence in East Galicia, 1914-1920*, Tuscaloosa, Alabama 2005.

Pufelska, Agnieszka, *Die »Judäo-Kommune«. Ein Feindbild in Polen. Das polnische Selbstverständnis im Schatten des Antisemitismus 1939-1948*, Paderborn/München/Wien/Zürich 2007.

Rohrer, Joseph, *Versuch über die jüdischen Bewohner der österreichischen Monarchie*, Wien 1804.

Rosdolsky, Roman, *Untertan und Staat in Galizien*, hrsg. v. Ralph Melville, aus dem Polnisch übers. v. Hilde Nürenberger-Mareiner, Mainz 1992.

Rosman, M. J., *The Lords' Jews. Magnate-Jewish Relations in the Polish-Lithuanian Commonwealth during the Eighteenth Century*, Cambridge, Massachusetts 1990.

Rothschild, Joseph, *East Central Europe between the Two World Wars*, Seattle/London 1974.（ジョセフ・ロスチャイルド『大戦間期の東欧』大津留厚監訳、刀水書房、一九九四年。）

Sandkühler, Thomas, *»Endlösung« in Galizien*, Bonn 1996.

Schmidl, Erwin A., *Juden in der k. (u.) k. Armee 1788-1918*, Eisenstadt 1989.

Schneider, Ludwig, *Das Kolonisationswerk Josefs II. in Galizien*, Leipzig 1939, Neudruck, Berlin 1989.

Seibt, Ferdinand (Hg.), *Die Juden in den böhmischen Ländern*, München/Wien 1983.

Sobieski, Zygmunt, Reminiscences from Lwow, 1939-1946, in : *Journal of Central European Affairs*, Vol. 6, 1947.

Steffen, Katrin, *Jüdische Polonität. Ethnizität und Nation im Spiegel der polnischsprachigen jüdischen Presse 1918-1939*, Göttingen 2004.

Stehle, Hansjakob, Der Lemberger Metropolit Šeptyćkyj und die nationalsozialistische Politik in der Ukraine, in: *Vierteljahrshefte für Zeitgeschichte*, Bd. 34, 1986.

Stöger, Michael, *Darstellung der gesetzlichen Verfassung der galizischen Judenschaft*, 2 Bde., Lemberg/Przemysl/Stanislawow/Tarnow 1833.

Struve, Kai, *Bauern und Nation in Galizien. Über Zugehörigkeit und soziale Emanzipation im 19. Jahrhundert*, Göttingen 2005.

Stupnicki, Hipolit, *Das Königreich Galizien und Lodomerien, sammt dem Grossherzogthume Krakau und dem Herzogthume Bukowina, in geographisch-historisch-statistischer Beziehung*, Lemberg 1853, Neudruck, Berlin 1989.

Szende, Stefan, *Der letzte Juden aus Polen*, Zürich/New York 1945.

Tokarz, Wacław, *Galicya w początkach ery Józefińskiej w świetle ankiety urzędowej z roku 1783*, Kraków 1909.

Tomaszewski, Jerzy, Lwów, 22 listopada 1918, in: *Przegląd Historyczny*, Warszawa, tom LXXV, zesz. 2, 1984.

(Traunpaur, Heinrich Alphons), *Dreyßig Briefe über Galizien*, Wien/Leipzig 1787, Neudruck, Berlin o. J.

*Der Treck der Volksdeutschen aus Wolhynien, Galizien und dem Narew-Gebiet*, Berlin 1941.

*The Ukraine Terror and the Jewish Peril*, published by the Federation of Ukrainian Jews, London 1921.

Waldmann, Moshe, Die letzten Tage des oesterreichischen Lemberg, in: *Juedische Rundschau Maccabi*, Basel, Jg. 10, Nr. 36, 1951-Jg. 11, Nr. 15, 1952.

Wandruszka, Adam, Peter Urbanitsch (Hg.), *Die Habsburgermonarchie 1848-1918*, Bd. 3, Tl. 1, Wien 1980.

Wells, Leon Weliczker, *The Janowska Road*, Washington D. C. 1999.

Wesolowsky, Johann Bohdan, *Lemberg*, Diss. Wien 1941.

Węgierski, Jerzy, *Lwów pod okupacją 1939-1941*, Warszawa 1991.
*Wirtschaftliche Zustände Galiziens in der Gegenwart. Sechs Vorträge*, Wien/Leipzig 1913.
Yones, Eliyahu, *Die Straße nach Lemberg*, Frankfurt a. M. 1999.
Żbikowski, Andrzej, Lokalne pogromy żydów w czerwcu i lipcu 1941 roku na wschodnich rubieżach II Rzeczypospolitej, in: *Biuletyn Żydowskiego Instytutu Historycznego*, H. 162/163, 1992.

## 邦語文献

伊狩裕「啓蒙と『半アジア』——カール・エーミール・フランツォース試論（一）」同志社大学『言語文化』第三巻第二号、二〇〇〇年。

伊東孝之、井内敏夫、中井和夫編『ポーランド・ウクライナ・バルト史』山川出版社、一九九八年。

大津留厚「ガリツィア・ユダヤ人のアメリカ」望田幸男、村岡健次監修『移民』ミネルヴァ書房、一九九八年、所収。

川名隆史「一八世紀ポーランド改革期におけるユダヤ人問題——『四年国会』への序幕として」『東京国際大学論叢経済学部編』第一五号、一九九六年。

川名隆史「分割前ポーランドにおけるユダヤ人の自治——全国会議 Waad Arba Aracot の構造と機能」『東京国際大学論叢経済学部編』第二〇号、一九九九年。

川名隆史「分割前ポーランドのユダヤ人自治における裁判制度」『東京国際大学論叢経済学部編』第二七・二八合併号、二〇〇二年。

川名隆史「王権とユダヤ人特権」川越修、植村邦彦、野村真理編『思想史と社会史の弁証法』御茶の水書房、二〇〇七年、所収。

小山哲「消滅した国家ポーランド」『岩波講座世界歴史』第一七巻、岩波書店、一九九七年、所収。

佐藤勝則『オーストリア農民解放史研究』多賀出版、一九九二年。

中島健二「第一回十字軍とユダヤ人迫害」『金沢大学経済論集』第三七号、二〇〇〇年。

永岑三千輝『ドイツ第三帝国のソ連占領政策と民衆　一九四一―一九四二』同文館、一九九四年。

永岑三千輝『独ソ戦とホロコースト』日本経済評論社、二〇〇一年。

永岑三千輝『ホロコーストの力学――独ソ戦・世界大戦・総力戦の弁証法』青木書店、二〇〇三年。

野村真理『ウィーンのユダヤ人――一九世紀末からホロコースト前夜まで』御茶の水書房、一九九九年。

野村真理「ガリツィア・ユダヤ人の窮乏――ヨーゼフ時代を中心に」『金沢大学経済学部論集』第二三巻第一号、二〇〇二年。

野村真理「ガリツィア・ユダヤ人の窮乏――ヨーゼフ時代を中心に（二）」『金沢大学経済学部論集』第二三巻第二号、二〇〇三年。

野村真理「恩讐の彼方――東ガリツィアのポーランド人・ユダヤ人・ウクライナ人」前掲、望田、村岡監修『民族』、所収。

野村真理「失われた世界へ――東ガリツィアの戦間期からホロコーストまで」大津留厚編『中央ヨーロッパの可能性』昭和堂、二〇〇六年、所収。

野村真理「自国史の検証――リトアニアにおけるホロコーストの記憶をめぐって」野村真理、弁納才一編『地域統合と人的移動――ヨーロッパと東アジアの歴史・現状・展望』御茶の水書房、二〇〇六年、所収。

野村真理「何もおわっていない――東ガリツィアにおけるホロコーストの記憶をめぐって」高橋秀寿、西成彦編『東欧の二〇世紀』人文書院、二〇〇六年、所収。

野村真理「検証　一九四一年リヴィウのポグロム」前掲、川越、植村、野村編『思想史と社会史の弁証法』、所収。

ラウル・ヒルバーグ『ヨーロッパ・ユダヤ人の絶滅』上・下、望田幸男、原田一美、井上茂子訳、柏書房、一九九七年。

水野博子「『マイノリティ』を『保護』するということ」前掲、高橋、西編『東欧の二〇世紀』、所収。

安井教浩「一九二五年の『ウゴダ』(合意)――ポーランド政府の論理とユダヤ議員団の論理」『現代史研究』第四七号、二〇〇一年。

柳沢秀一「ウクライナ民族主義者組織(OUN)とウクライナ蜂起軍(UPA)のウクライナ独立国家構想とその戦略」『現代史研究』第五〇号、二〇〇四年。

山田朋子『ポーランドの貴族の町――農民解放前の都市と農村、ユダヤ人』刀水書房、二〇〇七年。

吉岡潤「ポーランド『人民政権』の支配確立と民族的再編」『史林』第八〇巻第一号、一九九七年
吉岡潤「ポーランド共産政権支配確立過程におけるウクライナ人問題」『スラヴ研究』第四八号、二〇〇一年。

吉野悦雄編著『ポーランドの農業と農民』木鐸社、一九九三年。

## マ行



## ヤ行



## ラ行

## タ行



## ナ行



## ハ行

# 人名索引

## 著者略歴

**野村真理**（のむら・まり）

1953年生まれ。

一橋大学大学院社会学研究科博士後期課程退学。

金沢大学名誉教授。

一橋大学にて博士（社会学）取得。2003年日本学士院賞受賞。専攻は社会思想史，西洋史。著書に『西欧とユダヤのはざま――近代ドイツ・ユダヤ人問題』（南窓社，1992），『ウィーンのユダヤ人――19世紀末からホロコースト前夜まで』（御茶の水書房，1999），『ホロコースト後のユダヤ人――約束の土地は何処か』（世界思想社，2012），『隣人が敵国人になる日――第一次世界大戦と中東欧の諸民族』（人文書院，2013），など。


JIMBUNSHOIN, 2022 Printed in Japan
ISBN978-4-409-51093-3 C1022

ガリツィアのユダヤ人《じん》［新装版］
――ポーランド人とウクライナ人のはざまで

二〇二二年六月二〇日　新装版　初版第一刷印刷
二〇二二年六月三〇日　新装版　初版第一刷発行

著　者　野村真理
発行者　渡辺博史
発行所　人文書院
〒六一二-八四四七
京都市伏見区竹田西内畑町九
電話　〇七五（六〇三）一三四四
振替　〇一〇〇〇-八-一一〇三

印刷・製本　モリモト印刷株式会社

野村真理 著

レクチャー第一次世界大戦を考える

# 隣人が敵国人になる日

## ――第一次世界大戦と中東欧の諸民族

一七六〇円

言語や宗教の異なる諸民族が複雑に入り組む東中欧。いまだ国民国家を想像できない民衆の戦争経験とは。さらなる大戦後の帝国崩壊は、民族に何をもたらしたか。東中欧の「未完の戦争」の行方を追う。

高橋秀寿・西成彦 編

# 東欧の20世紀

二六四〇円

帝国、国民国家、マイノリティ、民族自決、ホロコースト、民族浄化、ユダヤ人、ロマ、社会主義国家、分裂と統合、記憶、歴史……世界の縮図としての東欧は激動の世紀をどう生きたか

表示価格は 2022 年 6 月